公私合作（PPP）视角下的电网体制改革研究

李海涛 著

中国财经出版传媒集团
中国财政经济出版社

图书在版编目（CIP）数据

公私合作（PPP）视角下的电网体制改革研究/李海涛著.—北京：中国财政经济出版社，2018.2
 ISBN 978-7-5095-8013-4

Ⅰ.①公… Ⅱ.①李… Ⅲ.①电网-电力体制改革-研究-中国 Ⅳ.①F426.61

中国版本图书馆 CIP 数据核字（2018）第 004412 号

责任编辑：胡　博　闫　娟　　　责任校对：刘　靖
封面设计：孙俪铭

中国财政经济出版社 出版

URL：http://www.cfeph.cn
E-mail：cfeph@cfeph.cn

（版权所有　翻印必究）

社址：北京市海淀区阜成路甲 28 号　邮政编码：100142
营销中心电话：010-88191537　北京财经书店电话：64033436　84041336
北京财经印刷厂印刷　各地新华书店经销
787×1092 毫米　16 开　12.75 印张　209 000 字
2018 年 2 月第 1 版　2018 年 2 月北京第 1 次印刷
定价：58.00 元
ISBN 978-7-5095-8013-4
（图书出现印装问题，本社负责调换）
本社质量投诉电话：010-88190744
打击盗版举报热线：010-88191661　QQ：2242791300

前　言

党的十八届三中全会明确指出："必须积极稳妥从广度和深度上推进市场化改革，大幅度减少政府对资源的直接配置，推动资源配置依据市场规则、市场价格、市场竞争实现效益最大化和效率最优化"。在具体的措施方面提出："积极发展混合所有制经济。允许更多国有经济和其他所有制经济发展成为混合所有制经济。国有资本投资项目允许非国有资本参股。"遵循十八届三中全会精神，国务院在《关于创新重点领域投融资机制鼓励社会投资的指导意见》（以下简称《指导意见》）（国发〔2014〕60号文）提出："鼓励社会资本参与电网建设。积极吸引社会资本投资建设跨区输电通道、区域主干电网完善工程和大中城市配电网工程。"这充分表明了国家决策层重视电网建设，努力扩宽电网建设的投融资渠道，调动全社会投资兴办电网的积极性。该《指导意见》还进一步指出要建立健全政府和社会资本合作（PPP）机制。主要措施包括"推广政府和社会资本合作（PPP）模式、规范合作关系保障各方利益、健全风险防范和监督机制、健全退出机制。"在上述文件精神指导下，近年来我国公共设施等领域PPP热度直线上升，到目前为止，中央到地方上马了大批PPP项目，PPP进入了一个新的发展阶段。本书在开始构思时，我国电网PPP还没有具体的部署，提前对我国电网领域引入PPP进行研究，并深入对其进行科学合理性分析，这既是对PPP理论研究领域的拓宽和补充，也可以为今后政府制定相关政策提供依据。在电网领域引入 PPP 不仅可以解决我国电网投资不足等一系列弊病，满足日益增长的电网市场需求，同时对于促进"使市场在资源配置中起决定性作用和更好发挥政府作用"以及落实"国务院 60 号文件"精神具有积极的理论和现实意义。2016 年 9 月 6 日，国家发改委网站发布了北京市电力体制改革综合试点方案、福建省售电侧改革试点方案、甘肃省电力体制改革试点方案的批复文件，其中开始进行竞争性售电业务和增量配电业务的市场化改革试点表明，在地方政策层面已经开始放开传统电网的售电和增量配电环节的公私合作许可，未来必将为电网 PPP 项目研究提供更多的实证资料。

  本书的研究以经济学中的效率与公平、博弈、合约理论以及规制经济学和产业组织理论等为指导，并引入效用模型对电网进行分析，在认真总结和梳理国内外学者研究成果的基础上，采用规范与实证相结合、理论模型研究、比较研究和文献梳理等多种研究方法，对国外电力体制改革进行借鉴总结，对我国电网体制改革历程进行了梳理，并从我国电网传统模式、完全私有化模式和 PPP 模式的效率比较出发，运用博弈的手段和方法来进行理论研究，从电网 PPP 项目的资金和收益分配合约、投融资体制多元化建设、新型监管体系、电网 PPP 项目公司的股东治理机制以及激励约束机制等几方面来构思全文。

  第一章主要阐述了本书写作的背景和意义、研究目的与主要内容、研究方法与技术路线、主要特色与不足。本章主要是明确选题的背景和意义，同时构建起本书的研究框架，为以下各章的研究奠定前提和基础。

  第二章主要是对国内外研究文献进行综述，并分别从国内外学者对公私合作、电力体制改革、电网监管、电价及需求侧改革研究等方面展开，其目的是综述国内外学者在本选题方面的研究进展和不足，这为本书的研究提供了理论上的依据，使本书在研究中获得了创新的可能。

第三章首先对书中涉及的电力、电网等相关概念进行了界定，并对本书研究所涉及的国企改革、效率与公平理论进行了简要地阐述，最后介绍了在电力体制改革中走在前沿且较为典型的几个国家的基本情况，对其经验教训进行了总结归纳。

第四章在简要论述我国电网体制变革、问题和原因分析之后，从效率和公平角度建立了一个理论模型，对电网传统运行模式、完全私营化模式和公私合营模式进行了比较分析，并最终得出PPP运行模式较优的结论，以此构建了一个公私合作视角下电网体制改革的重点框架。

第五章着重探讨PPP模式下的电网投融资渠道问题。首先，分别对电网投融资现状进行述评，然后再通过电网PPP项目投资和收益分配合约的博弈分析得出电网企业引入社会资本的重要因素及不同PPP模式适用于不同的合约条件，最后，根据电网PPP的特点提出了探索构建电网PPP项目融资和政府主导的电网产业投资基金，并进一步分析了资产证券化方式融资以及银行理财借道等融资渠道。

第六章着重探讨PPP模式下的政府电力监管的体制机制问题。首先评析了自2002年以来建立的电力行业监管现状、问题和原因，再通过博弈分析发现，电网项目公司和国有企业之间的策略选择，提出必须加大改革现有电力政府监管体制，最后提出了创新和完善电力行业政府监管的体制机制。

第七章对于电网PPP项目的治理、激励和约束进行了一种探索性的尝试。首先分析了电网PPP项目的治理目标与治理结构，接着对电网PPP项目公司的股东治理机制进行了分析，最后探索构建电网 PPP 项目管理层治理以及激励约束机制。

第八章在总结全文主要研究结论的基础上，提出未来研究的方向：第一，通过对电网行业全局和个体的把握，将电网效率分析的理论模型与大样本统计数据相结合，深化电网社会效益的评估体系，构建可行的电网综合效率评估体系，为未来电网市场化改革、电网企业绩效评估提供理论和现实的依据；第二，如果未来电网企业开始进行 PPP 项目，在第一时间进行跟踪及实证分析的深化，对本书提出的电网资金合约理论模型进行相应修正；第三，以电网企业为着手点，探讨我国能源领域垄断行业中政府行为的影响，为服务性政府的构建提供资料。

本书力图将我国电网 PPP 的理论框架建立在经济学中的效率与公平、合约、博弈以及产业组织理论的基础上，通过系统性的理论分析并结合经济学模型等较为深入地解释了我国电网领域能不能引入 PPP 和为什么要引入 PPP 等问题，并初步得出了相应的结论，同时探索了电网领域引入 PPP 应建立的体制。

李海涛

2017 年 12 月

目 录
Contents

1 导论 ……………………………………………………………（ 1 ）
   1.1 研究背景与意义 ………………………………………（ 1 ）
   1.2 研究目的与内容 ………………………………………（ 9 ）
   1.3 研究方法与技术路线 …………………………………（ 10 ）
   1.4 本书的特色和不足 ……………………………………（ 12 ）

2 国内外研究综述 ………………………………………………（ 14 ）
   2.1 公私合作（PPP）的研究综述 ………………………（ 15 ）
   2.2 电力体制改革的研究综述 ……………………………（ 25 ）
   2.3 电网监管、电价以及需求侧改革研究综述 …………（ 32 ）
   2.4 本章小结 ………………………………………………（ 36 ）

3 电网体制改革的理论基础和国外经验借鉴 …………………（ 37 ）
   3.1 相关概念范畴 …………………………………………（ 37 ）
   3.2 国有企业改革的代表性理论 …………………………（ 50 ）
   3.3 效率与公平理论 ………………………………………（ 53 ）
   3.4 典型国家经验借鉴 ……………………………………（ 58 ）
   3.5 本章小结 ………………………………………………（ 73 ）

4 我国电网体制改革路径选择的理论分析 ……………………（ 75 ）
   4.1 我国电网体制改革历史变迁及现状 …………………（ 75 ）
   4.2 中国电网体制改革途径选择：公私合作 ……………（ 83 ）

4.3 公私合作视角下电网体制改革重点框架构建 …………… (100)
4.4 本章小结 ……………………………………………………… (103)

5 公私合作视角下我国电网投融资体制多元化改革 ………… (104)

5.1 电网公私合作改革的投资及分配合约分析 ………………… (104)
5.2 我国电网投融资现状及问题分析 …………………………… (123)
5.3 探索电网PPP模式下多元化投融资体制的项目融资体制
   ………………………………………………………………… (126)
5.4 加快政府电网投融资管理体制改革 ………………………… (133)
5.5 本章小结 ……………………………………………………… (135)

6 公私合作视角下电网PPP项目监管体制构建 ……………… (136)

6.1 我国电网（电力）监管现状及原因分析 …………………… (136)
6.2 电网PPP项目的监管博弈及风险分析 ……………………… (145)
6.3 加大电网行业政府监管的改革力度 ………………………… (153)
6.4 创新和完善政府监管电力行业的体制机制 ………………… (156)
6.5 本章小结 ……………………………………………………… (160)

7 公私合作视角下电网PPP项目治理和激励机制探索 ……… (161)

7.1 电网PPP项目的治理目标与治理结构 ……………………… (161)
7.2 探索构建电网PPP项目公司的股东治理机制 ……………… (168)
7.3 探索构建电网PPP项目管理层治理及激励约束机制 ……… (175)
7.4 本章小结 ……………………………………………………… (178)

8 结论与展望 ……………………………………………………… (179)

8.1 研究结论 ……………………………………………………… (179)
8.2 展望 …………………………………………………………… (181)

参考文献 …………………………………………………………… (182)

 # 导 论

1.1 研究背景与意义

1.1.1 研究背景

电力是以电能作为动力的能源,其发明于19世纪70年代[①]。它是将自然界的一次能源通过机械能装置转化成电力,再经输电、变电和配电将电力供应给社会广大用户。毫无疑问,电力的发明特别是20世纪开发出的大规模电力系统成为人类工程科学史上最重要的成就之一,其发明和在实践中的应用掀起了第二次工业化高潮,成为人类历史自18世纪以来发生的三次科技革命之一。在其演变和发展的历史过程中,电力工业已经成为国民经济和关系国计民生的第一基础产业,世界各国均把其作为国民经济发展战略中的优先重点发展产业。它对促进国民经济的持续快速发展和社会进步起到了极其重要的作用。它的应用还与人类的日常生活、生产、社会活动及发展息息相关。进入新世纪以来,中国经济的腾飞对供电量提出了更高的要求,电力市场的急速扩张又刺激了整个电力生产的发展。

1.1.1.1 电力行业与国民经济发展息息相关

电力工业是支撑社会经济发展的基础性产业,对整个工业体系以及居民

---

① 杨国旺(2004)论述到:随着电力科学的不断发展,自19世纪70年代起,在电力应用技术方面的发明创造获得了惊人的突破。1876年,俄国的雅普罗奇科夫进行了所谓的"电蜡烛"的交流电实验。1879年,举世闻名的美国科学家、发明家爱迪生经过数千次实验,发明并多次改进了白炽灯,这就使发展中的电力事业受到了极大的鼓舞。引自:杨国旺. 电力科学技术发展历史的研究 [J]. 河北大学成人教育学院学报,2004,(2):10-12.

生活有着不可替代的作用。改革开放以来，我国经济快速发展，工业化、城镇化稳步推进，市场化和国际化程度也日益提高，电力需求日益扩大，需求层次也更加多样化。2016～2020年将是我国全面建设小康社会最为关键的时期，从我国经济发展及电力行业的发展周期来看，最近几年，我国经济增长进入到新一轮发展周期，在经济新常态下，我国产业结构经历剧变调整，如钢铁、煤炭等传统行业已经出现产能过剩。同时高科技及现代服务业发展迅猛，工业化程度也在不断加深，伴随着互联网的快速发展，智能制造、工业信息化程度日益深入，随着科技进步在产业调整中的应用，产业结构将不断优化。为了适应新常态下的经济发展，全国电力行业也必须谋转型、求发展。国家层面对电力产业一直十分重视，我国能源发展"十二五"规划期间投资为5万亿元，其中电源建设投资2.65万亿元，电网建设投资2.35万亿元[①]。能源互联网也在稳步推进，据有关机构预测，到2020年中国能源互联网的总体市场规模将超过9400亿美元，约占当年GDP的7%左右[②]。其中智能电网建设会快速发展，还将带动微网、屋顶太阳能系统、储能系统等的发展。

1.1.1.2 电网是整个电力系统的重要组成部分

电网由各种变压设施及输配电线路有机构成，包含变电、输电、配电三个单元。从电力系统的技术特性来看，电网的任务是输送与分配电能，并改变电压。从电力系统的组成来看，电网在全部电力系统的组成中占据了三大环节，是电力系统最为不可或缺的组成部分。另外，从近几年的投资情况来看，中国电网投资的比例得到了快速增长（见表1-1）[③]。

2014年，中国电力工程建设完成投资7764亿元，同比增长0.5%，但全部电源工程建设完成投资仅为3646亿元，同比下降5.8%；该年电网工程建设完成投资占全部电力工程建设完成投资的53.4%，同比增长了6.8%。从表1-1来看，我国从2004年到2009年，电网投资高速增长，增幅最大的年份为2006年，同比增长37.94%；同时也可以看出，电力行业的发展与国民经济增长息息相关，在2010年，电力投资总量同比增幅为-3.69%，其中电源投资增长为-3.52%，电网投资增幅缩减最大，为-11.54%。这以后，我国电力投资整体上出现了缓慢增长，这也是受我国

---

① 数据来源：国家统计局．[EB/OL]．http：//www.stats.gov.cn．[2016-01-25]．
② 数据来源：埃森哲．《中国能源互联网商业生态展望》[EB/OL]．www.accenture.com．[2015-12-05]．
③ 本表数据来源：中国电力企业联合会[EB/OL]．http：//www.cec.org.cn/．[2015-01-25]．

经济增长进入新常态所影响。一方面，电力产业投资周期与国民经济周期呈正相关性（数据中也体现出电力产业投资周期具有超前性），另一方面，从电力投资的结构来看，电网投资已经成为电力工程投资的重要组成部分，今后随着智能电网等多种新能源产品在实际中的应用，这种投资比例还会大幅度增长。中国电力企业联合会发布的数据还表明电网投资的价值在新增输电线路和变电设备上得以体现[①]，如表1－1及表1－2所示。

表1－1　　　　中国2001～2015年11月电力投资完成情况

年份	电力投资（亿元）	同比增长（%）	其中：电源投资（亿元）	同比增长（%）	其中：电网投资（亿元）	同比增长（%）
2001	1803.0	—	578.0	—	1225.0	—
2002	2254.9	25.06	747.4	29.24	1507.5	23.02
2003	2894.4	28.36	1880.4	151.67	1014.0	-32.7
2004	3285.3	13.51	2047.6	8.88	1237.7	22.00
2005	4754.3	44.71	3228.1	57.69	1526.2	23.36
2006	5227.9	9.96	3122.1	-3.28	2105.8	37.94
2007	5492.9	5.07	3041.5	-2.59	2451.4	16.43
2008	6302	14.75	3407	12.04	2895	18.12
2009	7701	22.20	3803	11.62	3898	34.65
2010	7417	-3.69	3669	-3.52	3448	-11.54
2011	7614	2.66	3927	7.03	3687	6.93
2012	7393	-2.90	3732	-4.97	3661	-0.71

---

① 据中电力企业联合会发布的数据统计，2014年全国电网220千伏及以上输电线路回路长度、公用变电设备容量分别为57.20万千米、30.27亿千伏安，分别同比增长5.2%和8.8%，两者均保持中高速增长。全国基建新增220千伏及以上输电线路长度和变电设备容量分别为3.61万千米和2.24亿千伏安，分别同比少投产2842千米和多投产2563万千伏安。从主网建设来看，优化配置资源的能力进一步增强，2014年全国完成跨区送电量2741亿千瓦时，全国跨省送出电量8420亿千瓦时，同比分别增长13.1%、10.8%。随着国有电网企业特高压宾金直流的顺利投运，锦苏、复奉、宾金三大特高压直流直送华东负荷中心的能力大幅增强，特高压天中直流建成投运，为疆电大规模外送提供了条件，国有电网跨区送电和消纳清洁能源能力大幅增强。2014年，该公司经营区域内风电、光伏等新能源跨区跨省外送电量全年达190亿千瓦时，同比增长90%。根据南方电网公司公布的数据，该公司"西电东送"全年完成电量1723亿千瓦时，同比增长31.1%，创下历史新高。国有电网企业和南方电网公司2015年工作会议的数据显示：国有电网企业2014年完成电网投资3855亿元，同比增加476亿元，增长14.1%；2015年计划完成电网投资4202亿元，同比增幅达9%。南方电网公司2014年完成电网建设投资约658亿元，同比增加26亿元，增长4.11%；2015年计划固定资产投资700亿元。中国电力企业联合会［EB/OL］.http：//www.cec.org.cn/［2015－01－02］.

续表

年份	电力投资（亿元）	同比增长（%）	其中：电源投资（亿元）	同比增长（%）	其中：电网投资（亿元）	同比增长（%）
2013	7728	4.53	3872	3.75	3856	5.33
2014	7805	1.00	3686	-4.80	4119	6.82
2015.1-11	6937	—	3079	—	3852	—

表1-2　　2008~2014年电网统计数据一览表

指标	单位	2008年	2009年	2010年	2011年	2012年	2013年	2014年
基建新增110千伏及以上输电线路长度	千米	67592	69217	76574	66903	66269	64450	62675
基建新增110千伏及以上变电设备容量	万千伏安	31878	37105	35335	30593	28835	29947	34713
35千伏及以上输电线路长度	千米	1168857	1229370	1336772	1409698	1479963	1554236	1628472
35千伏及以上变电设备容量	万千伏安	279861	324771	361742	397811	445899	483427	526685
电网工程投资	亿元	2895.01	3898.30	3448.10	3687	3661	3856	4119
其他（含小型基建）	亿元	81.59	121.39	109.65	189	203	89	126
送变电	亿元	2584.25	3376.55	3338.45	3498	3458	3768	3993
其中：直流	亿元	85.98	276.76	283.54	222	278	354	168
其中：交流	亿元	2498.25	3099.79	3054.92	3275	3180	3413	3825
其他专项	亿元	299.17	400.36					
供、售电量及线损								
供电量	亿千瓦时	30617.02	32613.74	38041.72	42768	44798	48412	48676
售电量	亿千瓦时	28537.22	30423.09	35556.32	39980	41781	45180	45442
线损电量	亿千瓦时	2079.80	2190.65	2485.39	2788	3018	3232	3234
线路损失率	%	6.79	6.72	6.53	6.52	6.74	6.68	6.64
全社会用电量	亿千瓦时	34379.69	36595.15	41998.82	47026	49657	53423	55637
A. 全行业用电合计	亿千瓦时	30297.56	32019.99	36904.87	41406	43429	46634	48701
第一产业	亿千瓦时	879.25	939.90	976.49	1013	1003	1027	1013
第二产业	亿千瓦时	25920.16	27136.40	31450.01	35288	36733	39332	41017
其中：工业	亿千瓦时	25577.80	26754.49	30966.77	34717	36122	38657	40296
1. 轻工业	亿千瓦时	4572.24	4635.55	5336.23	5831	6114	6431	6693
2. 重工业	亿千瓦时	21005.56	22118.94	25630.53	28885	30008	32226	33603
第三产业	亿千瓦时	3498.15	3943.70	4478.36	5105	5693	6275	6670

续表

指标	单位	2008年	2009年	2010年	2011年	2012年	2013年	2014年
B. 城乡居民生活用电合计	亿千瓦时	4082.13	4575.16	5093.96	5620	6228	6789	6936
其中：城镇居民	亿千瓦时	2407.04	2670.00	2959.87	3202	3562	3860	3933
乡村居民	亿千瓦时	1675.09	1905.16	2134.09	2418	2666	2929	3003
电力消费弹性系数		0.57	0.71	1.43	1.30	0.72	0.98	0.56

表1-1、1-2数据来源：中国电力企业联合会［EB/OL］. http：//www.cec.org.cn/，并经笔者整理计算得到。

1.1.1.3 市场化配置资源是电网体制改革的重要选择

党的十八届三中全会提出了要"积极发展混合所有制经济"[①]。在依法治国的理念指导下，国务院在2014年已全面取消和下放246项行政审批事项的基础上，2015年又进一步全面取消了非行政许可审批事项。该年，中央和国务院正式下发的与电力体制改革有关的重要改革文件有《中共中央国务院关于进一步深化电力体制改革的若干意见》（中发〔2015〕9号文）《中共中央国务院关于深化国有企业改革的指导意见》《中共中央国务院关于推进价格机制改革的若干意见》《国务院关于实行市场准入负面清单制度的意见》《行业协会商会与行政机关脱钩总体方案》等。这一系列改革文件都体现了以党的十八大、十八届三中、四中和五中全会精神，更是对十八届三中全会提出的"经济体制改革是全面深化改革的重点，核心问题是处理好政府和市场的关系，使市场在资源配置中起决定性作用和更好发挥政府作用。市场决定资源配置是市场经济的一般规律，健全社会主义市场经济体制必须遵循这条规律，着力解决市场体系不完善、政府干预过多和监管不到位问题"等精神落实的细化。可见，从国家的发展战略来看，作为我国重要的电网行业，走市场化道路也是一种客观和现实的选择。

1.1.1.4 PPP模式为电网体制改革带来新契机

（1）国家市场化改革进一步要求加快电网发展公私合作制。自2002年

---

① 党的十八届三中全会明确指出：积极发展混合所有制经济。国有资本、集体资本、非公有资本等交叉持股、相互融合的混合所有制经济，是基本经济制度的重要实现形式，有利于国有资本放大功能、保值增值、提高竞争力，有利于各种所有制资本取长补短、相互促进、共同发展。允许更多国有经济和其他所有制经济发展成为混合所有制经济。国有资本投资项目允许非国有资本参股。允许混合所有制经济实行企业员工持股，形成资本所有者和劳动者利益共同体。

2月起,国务院下发《国务院关于印发电力体制改革方案的通知》(业内称为"5号文"),决定对电力工业实施以"厂网分开、竞价上网、打破垄断、引入竞争"为主要内容的新一轮电力体制改革[①]。此后,原国家电力公司拆分为两大电网公司和五大发电集团。2015年3月,在承接2002年改革的基础上,中共中央国务院又出台了《关于进一步深化电力体制改革的若干意见》(中发〔2015〕9号文,业内称为9号文),这标志着我国电力体制改革进入新的发展阶段。此次改革的主要内容是:"三放开一独立,一深化三强化",即有序放开输配以外的竞争性环节电价,有序向社会资本放开配售电业务,有序放开公益性和调节性以外的发用电计划;推进交易机构相对独立;进一步强化政府监管,进一步强化电力统筹规划,进一步强化电力安全高效运行和可靠供应。2014年国务院颁发的《关于创新重点领域投融资机制鼓励社会投资的指导意见》(国发〔2014〕60号)中明确指出,电网建设允许和鼓励社会资本参与其中[②]。跨区输电通道和区域主干电网建设完善工程都首先允许社会资本的进入,大中城市的配电网工程等项目也会积极吸引社会资本投资建设。这表明国家决策层重视电网建设运营,努力拓宽电网建设的投融资渠道,调动全社会投资兴办电网的积极性。

(2) PPP模式的引入为创新国有电网投资体制机制改革带来新机遇。国务院颁发的《关于创新重点领域投融资机制鼓励社会投资的指导意见》

---

① 国务院2002年2月10日发布的《电力体制改革方案》中提出:"改革的总体目标是:打破垄断,引入竞争,提高效率,降低成本,健全电价机制,优化资源配置,促进电力发展,推进全国联网,构建政府监管下的政企分开、公平竞争、开放有序、健康发展的电力市场体系"。"十五"期间电力体制改革的主要任务是:实施厂网分开,重组发电和电网企业;实行竞价上网,建立电力市场运行规则和政府监管体系,初步建立竞争、开放的区域电力市场,实行新的电价机制;制定发电排放的环保折价标准,形成激励清洁电源发展的新机制;开展发电企业向大用户直接供电的试点工作,改变电网企业独家购买电力的格局;继续推进农村电力管理体制的改革。

② 国务院颁发的《关于创新重点领域投融资机制鼓励社会投资的指导意见》(国发〔2014〕60号)中第十九条明确提出:鼓励社会资本参与电网建设。积极吸引社会资本投资建设跨区输电通道、区域主干电网完善工程和大中城市配电网工程。将海南联网Ⅱ回线路和滇西北送广东特高压直流输电工程等项目作为试点,引入社会资本。鼓励社会资本投资建设分布式电源并网工程、储能装置和电动汽车充换电设施。

还明确指出："建立健全政府和社会资本合作（PPP）机制"①，并具体规定了PPP模式的具体实现路径，包括："推广政府和社会资本合作（PPP）模式、规范合作关系保障各方利益、健全风险防范和监督机制、健全退出机制"。正是国家层面对PPP模式在重点领域应用的支持，为PPP模式在电网项目投资和运营改革创新上发挥作用带来了新的契机。所以，在电网领域中探索建立、健全和完善政府和社会资本合作（PPP）机制，并广泛推广PPP模式已经成为各界学者关注的重要研究工作。近年来，PPP被各级政府视作打破国家垄断和破除地方债务坚冰的重要措施。自2014年到现在，从中央到地方开展了大批PPP项目，在政府的强有力的支持下，PPP进入了发展的崭新阶段。PPP也为电网体制改革及融资需求提供了非常广阔的想象空间。2016年9月6日，国家发改委网站发布了北京市电力体制改革综合试点方案、福建省售电侧改革试点方案、甘肃省电力体制改革试点方案的批复文件，其中开始进行竞争性售电业务和增量配电业务的市场化改革试点，表明在地方政策层面已经开始放开传统电网的售电和增量配电环节的公私合作许可，未来必将为电网PPP项目研究提供更多的实证资料。

由于笔者在电网公司工作多年，能够收集到更多的与电网相关的资料，再结合对经济学理论的学习，因此选择了探索我国公私合作（PPP）视角下的电网体制改革研究，力图运用经济学的相关理论来解释电网领域引入PPP的相关理论问题，并争取能为我国电网领域引入PPP的实践提供相关理论依据。

---

① 国务院颁发的《关于创新重点领域投融资机制鼓励社会投资的指导意见》（国发〔2014〕60号）中第十九条明确提出：建立健全政府和社会资本合作（PPP）机制：包括：（二十九）推广政府和社会资本合作（PPP）模式。认真总结经验，加强政策引导，在公共服务、资源环境、生态保护、基础设施等领域，积极推广PPP模式，规范选择项目合作伙伴，引入社会资本，增强公共产品供给能力。政府有关部门要严格按照预算管理有关法律法规，完善财政补贴制度，切实控制和防范财政风险。健全PPP模式的法规体系，保障项目顺利运行。鼓励通过PPP方式盘活存量资源，变现资金要用于重点领域建设。（三十）规范合作关系保障各方利益。政府有关部门要制定管理办法，尽快发布标准合同范本，对PPP项目的业主选择、价格管理、回报方式、服务标准、信息披露、违约处罚、政府接管以及评估论证等进行详细规定，规范合作关系。平衡好社会公众与投资者利益关系，既要保障社会公众利益不受损害，又要保障经营者合法权益。（三十一）健全风险防范和监督机制。政府和投资者应对PPP项目可能产生的政策风险、商业风险、环境风险、法律风险等进行充分论证，完善合同设计，健全纠纷解决和风险防范机制。建立独立、透明、可问责、专业化的PPP项目监管体系，形成由政府监管部门、投资者、社会公众、专家、媒体等共同参与的监督机制。（三十二）健全退出机制。政府要与投资者明确PPP项目的退出路径，保障项目持续稳定运行。项目合作结束后，政府应组织做好接管工作，妥善处理投资回收、资产处理等事宜。

1.1.2 研究意义

1.1.2.1 理论意义

本书从效率和公平兼顾的视角界定了电网的核心指标，进而建模对比分析了国有独资、完全私营和公私合作下电网项目的优劣，并利用博弈理论对电网PPP的投资和收益分配合约进行了理论分析，接着从电网领域引入PPP的风险及投融资、监管、激励机制等体制的角度对其进行了深入的研究。本书的研究是党的十八届三中全会提出的"市场在资源配置中起决定性作用"在我国电网体制改革中引入PPP的一次理论尝试，是对国务院颁发的《关于创新重点领域投融资机制鼓励社会投资的指导意见》的具体应用。当然，该研究也是对我国在公共基础设施投资运营之一的国有电网领域引入PPP的一种理论探索。其理论意义主要体现在以下几个方面：其一，我们将PPP引入了电网投资营运领域，极大地拓展了PPP在实践中的应用范围，丰富了PPP理论内涵；其二，通过博弈、合约、风险等理论对电网PPP进行深入研究，在很大程度上为电网市场化改革提供一些有益的思路和探索；其三，通过对电网投资中的国家、国有企业、社会资本等投资利益者的博弈以及合约分析，解决了属于国家垄断的电网行业能否引入PPP和为什么要引入PPP等关键的理论问题，这在理论上有助于更加深刻地理解我国电网市场化改革，也为今后国家试点电网PPP改革提供相应的理论参考依据，通过这种深入的探索，进而丰富PPP理论和我国电网市场化改革理论。

1.1.2.2 实践意义

本书从国际上电力体制改革先行的国家模式经验借鉴出发，并结合我国国情实际进行思考，有利于为我国正在开展的电网体制改革提供借鉴，减少由于政府定位不明确、融资模式选择错误、监管措施不到位、行业内恶性竞争而带来的成本和资源的浪费，提高改革的成效。

同时，笔者所在单位即国家电网下属区域电力公司，通过本书关于电网体制公私合作改革的论述，对我国电网体制进行客观的问题分析并提出下一步改革的政策建议，有利于为本公司理清思路，做好对上级部门改革措施的衔接、解读和布置工作，对保障笔者所在单位及地区社会经济健康快速发展有积极的现实意义。

1.2 研究目的与内容

1.2.1 研究目的

根据《国务院关于创新重点领域投融资机制,鼓励社会投资的指导意见》文件的精神,本书选择探索和研究社会资本参与我国的电网建设和运营等,并力图运用经济学理论分析电网投资运营与公私合作(PPP)结合的如下问题:一是从效率和公平理论出发,详细论证电网领域引入 PPP 的必要性;二是结合国外经验教训、我国已进行改革实践的相关内容,得出 PPP 视角下电网体制改革的重点内容;三是通过模型分析 PPP 与电网投资运营结合的途径;四是进一步研究电网领域政府及其代理部门和社会资本合作(PPP)机制及如何规范政府行为,在与社会资本的合作关系中保障各方利益,研究如何建立健全风险防范和监督机制等。在本书中,实现上述目的的具体手段为:一是通过建立理论经济模型,就在电网领域中原有的国有独资模式、假设的完全私有化模式及公私合作模式在经济和社会效益上的优劣进行了分析,以此明确 PPP 方式能否引入;二是以投资和收益分配合约分析的基础上探索电网 PPP 的投融资体制改革;三是在博弈分析的基础上,探索电网 PPP 的监管体制改革;四是从公司治理视角入手,探讨电网 PPP 项目公司中的治理和激励机制。

1.2.2 研究内容

第一章主要阐述了文章写作的背景和意义、研究目的与主要内容、研究方法与技术路线、主要特色与不足。本章主要是明确选题的背景和意义,同时构建起本书的研究框架,为以下各章的研究奠定前提和基础。

第二章主要是对国内外研究文献进行综述。并分别从国内外学者对公私合作、电力体制改革、电网监管、电价及需求侧改革研究等方面展开,其目的是综述国内外学者在本选题方面的研究进展和不足,这为本书的研究提供了理论上的依据,使得本书在研究中获得创新的可能。

第三章首先对书中涉及的相关概念进行了界定,然后对本书研究主要所涉及的理论进行阐述,最后介绍了在电力体制改革中走在前沿且经验和教训较为丰富典型的几个国家，的基本情况并对其经验和教训进行了总结归纳。

第四章在简要论述我国电网体制变革、问题和原因分析之后，从效率和公平角度建立了一个理论模型，对电网传统运行模式、完全私营化模式进行了比较分析，并最终得出 PPP 运行模式较优的结论，并以此构建了一个公私合作视角下电网体制改革的重点框架。

第五章着重探讨 PPP 模式下的电网投融资渠道问题。首先，分别对电网投融资现状进行述评，然后再通过电网 PPP 项目投资和收益分配合约的博弈分析得出电网企业引入社会资本的重要因素及不同 PPP 模式适用于不同的合约条件，最后，根据电网 PPP 的特点提出了探索构建电网 PPP 项目融资和政府主导的电网产业投资基金，并进一步分析了资产证券化方式融资以及银行理财借道等融资渠道。

第六章着重探讨 PPP 模式下的政府电力监管的体制机制问题。首先评析了自 2002 年以来建立的电力行业监管现状、问题和原因，再通过博弈分析发现，电网项目公司和国有企业之间的策略选择，提出必须加大改革现有电力政府监管体制，最后提出了创新和完善电力行业政府监管的体制机制。

第七章对于电网 PPP 项目的治理、激励和约束进行了一种探索性的尝试。首先分析了电网 PPP 项目的治理目标与治理结构，接着对电网 PPP 项目公司的股东治理机制进行了分析，最后探索构建电网 PPP 项目管理层治理以及激励约束机制。

第八章在总结全文主要研究结论的基础上，提出未来研究的方向。

本书力图将我国电网 PPP 的理论框架建立在经济学中的效率与公平、合约、博弈以及产业组织理论的基础上，通过系统性的理论分析并结合经济学模型等较为深入地解释了我国电网领域能不能引入 PPP 和为什么要引入等问题，并初步得出了相应的结论，同时探索了电网领域引入 PPP 应建立的体制。

1.3 研究方法与技术路线

1.3.1 研究方法

（1）比较研究法。本书通过建立理论经济学模型对电网传统的运行效率与 PPP 模式下的运行效率进行比较。

（2）文献研究法。在动笔撰写论文之前，阅读和梳理了大量有关电力体制机制改革及公共部门与私人部门合作的研究文献，包括书籍、期刊、报纸、档案、数据、访谈资料、评论文章等等。通过查阅及对比文献，吸取国内外学者的研究成果的精华部分。

（3）博弈分析法。本书主要利用博弈理论对 PPP 项目合约的合作博弈以及监管中的非合作博弈等进行分析。

（4）效用分析法。在对电网效率和资本合约分析时，本书构建了中观和微观层面电网整体的效益函数及各参与主体的目标效用函数，并通过合理的参数假设，进行了不同条件下的讨论。

1.3.2 技术路线

研究技术路线见图 1-1。

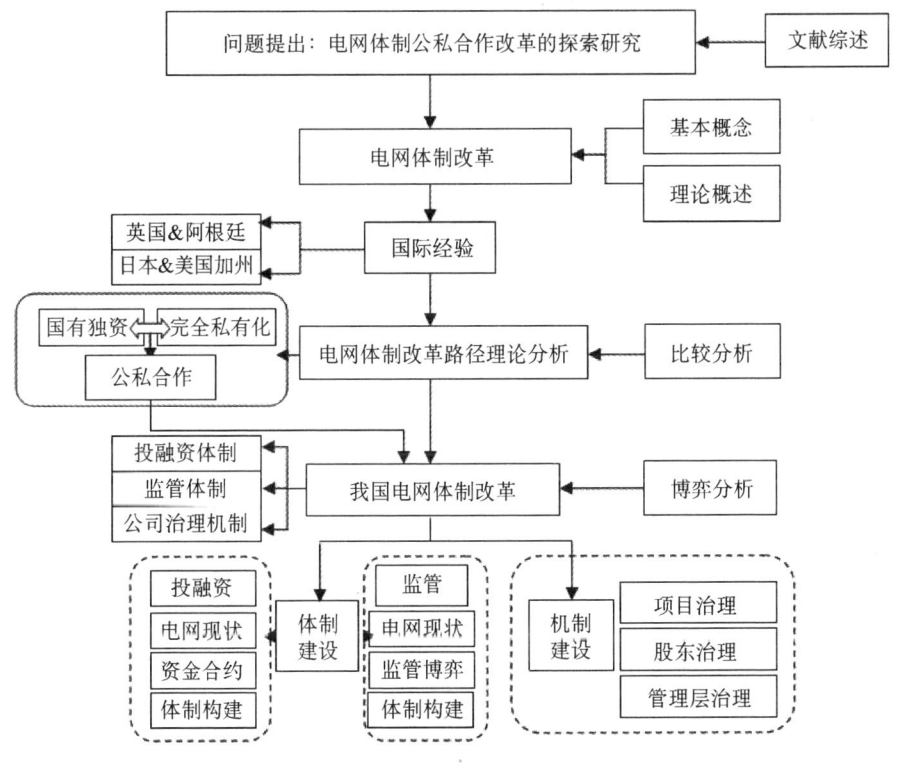

图 1-1 技术路线

1.4 本书的特色和不足

1.4.1 主要特色

本书研究的基本出发点是紧密联系电网建设与运营的特殊性，以及中国不成熟的市场制度环境、市场进入壁垒等转轨期国家特征，探索社会资本进入电网领域的可能性和可行性，为电网 PPP 项目运行的体制机制建设贡献绵薄之力。主要特色包括：

（1）对我国电网建设的瓶颈和问题的梳理与分析。本书基于公平和效率视角，从经济效益、社会效益两个角度探索电网建设和运营的特殊性，建立电网经济效益、社会效益的最大化函数。其中，本书重点讨论了在电网企业资金约束以及区域供能刚性需求的条件下，对创新性努力及投资规模的特性以及兼具公共机构及市场主体属性的电网企业目标的修正，同时强调了电网企业和社会资本在创新实施层面可能存在的系统性差别，解释了电网行业中 PPP 相对于传统组织形式的比较优势，即 PPP 项目进入电网行业的必要条件。

（2）从完全合约角度探讨了电网 PPP 项目的投资和收益分配问题，从企业角度出发，考察了在资金约束下，面临不同合约条件时，电网企业如何选择 PPP 项目模式，并缔结相应的投资和收益分配合约，以及政府在其中扮演的角色。同时提出，当电网企业内部非生产性的组织成本极大时，由社会资本全额投资并获取全部经营收益的典型 PPP 合约不失为一种有条件的社会有效均衡。在此基础上，探讨了电网 PPP 投融资体制多元化改革的途径。

（3）利用博弈理论分析了电网 PPP 项目的委托代理关系。由于电网 PPP 项目持续周期长，期间社会资本存在机会主义行为的动机，可能会造成社会效益的损害，因此，从非合作博弈的视角，本书考察了电网企业和项目公司之间的委托代理关系，通过静态博弈和多阶段博弈的分析，认为电网企业依然需要对 PPP 项目进行持续监督以确保项目公司不会违反合约条款，进而结合我国现实情况，探讨了电网监督体制改革途径。

（4）对电网 PPP 项目公司的股东治理及管理层治理机制进行了深入的

探索。在PPP模式中，外包模式并没有改善传统组织形式的问题，只有私有化以及特许经营两种模式体现了市场配置资源的高效率。因此，借鉴现代公司治理的相关研究，对电网PPP项目公司股东治理及管理层治理机制进行了探索。

1.4.2 不足之处

尽管笔者坚持用大量时间深入研究和学习，并理论联系实践探索电网企业体制机制改革的相关问题，但由于所研究内容缺乏实证基础的支持，思考问题的思路可能不够全面，以及其他主客观原因，使这一问题只能停留在理论分析的基础上。本书存在以下不足之处：

（1）论文对电网PPP项目的研究主要从社会与经济效率、项目的资金合约和监管合约的理论分析出发，并以现代企业理论和公共服务领域的相关研究作为借鉴，提出了关于体制机制改革的一些思路，但我国电网行业当前并没有进行PPP的实践，因此缺乏实际应用的各种经验和案例。

（2）由于2002年电网改革才使"厂网分离"，而且电力行业一直被国家垄断，受政府计划性指令约束，相关统计数据严重不足，研究成果还需在未来的实践中进行验证和修改。

2 国内外研究综述

国务院在 2014 年 11 月 26 日发布了《关于创新重点领域投融资机制，鼓励社会投资的指导意见》（国发〔2014〕60 号文），并指出："鼓励社会资本参与电网建设。积极吸引社会资本投资建设跨区输电通道、区域主干电网完善工程和大中城市配电网工程。将海南联网Ⅱ回线路和滇西北送广东特高压直流输电工程等项目作为试点，引入社会资本。鼓励社会资本投资建设分布式电源并网工程、储能装置和电动汽车充换电设施。"为配合上述改革，该文件还专门提出："建立健全政府和社会资本合作（PPP）机制"，具体措施内容包括"推广政府和社会资本合作（PPP）模式、规范合作关系保障各方利益、健全风险防范和监督机制、健全退出机制"。本书据此进行了研究选题。

为进一步深入探索和研究我国电网领域引入 PPP 中的经济学问题，就必须查阅国内外在电网投资体制市场化改革方面的研究成果。经我们以主题词 "电网投资+多元化" "电网投资体制改革" "电网投资+市场化" "电网投资体制+PPP" 等关键词在中国知网全文、万方—中国学位全文论文库、CNKI—中国高等教育文献总库、CNKI—中国学术期刊网络出版总库以及百度等查阅，并多次到四川大学的图书馆、经济学院资料室等现有的资料库进行多次反复的查阅，到目前为止，仅仅查到三篇文章：（1）李琼："国外电网投资多元化及其启示"，《电力技术经济》2003 年 1 期；（2）李琼："电网投资的多元化"，《中国电力企业管理》，2003 年 1 期；（3）周抒颖："我国电网投资主体多元化的必要性及其实现方式的探讨"，西南财经大学工商管理硕士学位论文，2005。在该领域的研究文章不仅数量极少，且文章发表的时间都是十多年前的研究成果。可见，国内学者对电网投资体制改革，特别是引入 PPP 的研究非常少。值得我们欣慰的是，电力体制，特别是电源和供电投资体制的市场化改革得到国家的高度重视，其研究的成果比较多，从系统论的观点来看电网投资体制属于电力体制范畴，而且是电力投资体制的重要组成部分。所以，我们在本章的国内外学者研究成果综述中，除了对现有电网投资体制改革文献进行了引用和综述以外，也引用和借鉴电力体制改革的相关研究成果并对其进行综述，并且将本章中应该称为"电网"的相关标题直接改为"电力"标题。

2.1 公私合作（PPP）的研究综述

2.1.1 PPP 的基础理论研究

2.1.1.1 国内学者研究综述

王灏（2004）对 PPP 模式的定义和分类综合各国文献进行了非常细致的研究，总结提出 PPP 模式分为外包模式、特许经营模式和私有化模式，并分析比较这三种 PPP 模式的投资结构、项目收益和风险分配[①]。该分类方式是本书对 PPP 模式研究的基础，整篇文章的思路和架构依此展开。外包类 PPP 模式一般情况下由政府资助，私人资本承担的风险在三种模式当中最小；特许经营类项目私人资本即社会资本参与部分或全部投资，与政府共担项目风险并共享收益，在风险承担上风险居中；私有化 PPP 模式项目，私人部门承担项目的所有投资，承担的风险最大，但同时项目的使用权和所有权也归私人资本所有。贾康，孙杰（2009）分析了 PPP 模式的概念、形成原因、特点及优势。明确指出 PPP 模式在运用和实践过程中，政府公共部门和社会资本在基础设施建设领域和公用事业领域能够更好地实现利益共享和风险分担。同时，PPP 模式也是一种有效的融资机制，能够极大地促进基础设施建设和公用事业融资机制的创新[②]。

上述学者对 PPP 模式的研究具有一定的借鉴意义，特别是对 PPP 的定义和分类、形成原因、特点和优势等进行了较为深入的研究，其中将 PPP 分为"外包模式、特许经营模式和私有化模式"，这些都是很好的研究成

---

① 王灏. PPP 的定义和分类研究 [J]. 都市快轨交通, 2004, 17 (5): 23-27.
② 贾康, 孙洁. 公私伙伴关系（PPP）的概念、起源、特征与功能 [J]. 财政研究, 2009, (10): 2-10.

果。从文献的收集和梳理来看,虽然学者们在此领域的研究成果比较多,但在我国成功的案例尤其是在电力体制改革的案例还不多。因此,如何将 PPP 结合我国的实际情况,引入到电力特别是电网投资体制改革中,这是我们重点要探索的。

2.1.1.2 国外学者研究综述

国外学者在 PPP 模式基础概念的深入研究基础上,集中且深入地分析了 PPP 的优劣。例如,在效率提高和财务管理方面,Savas(2000)与 Debande(2004)认为,PPP 模式可以有效控制基础设施项目因工程内容变化带来的额外成本,进而缓解政府的财政负担[1][2];在社会关系和效率管理方面,PPP 模式可以逐渐将公共部门—私人部门之间传统的对立关系向合作关系引导,为公共部门引入全新且有效的风险管理机制,加强基础设施项目中工程主体(主要指设计和建造环节)的参与度,并减少项目的运营、维护和更新成本。以上为 PPP 模式所具有的优势。而在劣势方面,Walker(2005)认为 PPP 模式反而会增加大型基础设施项目的成本和复杂性,例如风险转移与分担,技术、资源、资产、收入的分享,责任与权利的分摊,资金的使用,目标的差异性等等,尤其是收益分配达成必需的博弈复杂程度所带来的谈判成本[3]。Blumenberg(2005),Akintoye(2008)等也提出了因为参与主体的立场和目标不同而使谈判过程复杂化和高成本化,项目过程因过于注重自身利益而忽略了共同目标,导致公私合作项目失败[4][5]。

---

[1] Savas E S. Privatization and Public - Private Partnership [J]. Chatham House, 2000, 87 (1): 21 -23.

[2] Debande O. ICTs and the development of elearning in Europe: the role of the public and private sectors [J]. European Journal of Education, 2004, 39 (2): 191 -208.

[3] Walker A. D., Cox. D, Rigby. J. Testing the boundaries of public private partnership: the privatization of the UK Defense Evaluation and Research Agency [J]. Science and Public Policy, 2005, 32 (2): 155 -161.

[4] Blumenberg, Daniel Hulis, Alan Rennison. Public—Private Partnerships in Scotland Evaluation of Performance [J]. Public Performance & Management Review, 2005, 35 (4): 727 -752.

[5] Akintoye A, Beck M, Hardcastle C. Chapter 9. Developments in UK Public Sector Risk Management: The Implications for PPP/PFI Projects [M]. Public - Private Partnerships: Managing Risks and Opportunities. Blackwell Science Ltd, 2008.

萨瓦斯①（2002），哈特②（2002），帕约特③（2006）对 PPP 模式进行了比较系统的研究，提出了一些能够解决合约不完备性的措施。让-雅克·拉丰，大卫·马赫蒂摩和帕约特等学者用道德风险模型解释了"捆绑签约"所牵涉的外部性问题④，认为解决"捆绑签约"所带来的管理水平、资金回报等外部性有利于提升 PPP 模式参与者提高基础设施质量的动力。

由此可见，学者大致上都持"PPP 模式是社会（私人）资本进入到国家公共领域，为基础设施或者公共服务提供融资和专业的运营"的观点。从市场化改革趋势来看，这也是一种普遍趋势：政府减少在基础设施领域的投入，通过民营部门来弥补投资缺口，并以耕地的成本提供更优质的公共服务。同时，上述国外学者的研究成果也指出了大型基础设施领域 PPP 模式的复杂性，特别是公私资本目标函数差异所带来的不确定性，进而导致项目失败。这为本书的研究提出了深刻的要求，如何在通过博弈理论分析的基础上，解决私人资本和国有资本在合作方面由于各种不确定性带来的风险以及收益分配，PPP 模式的运行体制机制等，这些都是本书的主要研究内容。

2.1.2 PPP 模式下的融资方式研究

2.1.2.1 国内学者研究综述

在融资方式方面，冯剑梅（2009）通过实证分析，总结了产业投资基金、收益信托、资产证券化三种 PPP 融资模式⑤；基于此，袁永博等

---

① 萨瓦斯详细分析了在包括电网在内的基础设施领域采用 PPP 模式进行建设和经营的优势：（1）可以帮助政府发展基础设施；（2）私人部门能够以较低的成本和高标准的管理理念和模式满足公众的需求，避免政府的低效率，并提高资金的使用效率；（3）政府在专业领域缺乏人才和管理经验，私人部门的加入必将弥补政府的这一不足；（4）社会资本以及更加市场化的资本投资者能够保证最新技术的投入，获取更大量的资金支持；（5）在一定的规则范围内，私人部门的经营效率要普遍高于政府部门，因为竞争性的市场没有回旋的余地；（6）私营部门效率的提升不仅有助于其自身的发展，还有助于提升政府的税收水平；（7）私营部门能够有效地弥补财政的缺口，帮助公共部门利用最新的技术，还能够为政府培训专业的人才；（8）私营部门能够与公共部门共担风险；（9）私营部门在竞争性的市场当中，必然不断提升其管理效率，更是有助于提高基础设施的管理水平，促进其更有效地运行。[美] E.S. 萨瓦斯. 民营化与公私部门的伙伴关系 [M]. 中国人民大学出版社，2002.
② Hennessy P, Hart J. Mayor Puts Byers on Spot over Cost of PPP Tube Deal [J]. Evening Standard, 2002·165
③ Pouyet J, Martimort D. 'Build It or Not': Normative and Positive Theories of Public–Private Partnerships [J]. Cepr Discussion Papers, 2006：2006.
④ 让-雅克·拉丰，大卫·马赫蒂摩. 激励理论：委托-代理模型 [M]. 陈志俊译，中国人民大学出版社，2002.
⑤ 冯剑梅. PPP 模式下的政府投资项目融资模式 [J]. 合作经济与科技，2009，(01)：64-66.

（2011）建立了"基于蒙特卡洛技术的融资结构优化模型"来分析 PPP 模式的影响因素[①]。在具体案例方面，北京、深圳地铁均引入 PPP 模式进行建设和运营[②]。徐翔（2012）分析了 PPP 模式的理论优点在农村水利设施建设实践中的应用[③]。同样的研究也出现在政府保障房建设融资领域中[④]，为电网体制的 PPP 模式改革提供了一个新颖视角。在融资特点上，王建等（2001）认为"准经营性项目"可以通过 PPP 获得灵活的贷款渠道[⑤]；柯永健（2010）则利用"蒙特卡罗模拟"，开发出一个相对公平的 PPP 财务评价方法[⑥]。

一般来说，在我国引入 PPP 模式的实践中，大多数学者都将 PPP 模式下的融资方式归纳为：BOT（Bulid - Operate - Transfer）即建造—运营—移交、BT（Build Transfer）即建设—移交、TOT（Transfer - Operate - Transfer）即转让—经营—转让、TBT 即 TOT 和 BOT 组合等模式，并分析了各种模式下的合作与风险控制。但是，学者们认为 PPP 模式下的融资方式可以引入产业投资基金、收益信托、资产证券化，如"蒙特卡洛范式"的方法等对本书的研究具有很强的启发。

2.1.2.2 国外学者研究综述

国外学者的研究视角有所不同，认为融资能力是项目发展的关键，能力更强、成本更低的 PPP 模式因此更具有竞争力。在 PPP 项目境外市场中，随着本地承包商已逐渐降低了单位技术的提供价格，有着比境外承包商更强

---

① 袁永博，叶公伟，张明媛. 基础设施 PPP 模式融资结构优化研究 [J]. 技术经济与管理研究，2011，（03）：91 - 95.

② 靳明伟. PPP 五大投融资模式全解析 [EB/OL]. http://www.chinacem.com.cn/ppp - nljs/2015 - 02 /182366.html. [2015 - 12 - 05]. 北京地铁 4 号线在国内首次采用 PPP 模式，将工程的所有投资建设任务以 7∶3 的基础比例划分为 A、B 两部分并把 B 部分通过 PPP 模式引入私人资本；深圳地铁 4 号线由港铁公司获得运营及沿线开发权，4 号线全线将由香港地铁公司成立的项目公司统一运营，该公司拥有 30 年的特许经营权。此外，香港地铁还获得 4 号线沿线 290 万 m² 建筑面积的物业开发权。在整个建设和经营期内，项目公司由香港地铁公司绝对控股，自主经营、自负盈亏，运营期满后则将全部资产无偿移交深圳市政府。

③ 徐翔. 基于 PPP 模式的农村水利设施融资研究 [D]. 云南财经大学，2012.

④ 朱珊珊. 基于 PPP 模式的政府保障房建设融资问题研究 [D]. 山东财经大学，2012.

⑤ 王建等. 从美国投资银行的发展看我国投资银行业务的创新基础 [J]. 财经科学，2001，（增刊）：131 - 132.

⑥ 柯永建. 中国 PPP 项目风险公平分担 [D]. 清华大学，2010.

的优势,因此这些境外承包商需要追寻国家的财政支持。Akintoye[①](2005)等则担忧基础设施项目高企的融资成本已成为PPP融资的负担,并成为影响社会资本投资和参与运营意愿的关键因素。

基于融资的重要性,相当一部分的研究集中于项目融资、价值回报、财务可行性的定量模型构建。例如,Bakatjan等(2006)提出的BOT项目最优权益评估模型,以帮助权益持有人收益最大化[②];Zhang提出的最佳价值模型,以实现PPP项目的多目标函数等等。

从国外的研究成果来看,一是认为PPP模式是否成功的关键在于能否克服融资成本;二是政府必须提供相应的财政支持;三是如何处理好PPP合作的收益问题,也是关系到PPP模式是否成功的重要因素;四是如何对PPP合作下的各方进行监管,如何优化资本结构等方面都为我们的研究提供了借鉴。

2.1.3 PPP模式中的风险研究

2.1.3.1 国内学者研究综述

沈际勇等人(2005)总结了PPP模式在我国的具体应用,并通过案例的方式对PPP项目失败的原因进行了分析,他们认为"政治风险"和"主权风险"尤其突出。[③]王宝生等人(2007)研究了英国PPP模式实施的成功经验,详细分析了其中的风险因素,为我国PPP模式运用过程中的风险识别提供了很好的方法[④]。王雪青(2007)把PPP模式看作是一个融资结构和渠道,对PPP项目中不同的层次的风险按偏好系数的不同分配给最适合承担它的一方[⑤]。王盈盈,柯永建,王守清(2008)着重研究政府因素以及政府官员的问题所导致的PPP模式风险。政府作为PPP项目最重要的参与方,其一举一动都会深刻影响PPP项目的最终结果,其研究也表明,我国目前

---

① Bing Li, A. Akintoye, C. Hardcastle. Critical success factors for PPP/PFI projects in the UK construction industry [J]. Construction Management & Economics, 2005, 23 (5): 459 – 471.
② Bakatjan S, Arikan M, Tiong R L K. Closure of "Optimal Capital Structure Model for BOT Power Projects in Turkey" [J]. Journal of Construction Engineering & Management, 2006.
③ 沈际勇,王守清,强茂山. 中国BOT/PPP项目的政治风险和主权风险:案例分析 [J]. 华商·投资与融资, 2005, 1; 1 – 7.
④ 王宝生,宋彩凤. PPP项目中的风险分配 [J]. 水利科技与经济, 2007, (06): 401 – 404.
⑤ 王雪青,喻刚,邴兴国. PPP项目融资模式风险分担研究 [J]. 软科学, 2007, 21 (6): 39 – 42.

有关 PPP 的法规体系仍有很大的不足①。邓小鹏（2009）通过问卷调查从 20 个 PPP 项目所面临的风险中提炼出 5 个主因子，经过认真分析，提出我国 PPP 项目进行风险管理的目标：营造好的外部环境、提升私人资本的自身能力和提升政府的管理和服务能力②。亓霞等（2009）学者汇总了大量 PPP 项目失败的案例，从中研究 PPP 项目所面临的风险，他重点指出"政府信用风险"尤其值得防范③。

国内学者的研究也涉及风险分配和规避领域。如沙骥（2004）在我国基础设施项目中 PPP 可行性研究中提出的基于公私职责明确基础上的风险分配方案④；蒋斌（2008）在我国基础设施 PPP 可行性和必要性研究中采用距离综合评价法⑤建立的 PPP 适应性评价指标体系，具有很强的操作性和实用性⑥；李斌等（2015）以上海高速公路的实证来分析基础设施供给模式，认为政策法规和投融资机制的完善是前提⑦。在基础设施的建设中同样涉及的风险还包括不可抗力因素，比如地震等自然条件引起的破坏。王佳玲等（2011）对 PPP 模式下的风险理论、特别是灾后基础设施重建中的不可抗力风险因素进行了较详细的研究⑧。

从国内学者的研究成果来看，在大型基础设施投资方面引入 PPP 模式可能出现的风险包括：政治风险、主权风险，这两类应该主要是在境外投资项目 PPP 模式中容易出现的风险；从国内来看，PPP 模式存在的风险主要在

---

① 王盈盈，柯永建，王守清．中国 PPP 项目中政治风险的变化和趋势 [J]．建筑经济，2008，(12)：58-61．

② 邓小鹏，李启明，熊伟，等．城市基础设施建设 PPP 项目的关键风险研究 [J]．现代管理科学，2009，(12)：55-56．

③ 亓霞，柯永建，王守清．基于案例的中国 PPP 项目的主要风险因素分析 [J]．中国软科学，2009，(05)：107-113．

④ 沙骥．PPP 模式在我国基础设施建设中的应用研究 [D]．东南大学，2004．

⑤ 注释：距离综合评价是通过描述被评价对象的多个指标进行的，如果把指标看成坐标上的变量，则在几何上形成一个高维空间，因此，从几何角度看，每个被评价对象是由反映它的多个指标值在该空间决定的一个点，综合评价问题就变成了对这些点进行排序和评价，为了便于比较分析，一个自然的想法就是首先在空间上确定出参考点，如最优点和最劣点，然后计算各个评价对象与参考点的距离，与最优点越近越好，与最劣点越远越好，这就是距离综合评价法的基本思路。引自：蒋斌．城镇基础设施 PPP 模式适用性研究 [D]．武汉理工大学，2008．

⑥ 蒋斌．城镇基础设施 PPP 模式适用性研究 [D]．武汉理工大学，2008．

⑦ 李斌，张锦华，赵晓雷．上海城乡基础设施一体化融资政策研究 [J]．科学发展，2015，(12)：85-93．

⑧ 王佳玲，苏曲哈．PPP 模式在灾后基础设施重建中的应用 [J]．合作经济与科技，2011，(8)：55-56．

于法律风险和政府信用风险,法律政策风险是一种在项目实施过程中由于政府政策的变化而影响项目的盈利能力的风险;另外还有技术风险、财务风险、营运风险,一些项目还存在汇率风险等等。在 PPP 运用的实践过程中政府为降低其风险,往往要求私营合作方权益融资占全部资本一定的比例,但私营合作方在投资过程中如何克服风险,这是学者们的研究中较少涉及的问题。

2.1.3.2　国外学者研究综述

考虑到 PPP 项目实施受到多种外部环境因素的影响,国外学者更倾向于结合具体案例来研究 PPP 风险问题。Shen 等(2006)通过香港迪士尼主题公园的案例分析得到了 3 类 13 种具体的风险因素[①];Abednego(2006)通过印度尼西亚收费公路的案例分析认为,PPP 项目风险的存在需要项目参与方进行适当的风险分担[②]。

从国外学者们的研究成果来看,PPP 模式下的融资风险已经做出了较多的系统性的研究,指出风险的种类和具体类型以及产生的原因。但由于国外的政治体制和经济体制与我国有很大差别,所以,我们可以借鉴国外 PPP 模式下的融资风险理论,并结合中国的国情制定相应的控制风险的措施。

2.1.4　PPP 模式中合作关系的研究

2.1.4.1　国内学者研究综述

PPP 模式中的合作关系指公共部门和私人部门的关系。国内的文献多集中于公共部门领域(政府)以及公私合作关系上政府的作用。关于政府的监管方面,徐霞等(2009)在美英新三国公共事业政府监管体制的研究基础上,结合我国国情提出了宏观和微观层面的政府监管体制完善建议[③]。关于政府支持方面,程连于(2009)认为 PPP 模式推广的首要任务是制定相应的配套政策,通过政府主动建立向导性政策,完善公私部门平等合作关系

---

① 包括内部风险、外部风险以及固有风险三类,场地收购、不可预测的地下条件、土地和环境污染、土地开垦、开发、设计和建造、市场环境的变化、融资风险、法律法规的变化、合作伙伴的经验缺乏、运营不畅、罢工以及不可抗力 13 种。Shen L Y, Platten A, Deng X P. Role of public private partnerships to manage risks in public sector projects in Hong Kong [J]. International Journal of Project Management, 2006, 24 (7): 587 – 594.

② Abednego M P, Ogunlana S O. Good project governance for proper risk allocation in public – private partnerships in Indonesia [J]. International Journal of Project Management, 2006, 24 (7): 622 – 634.

③ 徐霞,郑志林,周松. PPP 模式下的政府监管体制研究 [J]. 建筑经济, 2009, (7): 105 – 108.

的保障制度，并制定相应的风险分担机制①。靳乐山和孔德帅（2016）从伙伴关系、利益共享、风险分担角度分析了在赤水河流域应用 PPP 模式②。王岩等（2008）指出了 PPP 金字塔结构合作（图 2-1），并且从外包、政府特许经营以及私有化等方面阐述了政府与私人的合作关系③。

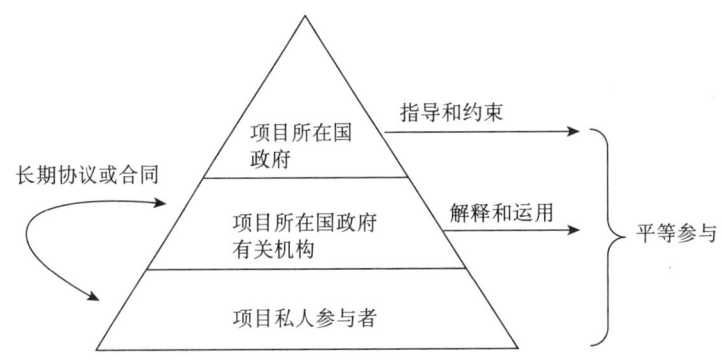

图 2-1　PPP 模式下的金字塔合作关系

对于 PPP 模式下的合作，学者们首先认为这是一种金字塔式的长期契约合作关系，并运用多种博弈分析理论——讨价还价博弈、进化博弈、非对称博弈、合作博弈、期权博弈、三方博弈、随机合作博弈、寻租博弈等作为研究工具，对我们研究电网投资 PPP 项目的合作博弈等提供了新的视角和借鉴。

2.1.4.2　国外学者研究综述

公私部门之间的合作关系直接影响着 PPP 项目的最终实施效果，甚至决定着项目的成败，因为 PPP 项目的进行需要双方高度信任彼此。Chan 等④（2003）发现，PPP 项目的最大收益并不是项目本身，而是由此建立起来的长期合作关系。因此，国外学者倾向于寻找并定量分析这种合作关系变化的"因"。

---

① 程连于. PPP 模式与我国民间投资问题研究 [J]. 河南社会科学, 2009, 17 (3)：117-119.
② 靳乐山, 孔德帅. 基于公私合作模式（PPP）的西部区域可持续发展研究——以贵州省赤水河流域为例 [J]. 西南民族大学学报（人文社会科学版）, 2016, (3)：140-144.
③ 王岩, 叶子菀. PPP 模式下项目参与方的合作关系 [J]. 中国电力教育, 2008, (S2)：53-55.
④ Albert P. C. Chan, Daniel W. M. Chan, Kathy S. K. Ho. An empirical study of the benefits of construction partnering in Hong Kong [J]. Construction Management & Economics, 2003, 21 (5)：523-533.

Consoli[①]（2006）认为这种合作关系会被合作者的不同需求、观点及协议本身所影响。其中，关系合同和关系管理决定了合作关系——合作协议只有满足所有合作者的需求才是公平的，因此通过 PPP 模式在世界范围内的实践研究，部分学者认为政治风险、税收风险及外汇风险的管控能否有效实施是至关重要的因素，并由此引申出国际 PPP 合作的五个主要的制约因素类：良好的投资环境、经济的可行性、技术雄厚的特许经营者组织、健全的财务计划以及通过可靠的合同协议进行适当的风险分担等[②]。关系管理已成为 PPP 项目的重要组成部分，如 Hedley（2006）以信任和信心等变量对 PPP 主要成员关系进行了测量，并认为协作下的战略战术实施是成功的关键[③]。

从国内外学者的研究成果来看，学者们围绕着政府与私人合作中强调了在市场机制条件下，政府与私人合作是一种长期的契约关系。但是，政府必须在整个过程中利用自己的权利进行监管。同时，采取协同工作以及有效的战略也是合作成功的关键。但是事实上，在市场经济条件下，政府与私人的这种契约关系表现出来的是一种合作博弈关系，虽然国内外一些学者在研究中已经少量涉及政府与私人合作的博弈关系研究，但是在电网投资领域这种博弈合作尚未涉及。因此，本书将结合 PPP 模式下的政府、国企和私人合作博弈进行研究。

2.1.5 PPP 模式中项目治理研究

2.1.5.1 国内研究综述

现今，国外 PPP 研究已不仅局限在合作关系的研究，更多的关注于 PPP 项目治理。而国内关于 PPP 项目治理的研究较少，主要有：陈凡（2011）从契约角度探讨了 PPP 项目的治理目标、治理结构、治理关系等内容，并从股东、管理层、承包商等几个角度分析了 PPP 项目治理机制的运行[④]。薛松等（2015）把 PPP 模式下的项目治理能力分为：合同治理能力、产权治理能力、关系治理能力、项目治理阻力等，并发现这些指标与 PPP 模式下

[①] Consoli G G S. Conflict and managing consortia in private prison projects in Australia——Private prison operator responses [J]. International Journal of Project Management, 2006, 24 (1)：75-82.

[②] 杨亚楠. 基于多属性决策的 PPP 模式选择研究 [D]. 大连工业大学, 2013.

[③] Hedley Smyth, Andrew Edkins. Relationship management in the management of PFI/PPP projects in the UK [J]. International Journal of Project Management, 2006：121-135.

[④] 陈凡. 基于契约关系的 PPP 项目治理机制研究 [D]. 中南大学, 2011.

的项目治理能力正相关[①]。石莎莎，常志兵（2013）认为：在单纯外部监管机制下，强化对机会主义行为的惩罚力度就可以使得系统更加稳定，特别是在引入显性实物期权的契约治理机制下，这种稳定性就更明显[②]。国内学者对 PPP 模式下的项目治理研究中分解了 PPP 模式下的项目治理指标，同时引入了进化博弈分析，这些是在本研究中值得借鉴的。

2.1.5.2 国外研究综述

Abednego（2006）提出，良好的项目治理有助于评估 PPP 项目的绩效[③]。在确定项目治理的评判标准上，Spackman[④]（2002）通过英国 PPP 模式的研究认为，财务激励、信任关系及政策是成功的前提。但 Abednego（2006）更倾向于风险的合理分担及"效率、透明、公平、可持续性和可验证性"[⑤]。Reside（2008）则将制度环境、市场竞争力、组织行为模式、参与者角色、组织文化、合同安排、风险转移纳入项目治理的内容[⑥]。Harris（2014）在继承 Abednego 的风险分担观点上，还认为需要考虑项目成功的标

[①] 薛松等认为：项目治理能力提升已经成为水利工程 PPP 项目治理的一个重要内容。他们依据水利行业相关专家的调查数据，以合同治理能力、产权治理能力、关系治理能力、项目治理阻力、PPP 项目治理能力为 5 个潜变量，以具体指标为观测变量构建水利工程 PPP 项目治理能力提升的结构方程，对动力因素与 PPP 项目治理能力提升之间关系的概念模型以及潜变量之间的相互作用等进行验证和修正，从而得出动力因素与治理能力提升相互作用的路径以及路径系数。结果表明，合同治理能力、产权治理能力、关系治理能力与 PPP 项目治理能力提升之间具有正相关关系；项目治理阻力与 PPP 项目治理能力提升之间呈负相关关系；产权治理能力对合同治理能力未形成约束。从加强组织内部控制力、提升项目监管能力、建立信任体系、构建项目协同治理机制等方面入手，可以有效提升 PPP 项目治理能力。薛松，丰景春，钟云. 水利工程 PPP 项目治理能力提升动力实证研究 [J]. 水利经济，2015，(3)：41 - 47、77.

[②] 石莎莎，常志兵认为：基于内外治理机制的双重视角，运用进化博弈理论分析城市基础设施项目中政府部门和私人投资者的进化稳定策略，并分析稳定解的区间范围和影响因素，最后结合我国城市基础设施项目的运营现状，提出相应的对策建议。研究表明，在单纯外部监管机制下，通过强化对机会主义行为的惩罚力度可以使系统朝着私人投资者机会主义行为概率尽可能小的方向演化，且相对于单纯外部治理，契约治理机制扩大了稳定解空间，节约了政府部门的监管成本。石莎莎，常志兵. 城市基础设施 PPP 项目治理机制的进化博弈和策略研究 [J]. 建筑经济，2013，(1)：67 - 71.

[③] Martinus P. Abednego, Stephen O. Ogunlana. Good project governance for proper risk allocation in public - private partnerships in Indonesia [J]. International Journal of Project Management, 2006, (24): 622 - 634.

[④] Spackman M, Spackman M. Public - private partnerships: lessons from the British approach [J]. Economic Systems, 2002, 26 (3): 283 - 301.

[⑤] Abednego M, Jan A Y C, Singh B. Public Private Partnerships In Asia: Enabling Framework And Risk Profile [J]. Eres, 2006.

[⑥] Reside R E. Global Determinants of Stress and Risk in Public - Private Partnerships (PPP) in Infrastructure [J]. General Information, 2008, 8 (SI.2).

准、重要影响因素及先决条件等[①]。

通过英国 PPP 项目的实践，Darinka[②]（2007）认为，项目风险的相关评估、管理工作需要由政府进行并主动承担部分风险；对国内 PPP 成功案例的分析后，西班牙基础设施 PPP 发展项目治理论坛则赞同以下指标："灵活、效率、透明和竞争"；通过对德国 PPP 项目的研究总结，Kochendörfer（2014）开发了一种网络治理框架[③]。以上学者的研究多是对 PPP 项目治理一般性的研究和讨论，对本书的研究是值得借鉴的内容。

2.2 电力体制改革的研究综述

如前所述，国内学者对电网投资、监管体制以及激励机制改革，特别是引入 PPP 的研究非常少。值得我们欣慰的是，电力体制，特别是电源和供电投资体制的市场化改革得到国家的重视，其研究的成果比较多。从系统论的观点来看电网投资体制属于电力体制范畴，且是电力投资体制的最为重要的组成部分。所以，我们在本节的国内外学者研究成果综述中，除了对现有电网投资体制改革文献进行引用和综述以外，也引用和借鉴电力体制改革的相关研究成果并对其进行综述，且将本节中的相关标题直接改为"电力"标题。

2.2.1 电力行业的垄断管制研究综述

2.2.1.1 国内学者研究综述

从 20 世纪 70 年代末期，十一届三中全会确定改革开放以来，我国开始逐步建立中国特色的社会主义市场经济体制。与此同时，也开始了电力产业改革方面的探索。国内专家学者对电力产业改革发展方面的研究日益增加，这些研究大致可分为管制垄断研究、市场化改革研究、问题原因分析以及政

---

① Ismail S, Harris F A. Challenges in Implementing Public Private Partnership (PPP) in Malaysia [J]. Built Environment Project & Asset Management, 2014, 164 (3): 5 – 10.

② John Hood, Darinka Asenova, Stephen Bailey, et al. The UK's Prudential borrowing framework: a retrograde step in managing risk? [J]. Journal of Risk Research, 2007, 10 (1): 49 – 66.

③ Hilbig C, Kochendörfer B, Drygalski M V, et al. Ten years of PPP in Germany: experiences and perspectives [J]. Management Procurement & Law, 2014, 167 (4): 180 – 188.

策建议等诸多方面。其中,对于垄断管制方面的研究国内案例更为丰富。在最初研究垄断管制的学者中,王俊豪(2001)[①]就是其中之一,他对管制经济学作了比较全面的、具体的、富有成效的总结,为中国政府实施的管制政策的发展提出了一种新的思路,并从经济学方面对电力方面的管制与市场化进行了分析和研究。

马昕[②](2004)编著的《管制经济学》从制度等层面研究了政府管制的特性,详细地论述了把经济分析应用到管制制度中的方法,并且针对管制制度的各种特点及具体政策详细的分析了经济管制、社会性管制和反托拉斯管制,这些研究成果构成了管制经济学理论体系的核心。同时,他的管制经济学还对电力产业的管制与竞争进行了较为深入的分析与探究。

戚聿东[③](1999)从产业组织理论出发,运用SCP分析框架[④]初步分析了中国的产业组织,深入探讨了我国经济运行中垄断和竞争的关系。

刘建平[⑤](2006)则从新制度经济学、产业经济学等经济理论出发,全面具体的研究了世界各国的电力产业政策,并据此分析出电力产业改革的政策理论依据及其发展必然性。应该说,该学者的贡献之一是他构建了中国电力产业政策系统模型和产业政策绩效函数,提出了中国电力产业政策框架性建议。

刘世锦,冯飞[⑥](2001)则就我国电力产业的改革与重新整合方面进行了系统研究,从监管层次、机构设置、电力定价等方面对电力产业进行了全面的分析。叶泽[⑦](2008)也从产业组织的视角出发,通过构建模型和研究实证,从理论和政策方面对电力市场竞争进行了全面具体有效的分析。

刘阳平,叶元煦[⑧](1999)论述了发电、输电和配电的垄断特征,认为

---

① 王俊豪. 中国自然垄断产业政府管制体制改革 [J]. 经济与管理研究,2001,(6):15-18.
② 马昕. 管制经济学 [M]. 高等教育出版社,2004.
③ 戚聿东. 中国现代垄断经济研究 [M]. 经济科学出版社,1999.
④ SCP理论是20世纪30年代哈佛大学学者创立的产业组织分析的理论。最初由哈佛大学教授梅森首先提出。作为正统的产业组织理论,哈佛学派以新古典学派的价格理论为基础,以实证研究为手段,按结构、行为、绩效对产业进行分析,构架了系统化的市场结构(Structure)—市场行为(Conduct)—市场绩效(Performance)的分析框架。
⑤ 刘建平. 中国电力产业政策与产业发展 [M]. 中国电力出版社,2006.
⑥ 冯飞,刘世锦. 对电力工业政府管制、电价和投资体制改革的建议 [J]. 经济工作者学习资料,2001,(18):37-41.
⑦ 叶泽,张新华. 电力经济学对微观经济学的若干拓展 [J]. 经济学动态,2008,(4):89-94.
⑧ 刘阳平,叶元煦. 论电力市场的有效竞争 [J]. 管理世界,1999,(2):122-133.

电力产业中不同环节自然垄断特征不同：输电领域受制于规模经济、密度经济[1]和固定成本沉淀性；配电领域则主要受制于范围经济、密度经济和沉淀资本，较前者垄断性"弱"。冯永晟，马源，张昕竹等人对输配电网进行了细致深入的研究：从技术经济特征视角论证其自然垄断属性，认为规模经济和范围经济广泛作用于电网的各个环节，强调了技术经济而非管理体制决定了输电网和配电网的垄断性质，同时认为："输配电改革实质是一个单向接入问题，其核心在于接入定价监管"[2]，并反驳了输配分离改革的观点；通过成本函数、实证分析构建了配电网的分析框架，研究了规模经济及多产出性质[3]；对电力产业纵向经济进行理论和实证分析，指出输配分离可能导致严重的纵向经济损失，因此需慎重对待[4]。

本书认为，以上研究，特别是对于一贯基于政府导向来进行学术研究的中国学术界来说，"输配分离需慎重"对电网改革具有一定的指导意义。但这些研究更多围绕电力经济技术特性带来的自然垄断特性展开，而未能在其上进一步结合体制改革本质目标——电力市场化的内容进行深化，缺乏对从自然到经济的演化讨论，而这正是本书所力图探究的主题。

2.2.1.2 国外学者研究综述

以施蒂格勒（J. Stigler）、德姆塞兹（H. Demsetz）、波斯纳（R. Posner）、佩尔兹曼（S. Peltzman）为代表的芝加哥学派提出了规制俘获理论[5]。建立在实证分析基础上的规制俘获理论将规制的制定过程纳入了研究范围，提出政府规制的目标一般都是为某些特殊的利益集团服务。规制俘获理论促使了政府思考改进并建立规制制度中的制衡机制，随后它与美国著名经济学家鲍莫尔与帕恩则（Baumol，Panzar，1982）的可竞争市场理论成

---

[1] 注释："密度经济"本质上就是"单位管道内的规模经济"，"密度经济"原理的存在为政府在自然垄断领域通过模拟市场竞争的方式发现企业的真实成本信息提供了一个有效的途径。引自：楚律波．密度经济与自然垄断 [J]．湖南科技大学学报（社会科学版），2006，(6)：61-66.
[2] 冯永晟，马源．论输配电网的自然垄断属性 [J]．电力技术经济，2008，20 (2)：21-26.
[3] 冯永晟，马源，张昕竹．配电网的规模经济：一个理论与实证分析框架 [J]．数量经济技术经济研究，2008，(11)：115-126.
[4] 冯永晟．电力产业的纵向经济与电力体制改革 [J]．财贸经济，2010，(6)：127-133.
[5] 注释：规制俘获理论（Regulatory Capture Theory）描述了一种政治腐败或政府行政失败的现象。它指政府制定出的某种公共政策损害公众利益，使少数人的利益团体受益。通常政府作出这一类决策是由于受到某一行业从业者的重大影响，而短时期作出违背公众利益的行政决定。它将造成社会中某些公司以"遵守政府规章制度"为名，持续开展损害公众利益的经营行为。转引自：廖进球，陈富良．政府规制俘房理论与对规制者的规制 [J]．江西财经大学学报，2001，(5)：10-12.

了反对世界各国自然垄断行业规制的理论武器,让政府重新思考了自然垄断、竞争与政府规制的关系,从而放松了自然垄断行业的规制。可竞争市场理论是指存在竞争的市场中市场在位者不能获得利润是由于存在潜在进入者的压力,因此该理论认为政府对待竞争的政策应更倾向于增加潜在竞争压力,主要措施包括积极研究新工艺、新技术以减少沉没成本,并且尽最大的可能性去除各种壁垒,解决电力规制中的"俘获"问题。杰卡德[1](M. Jaccard,1995)进一步分析了政府干预电力产业主要是由于自然垄断、公共物品和环境的作用,他认为政府干预电力产业的方式、范围和程度并没有统一标准,不存在具有普遍性的选择,需要具体问题具体分析。约瑟考[2](P. Joskow,1989)通过分析电力产业规制的现状,认为在配电领域应采取标尺规制,不应从实际服务成本出发进行规制。

自从进入 20 世纪 80 年代,英、美、日等发达国家放松对自然垄断产业的规制,加快了微观规制理论与实践结合的步伐。规制理论在这个阶段的最新发展是加入了信息约束和激励机制,并产生以此为特征的激励规制理论,其代表人物是让-雅克·拉丰(Laffon)[3]和 2014 年诺贝尔经济学获奖者让·泰勒尔(Tirole)[4]。这些学者的理论政策含义主要是:为了实现理论上的最优规制,政府可以运用某些特定的规制工具,主要包括价格上限、成本补偿,特许投标等。尽管这些激励规制政策存在着一定的缺陷,但因为它较为有效地消除了传统规制制度存在的许多问题,因而被许多国家奉为圭臬,而且在欧美等国家的实践中,这种政策也产生了显著的积极效果。

P. 杰卡德[5](P. Richard,1995)认为在电力系统中的发电领域,由于自然垄断已经消失,就不应再对其进行规制,存在部分竞争的是输配电领域,由于存在部分协作而产生了网络寡头垄断,所以对它的规制不能仅限于防止处于垄断地位的电网公司获取超额利润,为了达到配置效率提高的目

---

[1] M. Jaccard. Oscillating Current: the Changing Rational for Government Intervention the Electric Power Industry [J]. Energy Policy, 1995, 23 (7): 579 – 592.

[2] Joskow P L, Rose N L. Chapter 25 The effects of economic regulation [J]. Handbook of Industrial Organization, 1989, 2 (89): 1449 – 1506.

[3] 让-雅克·拉丰(Jean-Jacques Laffont). 激励与政治经济学 [M]. 刘冠群,杨小静译;刘冠群,周业安校. 中国人民大学出版社, 1999.

[4] (法)让·泰勒尔. 产业组织理论 [M]. 张维迎总译校. 中国人民大学出版社, 1998.

[5] P. Richard. Network Oligopoly Regulation: An Approach to Electric Federalism [M]. Regulation Region Power System. London: Quorum Book, 1995: 99 – 123.

的,还要最大程度利用网络中的竞争力量,确保公司间必要的合作。尽管配电领域也存在一定的自然垄断特性,但也只能采取激励性的规制。阿姆斯特朗(M. Armstrong,1994)在《管制改革:经济分析和英国的经验》借鉴了英国的电信、电力和自来水等公共事业的管制改革经验,从经济学角度分析了垄断管制、竞争和自由化。一些学者还研究分析了三种管制方式:建立在生产与服务成本基础上的传统管制方式,建立在社会成本和外部性基础上的计划管制方式以及建立在市场机制基础上的市场管制方式,并根据美国电力市场的实际情况,论述了放松电力市场管制走向自由化的必然性,从而为电力市场管制改革提供了依据。

综上所述,无论国内还是国外,电力市场化改革走的是"实践为先,理论补充"的道路。如何从旧的"有效规制"视角向"市场配置"视角转变,是当前电力相关领域学者们所面临的重要课题。从学者们对改革经验和问题的总结归纳来看,在进行相关领域的理论研究时,应注重理论分析结合实际国情(环境)和技术特征(内因),才能充实电力市场化改革的理论研究,为下一步深入改革提供理论依据。

2.2.2 电力市场化改革研究综述

2.2.2.1 国内学者研究综述

李琼(2003)指出,国外电网多元化投资方式主要有:发输配分开,电网公司改组为公众持股公司、发配输一体化的电网公司股权多元化,或成为上市公司、输配分离,配电公司组建为多元投资公司等三种模式[①]。周抒颖[②](2005)研究得出:"在不影响电网统一规划、统一调度的前提下,引入民营企业、社会公众等非国有资本进入电网投资"。

宋永华,刘广一等(1997)介绍了四种市场化改革模式,分别是垂直一体化、批发竞争型、买电型和零售竞争型运营模式,并详细介绍了各自的特点和所面临的不同问题,深入探讨了每一种电力市场化改革模式的经济效益和组织机制问题,并得出结论:零售竞争型运营模式是我国市场化改革的最高阶段,这一论述对我国电网市场化改革有很强的借鉴意义[③]。董军等

---

① 李琼. 国外电网投资多元化及其启示 [J]. 电力技术经济,2003,(1):69-72.
② 周抒颖. 我国电网投资主体多元化的必要性及其实现方式的探讨 [D]. 西南财经大学,2005.
③ 宋永华. 电力企业的运营模式(二):买电型和批发竞争型模式 [J]. 中国电力,1997,(10):56-60.

(2007) 借鉴了美国电力市场设计，提出电网在标准电力市场中需要做到以下基本要素："市场风险防范机制；以节点边际价格（LMP）和金融输电权为基础的输电阻塞管理和输电价格风险防范；电能由单独的调度机构统一调度"，并应有抑制市场势力问题、电网系统投资激励问题、需求侧响应机制等[①]。孙珂，夏清（2008）从信息有效市场理论和信息披露有效性的全新角度出发，设计了电力市场信息披露有效性的评价指标，并集中分析比较了电力"双边交易"和"集中交易"两种主要交易方式的特点和适用环境，提出了中国电力市场应采用"以中长期双边交易为主、现货集中交易为辅"的市场交易模式[②]。杨宁（2015）认为应不断改革和完善电力行业投资体制，重点关注新能源领域的投资；要保持电价形成机制的平稳性，推动电网结构的改善；要推进直购电制度，培育更多购电主体；最后，应完善电力监管措施，避免权力滥用[③]。

国内各界学者的研究为电力市场的构建提供了一定的理论基础，提出了许多有价值的改革方向和措施，包括确立零售竞争型的电力市场运营模式，完善电力需求侧响应机制，为解决电网投资激励机制等问题提供了新的思路。一些学者还认为中国应该借鉴国外的各种实践，包括组建发输配分开的公众持股公司、发配输一体化的股权多元化公司、输配分离的多元投资公司以及在符合统一规划、统一调度的前提下引入民营企业等等。但由于近几年以来我国进入经济新常态下的经济增长的特殊性，加上众多学者更多是从理论层面借鉴国外的各种做法和经验，对中国现有的电网投资体制改革的指导意义有限。

2.2.2.2　国外学者研究综述

B. Tenenbauffli[④]（1992）等人通过实证方式提出并详细分析了电力市场运营的四种模式：开放电网，独立发电，纵向一体化和完全分离环节，并得到所有制不同并不影响电力市场运行模式选择的结论。这一研究成果后来

[①] 董军，栾凤奎，韩英豪，等．中国电力市场标准方案研究［J］．华东电力，2007，35（1）：17-20.

[②] 孙珂，夏清．信息披露有效性与电力市场交易模式的选择［J］．电力系统自动化，2008，32（6）：60-65.

[③] 杨宁．关于深化中国电力体制改革的几点思考［J］．企业改革与管理，2015，（12）：194-196.

[④] B. Tenenbaum, R. Lock and J. Barker. Electricity Privatization: Structural, Competitive and Regulatory Options［J］. Energy Policy, 1992, 20（12）：1134-1160.

成了电力市场化改革的理论支撑——电力私有化与电力市场改革并不等同。笔者认为，这一结论与科斯第一定理有异曲同工之处。此外它还明确了电力改革的核心所在，即如何把握深度延展市场上的电力产业结构重组问题。认真梳理该作者的研究成果，他的研究结论和过程为我们的选题和展开对该问题的研究提供了重要的理论依据。

M. J. Arentsen 和 L. W. Kunneke[1]（1996）在对电力市场研究过程中运用了新古典经济学和新制度经济理论，并以此建立起了全新的电力市场理论体系，他们还分析比较了英、法、德、荷等国的电力市场。他们把价格、契约、公共权力三种市场协调机制在电力市场中所起的作用作为对电力市场模式进行分类的依据，同时阐述了每种模式的具体特征，通过比较各种模式的不同归纳出目前主要的电力市场模式的类型。他们的研究成果描述了每种模式的运行和协调机制并成了电力市场模式划分的一个相对科学的理论框架。

Joskow（2006）总结了世界电力市场化改革的一般化模式：系统运营独立，电力企业私有化且目标效率化；通过制度建设使电力交易市场发挥更广泛的作用；在对垄断环节进行有效管制的同时，尽可能发挥竞争机制在电力产业链中的作用；鼓励输电网络和发电企业厂商多元化，培育更有效的市场主体；充分发挥市场在配售电方面的基础配置作用；降低整个电力行业的市场集中度[2]。

尽管国外学者在此领域研究的数量不太多，但国外学者的研究更加充分和有针对性，对于当下我国电力市场化改革非常有借鉴意义。比如提到电力市场运营的四种模式，明确指出所有制的不同并不影响电力体制模式的选择，这为我国电力市场化改革提供了丰富的经验借鉴。对各国电力体制改革的深入研究提供了帮助，也非常有助于我国更加理性的选择市场化模式。在配电网络和售电侧的研究与我国当下正在进行的电力市场化改革十分契合，理论和实践意义都非常大。当然，我们对国外学者研究成果的借鉴要充分考虑到国内的情况，结合实际不可盲目应用。

---

[1] Arentsen M J, Künneke R W. Economic organization and liberalization of the electricity industry: In search of conceptualization [J]. Energy Policy, 1996, 24 (6): 541-552.

[2] Joskow, P. L. Markets for Power in the US: an interim assessment [J]. The energy Journal, 2006, 27 (1), 1-36.

2.3 电网监管、电价以及需求侧改革研究综述

2.3.1 国内学者研究综述

2.3.1.1 电网监管研究

在电网监管方面,洪迪[①](2013)从电网的基础设施属性这一视角提出了具有很强借鉴意义的内容:从监管主体责任、监管队伍、社会监督体系和法律体系等方面对目前政府监管体制进行了细致的分析,并且还提出缺乏服务质量监督评价标准和科学的监管方法和完善的定价机制的观点;明确公共项目政府监管解决基础设施建设市场失灵的目标,同时提出提升公共产品的服务质量,保障公共项目社会效益,兼顾效率与公平,实现PPP项目各参与主体私营部门、政府、公众的共赢,提出构建基于PPP模式下基础设施监督管理体系等建议。

2.3.1.2 输配电价机制改革研究

输配电价改革是 2015 年启动的新一轮电力市场化改革的中心环节。国网湖北省电力公司经济技术研究院电价改革课题组在细致研究了电改政策和深圳输配电价改革试点所取得的经验和教训之后,阐述了输配电价改革对电网企业的影响。其中指出,电网企业的市场控制力会相对减小,如果其从市场交易主体变为纯粹的输电和配电服务提供商。电网企业在盈利模式上,从购售差价模式变为成本加收益模式,使收益更加稳定。资产管理上,多经、三产单位资产无法纳入有效资产。无偿接收的用户资产和上划县资产无法计提收益。成本管理上,运行维护费和折旧率存在被核减的风险,平均工资超过行业平均水平将带来职工薪酬调减的压力。同时,建设投资管理程序也需更加规范。电网领域专家余力军就输配电价改革将如何影响电网公司传统的财务管理工作提出了自己的观点。他认为出电网公司要转变经营理念,注重做实电网有效资产,树立以资产为对象的管理理念,并改进财务会计管理工作,理清电网存量资产,将电能在对不同电压等级进行分层统计基础之上,让同电压等级的电网资产进行匹配,并最终将其作为核定输

---

① 洪迪. 基于 PPP 模式的城市基础设施政府监管机制研究 [D]. 重庆交通大学, 2013.

配电价的依据。

2.3.1.3 需求侧市场化改革研究

需求侧管理（DSM，demand side management）是指在实现成本最小化的基础之上为用户提供用电管理活动的总称。实现这一目的，电力供应部门、售电部门要采取有效的措施，积极引导电力用户采用合适的用电方式，利用先进技术实时跟进终端用户用电波动，提升终端用电效率，实现资源的优化配置，并达到改善及保护环境的目的。需求侧管理与售电领域密切相关。PPP模式下的电网机制改革包含输配电价改革，也包含需求侧、输电侧的机制改革。一些学者如郭金顺[①]（2010）研究并提出了我国电力需求侧管理存在的主要问题，包括：一是需求侧实施主体的定位不明确。电力公司从电力体制改革前对需求侧管理的重视到改革后对需求侧管理的无能为力。发电企业远离用户端，同样无法顾及需求侧管理。二是电价结构不合理。无论从电价形成、电价结构还是电价监管机制，我国的电价体系机制电价形成，仍然保留了很多计划经济时代形成的机制，不能适应电力市场化改革的新一轮需要。三是缺乏政策及资金支持。2015年的新一轮电力市场化改革要着重解决这一问题，设立独立的交易结构，单独核定输配电价，放开售电侧，允许私人资本进入，向着市场化的方向发展。四是需求侧运行机制不健全。需求侧运行机制的建立需要政府部门的大力支持，并出台鼓励需求侧发展财税政策，为需求侧的有效运营提供配套支持。

根据2010年国家政府发布的文件《电力需求侧管理办法》规定，电力需求侧管理的主要实施主体是电网企业及售电主体，电网企业在其中扮演着至关重要的角色，电力用户则是电力需求侧管理的直接相关参与者及获益者。一些学者如黄超英（1999），陈杰，周步祥（2012），赵永良（2006）

---

① 郭金顺. 电力需求侧管理经济分析[J]. 山西能源与节能，2010，(5)：40-42.

等均预测了需求侧管理的发展趋势和我国应采取的对策建议[1][2][3]。

2.3.2 国外学者研究综述

传统的电力管理体制是单纯地扩大电能供应能力以满足需求侧日益增长的需要，电力需求侧管理突破传统管理模式，在更高层次上处理供应侧与需求侧关系，DSM表示是一种新的管理方式。美国在电力需求侧管理上由于起步较早，积累了不少有价值的经验。

2.3.2.1 美国的需求侧管理

在美国，DSM是以州为单位开展的。DSM的管理模式包括三大类：一是电力公司管理模式，二是政府机构管理模式，三是第三方管理模式[4]。电力公司的管理模式被美国的大多数州（典型代表为加利福尼亚州）所采用。这种模式的优点是电力公司员工具有丰富的管理经验，有利于需求侧改革的顺利开展。当然，不足也是明显的，公司由其营利性质决定不可能出于能效项目的原因而减少自己的利润（较大幅度降低售电量）。政府机构管理模式是指由州政府等公共部门机构负责能效项目的管理（典型代表为纽约州）[5]。该模式的优点是全州电力项目由政府进行统筹规划，在利益分配层面能最大限度地避免冲突。但由于政府部门缺乏专业的电力领域人才，可能会太多的控制项目的运作，致使决策效率十分低下，这是其最大的缺点。第三方管理模式是委托第三方组织管理能效项目（典型代表为佛蒙特州），通过让能源

---

[1] 黄超英. 电力需求侧管理综述 [J]. 江西电力, 1999, (3): 30-32.

[2] 陈杰, 周步祥 (2012) 指出：电力需求侧管理的发展趋势是：一是会增加峰时枯时电价比。其文章中表示，峰谷时电价机制是推进电力需求侧管理的核心，但现行的电价结构非常不合理，但新一轮的电力改革正在着重推进电价的改革，这将有助于电力需求侧管理的推进；同时，季节性电价机制同样能够起到抑制高峰用电负荷的作用。二是建立更加有效的激励机制。合理财税政策的有效实施可有效促进电网企业推动需求侧管理。国外发达国家的经验是通过系统效益收费、政府直接集资、能源税扶持等政策保证电力公司开展电力需求侧管理的资金来源，主要用于支付产生的管理费用，因为电力公司，尤其是电网企业开展需求侧管理需要大规模的资金投入，同时还要给电网企业相应的补偿，以弥补其开展需求侧管理减少的售电收入。三是强调节能技术研发和推广的力度。四是完善DSM的侦测法规措施。《电力法》等能源领域相关法律法规中十分明确地表述了电力需求侧管理在整个电网投资体制机制中的地位，在制定能源政策时，必须首先考虑可再生能源等代表未来发展方向的新能源。陈杰, 周步祥. 电力需求侧管理的发展趋势综述 [J]. 北京电力高等专科学校学报（社会科学版），2012.

[3] 赵永良. 电力需求侧管理综述 [J]. 中国科技信息, 2006, (24): 25-27.

[4] 国家发展和改革委员会. 美国电力需求侧管理培训报告 [J]. 电力需求侧管理, 2008, 10 (4): 2-4.

[5] 国家发展和改革委员会. 美国电力需求侧管理培训报告 [J]. 电力需求侧管理, 2008, 10 (4): 2-4.

公司来承包整个州的能效项目来加强需求侧管理。只要能够保证第三方管理者和州政府的目标函数一致，责权利紧密结合便能做到高效管理；但是这种方式不利于广泛吸引社会参与者，难以大面积推广。

2.3.2.2 欧盟的需求侧管理

欧盟的需求侧管理走在世界的最前列，在进行需求侧管理的工作中，欧盟始终坚持市场驱动，同时注重效益的提升，并着重关注重点大中型项目，研究开发需求侧管理的潜力和指标，保证 DSM 工作取得实效。欧盟的需求侧管理主要通过以下五点措施来实施：（1）建立健全财税政策。欧盟大多数为福利型国家，能够通过强大的财税政策来刺激需求侧的管理，服务型政府也非常注重能效及需求侧管理。通过财税政策实施需求侧管理一般通过以下两种方式：一是通过合理的利益补贴，降低电力企业进行需求侧管理的投入，同时能够提供多种多样的低息贷款，以满足服务部门的需要。二是刺激能效的提高通过逆向增加居民能源使用和工业的成本；比如，欧盟许多国家刺激电力电网企业的管理者提升能源供给效率是通过征收碳税和能源税来实现，进而提升需求侧管理的目的。（2）建立健全行政法规。欧盟及内部各成员国通过制定能源法，以规定需求侧管理过程中各方参与者所应履行的责任和义务，明确各方权利。参与各方包括政府、电网企业、电力用户等。法律的实施能够有效约束能源的管理和使用，减少能源消耗。（3）建立健全市场机制。市场机制最核心最重要的是竞争。电力用户通过向售电服务商提出能源需求，售电服务商响应需求并与同行竞争取得能源服务商的地位，为终端用户提供高效的能源服务。欧盟的市场机制，尤其是电力需求侧的市场竞争机制完善，意图实施 DSM 计划的电力公司，必须能够建立需求侧与供应侧联动的机制，利用价格影响用户的用电模式，提升用电效率，以满足用户的各项需求。（4）大力开发推广新技术。各种新技术是能源高效利用的基础，也是开发各种新能源的基础，新技术的广泛推广和运用，能够有效开发能源潜力。要不断扩大对 DSM 的宣传力度，实现电力信息的有效传达，吸引电力用户的兴趣并积极参与其中。（5）可再生能源。欧盟成员相当重视各种可再生新能源的开发，在新能源的开发和利用方面位居世界领先的地位，通过新能源的推广和利用达到较少温室气体排放的目的，同时积极研究和推广"热电联产技术"[①]。为

---

① 国家发展和改革委员会. 欧洲电力需求侧管理对中国的启示 [J]. 电力需求侧管理，2007，19 (2): 1-10.

促进新能源的可持续发展，欧盟制定了一系列政策措施，并制定了积极务实的目标。

2.4 本章小结

本章为国内外研究文献综述部分。由于本书学科交叉属性较强，所以设计了一定的篇幅来分别阐述国内外学者们的研究成果。第一节从国内外两个角度分别评述关于公私合作的各类文献，并对国内外研究情况进行了比较和概略的综述，以借鉴学者们的研究成果，并归纳其不足。第二节则专门评述电力市场化改革的国内外研究。最后对电网监管、电价以及需求侧结构性改革方面学者的研究成果进行了综述，为接下来开展以下各章的研究奠定基础。

3 电网体制改革的理论基础和国外经验借鉴

3.1 相关概念范畴

3.1.1 电力及电网产品相关理论范畴

3.1.1.1 电力及电网

（1）电力。电力是以电能作为动力的能源。电力的出现和广泛的应用引领了第二次工业革命的浪潮。当我们大踏步迈进21世纪的信息时代，人类发明了更多需要消耗电力的产品，我们仍然对电力有着持续增长的需求。电力早已经成为我们非常重要、不可或缺的基本生活和生产资料之一。新技术的不断发展更是让电力与我们联系地更加紧密。从目前来看，电力产生的方式主要有：火力发电（煤等可燃烧物）[1]等传统能源方式；风力发电[2]、太阳能发电[3]、氢能发电[4]和核能发电[5]等新能源方式。21世纪能源领域将发生翻天覆地的变化，燃料电池发电[6]将成为新世纪最有可能被广泛产生电能的一种方式。

---

[1] 火力发电实际上是利用煤、石油、天然气等固体、液体、气体燃料燃烧时产生的热能，通过发电动力装置转换成电能的一种发电方式。

[2] 风力发电实际上是把风的动能转变成机械动能，再把机械能转化为电力动能的一种发电方式。

[3] 太阳能发电分为太阳光发电和太阳热发电，太阳光发电是将太阳能直接转变成电能的一种发电方式；太阳热发电是先将太阳能转化为热能，再将热能转化成电能的发电方式。

[4] 氢能发电实际上是利用氢气和氧气燃烧，组成氢氧发电机组来发电。

[5] 核能发电实际上是利用核反应堆中核裂变所释放出的热能进行发电的方式。

[6] 燃料电池是一种存在于燃料与氧化剂中的化学能直接转化为电能的发电装置。

(2) 电网。电网被定义为电力系统中各种变压设施及输配电线路的有机系统，一般都称为电力网（简称电网）。它包含变电、输电、配电三个单元。电力网的任务是输送与分配电能，改变电压①。在以太阳能为首的新能源获得巨大发展的条件下，电力网在整个电力系统中的作用已经从传统的角色转变为重要的角色，其在电力系统中所占的投资比重以及相关的资源已经超过了电源，可以说，在未来的国民经济发展中，电网必定成为全社会生产和生活等需求的能源输送网和在各种广泛综合用电下的生命网络。与第一代和第二代电网相比，第三代电网将发生重要的质的变化：一是接收大规模集中式和分布式可再生能源电力的输送和分配网络；二是成为灵活、高效的智能能源网络；三是成为具有安全和可靠性能的能源电力供应系统；四是成为集能源、电力、信息为一体的综合服务体系②。

3.1.1.2 电力产品特性分析

(1) 电力产品的经济特性。

第一，电力属于生产和生化的必需品。自第二次工业革命以来，电便成了工业生产和社会不可或缺的物品。电是整个社会得以运转的动力，关乎社会经济发展的根本动力。新时期看一个国家是否达到现代化水平，要看其整个能源系统中电力所占比重是否达到了一定的高度。社会经济的发展进步，甚至第三次技术革命都是以电力为基础产生的，未来的整个交通系统也将会以电力作为根本动力。所以，电力是社会经济发展不可或缺的。

第二，电力产品需求具有多变性的特征。电能消费者在使用电力时具有很大的随机特性，电力需求时刻发生着变化，不同的季节、不同的时刻都在发生着变化。又由于电能无法储存这一特性，为了防止电力用量在某一时段急剧上升，电力系统需要保持一定的电力余量，来应对出现这一情况。

第三，电力产品具有准公共物品属性的特征。根据物品是否具备竞争性或者排他性的特征，可以把众多物品划分为三大类：公共物品、准公共物品和私人物品。公共物品指由政府公共部门提供的商品和服务，用以满足社会的公共需求；私人物品是在市场当中，用以满足人们不同需求的商品或服务。而准公共物品具备两者的特征，既要满足公共需要，同时可收取一定的

---

① 王志轩，国电力企业联合会. 智能电网本质分析［EB/OL］中国能源报，引自中国电力企业联合会［2015-8-3］http://www.cec.org.cn/zdldongtai/benbudongtai/2015-08-03/141311.html.

② 周孝信. 未来电网和电网技术的发展前景. ［EB/OL］. http://scitech.people.com.cn/n/2014/0312/c1007-24612701.html［2015-06-08］.

费用。电力产品就是这样一种准公共物品。其最重要的一个特点就是"拥挤性（congested）"①，一般来说，当电力产品供应在"拥挤点"以下时，就可以由公共部门来提供；但当市场消费数量增加到一定量级并超过拥挤点之上，此时电力产品的消费就会出现竞争性和排他性，即某一消费者对电力的使用会影响到其他人对该产品的使用。这种情况下，就可以借助市场的力量，引入社会资本来建设更多的电力设施并满足社会对电力产品的需求。此时，私人物品的属性就体现在了电力产品上。电力的这一特性，就注定了其不能仅仅交由市场来主导，而需要政府来干预电力的生产。这样做既能够发挥市场的优势，提升发电厂商的生产效率，满足用户侧多样化的电力和服务需求，同时，能够在很大程度上提升整个电力供应系统及电力传输系统的安全性和可靠性，又可以通过政府的管制使得电力的供求达到平衡状态，最终实现电力资源的合理有效配置。

（2）电力产品的自然（技术）特性。

第一，电力产品的不可储存性。尽管在一些地点、一些特殊设施，比如储能电厂可以存储一定的电力，但其根本目的不是大量的存储，而是为了调节用电高峰负荷，同时起到事故处理的作用。电能的大量储存在技术上是还没有攻克的难题，储蓄的成本相当大。电能从生产到输送、消费必须是同时完成的。电力产品的这一特性就决定了电力的生产必须是不间断的，而且要随时关注用户需求的变化，做到及时的调节，并能够应对突发的事件。电能的传输要求从生产到消费瞬时间的完成，所以电力的供给以及需求这两者之间必须保持平衡。这意味着整个电力系统的供电侧和电力产品需求侧需要紧密地联系在一起，越少的中间环节，越有利于两者之间的平衡。电力工业领域非常强调把不同类型，不同地域的发电设施联系起来，其目的就是为了适应电力不可存储的这一特性，共同运行满足基本电力需求，同时要实时调节电能用量的高点与低点，并实现两者之间的流动，从根本上保持电网的运行安全。

第二，电能沿着最短路径流动。电力上的最短路径，是指电力倾向于流向电阻小的一方，这就是电流遵循的电阻原理。这也直接证明了电力系统调

---

① 在电力产品的供应中，我们可以从准公共物品的特性来解释"拥挤性"，即：以刚好到达拥挤为分界线，当电力产品的市场供应低于拥挤分界线时，它显示出公共物品的特性，此时，由政府为主的国有企业等来提供，虽然存在租金溢出，但并不形成浪费。当电力产品的市场供应高于拥挤分界线时，它就显示出了竞争性产品的特性，此时，就可以通过市场机制来配置电力产品生产以及形成的供给。

度的重要性，因为如果一个电力系统没有调度机构的作用，其所指定的发电源的电能可能是没有办法直流到用户端的，用户用到的电能是按电阻最小规律接收到的电能。没有电力的调度，整个发电系统便会十分混乱，电力的供应和电力的消费也没有办法计量。电力充裕地区可能没有办法与电力短缺地区相交流，无法缓解地区的不平衡。因此，电力的调度是整个电力环节中十分重要的一个环节。

第三，电能传导的瞬间性。电流不仅沿着最小电阻流动，而且是瞬时的。这一点要求电力供给侧和需求侧要时刻保持平衡，一旦出现供求不平衡，电力调度要及时告知发电厂并迅速做出调整，这也是电力市场化改革要不断进行需求侧管理的原因。需求侧管理能及时预知电力用户的需求，提前做出调度安排，避免出现大范围的灾难性缺电，也有利于提升整个电力系统的运作效率和效益水平。发电厂和用户关系联系紧密，两者之间开展直接交易也是电力市场化改革的方向，这也是电力改革中试点大用户直购电措施的原因。

第四，电力产品供给必须具有可靠性。电力输送中如果突然中断会对人们的生产和生活产生极大的负面影响。电力产品的不可储存的特性也加深了其必须具有可靠性的要求。所以，电力产品供给的可靠性就是要求电力生产、输送必须要高度平衡、协调，这是电力系统的建立所要努力做到的。

3.1.1.3 电力产业的技术经济特性

因为电力产业的投资具有专用性，其投资成本回收周期长，而且在电力生产中，由于许多发电固定设备的存在使得固定成本异常庞大，相对而言，其可变成本较小。因此，即使达到了很高的产量水平，其边际固定成本仍远远大于边际可变成本。由于这种大规模投资效应的存在，使得电力产业很自然的成为一种自然垄断产业。但是，这种依据传统技术形成的自然垄断并不是一成不变的，从目前的国际电力产业发展来看，强大的市场需求和供给侧的规模经济形成的自然垄断也受到持续技术创新的冲击。但在技术中性的假设下，电力产业就显示出鲜明的自然垄断性，我们将从发电、输电、配电、售电等4个方面来分析电力产业的自然垄断特征，其中，输配售电的自然垄断特征即本书所探讨的电网产业的自然垄断特征。

第一，发电领域的自然垄断特征。通过相关理论与研究发现，发电领域在企业规模、电厂规模、机组规模方面仍存在一定的规模经济。首先，在发电企业规模上，规模经济在一定范围内存在是电力行业的共识；此外，从用电需求、电力安全性可靠性以及节约能源的角度出发，只建立一家发电厂显然是不可能的，所以，电源的结构和布局必然要走向多元化。其次，对于发电厂的规模而言，尽管规模经济仍然存在，但它并不是不受任何影响的，诸如机组规模经济的存在、政府管制的加强、发电成本的上升等因素仍然极大地削弱了电厂的规模经济。至于机组规模，从劳动成本角度出发，劳动生产率与机组规模呈正相关关系，通常而言，大机组的规模经济效益要高于小机组。由于包括燃气发电技术在内的技术进步，使得很多小型发电机组的成本快速下降，其最终的发电效率却不会减少，甚至可直追大型机组。虽然这削弱了发电领域的规模经济，但在很多重要的发电能源中，比如煤炭发电以及核电中，小机组仍然达不到大机组的水平。

由于投入成本巨大，固定成本沉淀性和专用性又很强，成本回收需要很长的周期，需求和电网又制约着发电量，因此，为了保护电力产业，就必须设置发电市场的壁垒，以避免盲目进入引起无序竞争，而进入壁垒的存在又在一定程度上增加了发电领域的自然垄断程度。

第二，输电领域的垄断性特征。输电网络毋庸置疑是电力系统得以有效运行的大动脉，它承载着电流从发电厂流向用电部门的整个过程。其电力线路具有高电压等级、高输送容量的特点，多数线路大于或等于 500 千伏。输电网络因其跨区域、跨地形，投资规模庞大，具有极强的自然垄断性，在三个方面体现得尤为突出，包括网络经济效应、固定成本沉淀性和规模经济。不出意外，输电领域属于完全自然垄断行业。首先，输电网络具备网络效应，因为输电网络要完成电力输送业务，具备特殊的网络线路结构，才能实现其传输功能，因此，它对电网的复杂结构有特殊的要求，还对电网的规模化有非常高的要求。在输电网覆盖范围一定时，用户越多，输电成本就越低，单一输电网络下的网络经济效益由于减少了资源的闲置和浪费，其效益要远远优于竞争中的多网并存模式。此外，扩大电网规模还可以增强网络的外部性，主要体现为：电网相互连接可以彼此作为补充，从而减少建设投资；减少运输损耗，使电网运行更加安全优质可靠。其次，从固定成本沉淀性方面来说，建设电网，尤其是输电网络，规模庞大，前期需要投入大量的人力、物力和财力，也就是固定成本，而且建成之后，其只能作为输电线路而不能作为它用，所以，经营电网会产生巨量固定成本。最后，在规模经济方面，电网规模越大，电网覆盖区域就越广；同时当电网的利用率越高的时候，那么每一用户分配得到的平均固定成本就越低，用户承担的价格会比较低,电网企业的规模经济效益就越会显现出来。因为覆盖范围越大,固定资本投资就越大,所以在输电网覆盖范围一定时,用户越多,每个用户承担的就越少,输电成本就越低,越能产生明显的密度经济效益,闲置和浪费就越少。

第三,配电领域的垄断性特征。配电网主要承担着一个地区的供电和分配电力的任务,配电网首先从输电网络中获得电力,然后降压输送到一定区域的生产生活区,通过下一层级的售电最终供用户使用。同样,配电领域也保留着固定成本高沉淀和密度经济的特点。作为区域性电网,用户越多,每个用户承担的固定成本自然也就越低,因此产生了密度经济效益。其次,尽管配电网与输电网相比投资较少,规模较小,但是相对其他基础设施建设,其规模依旧非常庞大,且涉及的区域非常广泛,仍需要大量的投资,同样会产生大量成本。而且其网络同样也没有别的用途,所以配电网络沉淀成本几乎占用了剩下的全部投资。因此,如果重复建设的情况出现在配电网络的建设中,那将会造成极大的资源浪费,且会引起影响恶劣的无序竞争,不利于供电安全,甚至会带来较大的安全隐患。因此,许多国家的政府都鼓励配电领域垄断,甚至特许专营。此外,范围经济同样也大规模的存在于配电领域中,范围经济广泛存在于包括城市供热、煤气、自来水等基础设施、公共服务领域,在这些领域的企业必须形成范围经济,才能有较大的市场竞争力。

第四,售电领域的垄断性。售电主要有批发和零售两种方式。批发主要是电力公司与配电公司或中间商之间的交易;零售则是指电力公司与终端用户的直接交易。在售电商这个领域,售电商并不需要较大规模的投资,它们主要提供电力的销售服务和结算服务,因此,在售电领域规模经济并不显著,所以只要信誉好,服务优良,就可以成为一个优秀的售电商。

伴随着科技的进步,电力产业的自然垄断性与之前也有了很大改变。一般情况下,电网如果要完成输电任务,不仅需要很高的规模化,还需要特殊的网络结构,这在高压电网方面尤为显著。如果市场需求较为稳定,低价网供应商增加就会造成资源的浪费和闲置。因此,电网企业想要保证正常运行,必须在输电领域、配电领域保持垄断地位,以保证其运行。同时,政府要加强监管,以降低成本,优化资源配置,在实现电网企业经济效益的同时注重社会效益的实现。而在发电领域,由于其自然垄断特征不完全,所以政府为提高其经济效益可以适当地放开限制,但同时又由于明显规模经济效应,发电又受到需求的限制和电网的制约,所以要注意过渡进入问题。在售电领域，售电企业商一般由负责配电业务的企业兼任，但这并不代表者售电商必须是配电企业。如果配电企业同时兼任售电商，电力产业就成了完全自然垄断产业；反之，如果分开提供，电力的售电领域就会增加市场主体，增强市场的竞争性，打破行业的垄断，有利于供电服务的提升，保障大多数电力用户的利益。所以如果条件允许，一定要放开电力的销售环节，发挥市场的作用。

3.1.1.4 电力产业的经济特性

（1）电力产业的网络经济特性。电力产业与其他产业的网络联系具有明显的区别，这主要是指电力产品的发、输、配、售等各个环节具有明显的上下的直接网络连接关系，因此也可以说网络是电力产业形成的基础，这样整个电力网络就与电力的投资收益直接相关。一个基本的电力产业供应链包括发电、输电、配电、供电等各个环节，由于目前科学技术发展的制约，电力产品很难实现大规模的储存，上述四个环节的有效运行必须依靠网络连接彼此才能相互协调，相互统一地运行，才能实现电力系统的技术经济性。

（2）电力产业具有外部性。一般意义上的外部性是指一个市场主体的行为不仅影响其本身，还会或多或少的影响其他市场主体，造成其获益或者受损。如果其他市场主体因为你的影响而获益，则说明你的行为给其他市场主体带去的是正外部性；如果其他市场主体因为你的影响而受损，则说明你的行为给其他市场主体带去的是负的外部性。电力产业只有发挥其正外部性，才能够促进国民经济的发展。但是，市场不总是完美的，要规避电力电网企业所产生的负外部性。电力行业是国民经济发展的血液，缺失电力，国民经济和社会就很难发展，要想保持国民经济持续健康发展，必须首先保持电力产业持续健康发展。而其负外部性主要是环境外部性，指电力在生产过程中损害和恶化了人类的生存环境，如粉尘、核污染等等。伴随着人们对环境的关注程度的日益提高，环保意识越来越强，环境对电力产业的影响也与日俱增。除了要发挥市场的作用外，政府还要加强干预，制定相应的政策，才能解决电力产业的环境负外部性。

3.1.1.5 电力产业的系统复杂性

电力产业是一个庞大的系统，内部又分为电能的生产、输送与分配、消费及控制等四个相互联系、相互依存的环节构成的统一的复杂性系统。从生产方面来看，电能生产主要是涉及各个发电厂，其中主要是电力资源发电，如水力、火力发电等；其输送与分配主要是包括各级电压输电、变电与配电在内的复杂的电力网,其中,输电网电压等级较高,所以主要承担电能的输送工作,是当之无愧的主要网络,相对而言,配电网电压等级则比较低,它主要承担一个地区范围内的电力分配及直接将电能送到千家万户的任务;消费方面主要是由与发电厂发电能力相匹配的各种用途构成;电源、用电负荷和电力网的有机连接需要依靠控制方面的作用来实现。其中主要有对电力专用通信网与各电力设备的运行监控,电力调度的自动化、继电保护等。

3.1.2 体制的内涵和外延

(1) 体制的内涵。"体制",简而言之就是具有明显的上下级关系,并按照一定的规则或程序运行的组织形式的制度。对于制度而言,体制是它重要的表现形式,并且为它服务。与单一而稳定的基本制度不同,体制是多种多样的,并且是十分灵活的、多变的。根据历史唯物主义,社会有机体三大子系统——生产力、生产关系和上层建筑靠体制结合,并且只有借助体制这个结合点才能相互联系、相互作用。

根据上述体制的内涵,电网体制即指整个电网系统在建设和运营过程中按照一定的规则或程序而运行的组织形式。在本书中,电网体制特指电网的投资体制和电网的监管体制。投资体制即电网的投资模式和融资模式,投资体制会根据社会经济条件的变化而发生变化,投资体制的完善和优化能够推动电网建设以及促进电网结构的合理化。监管体制即电网所面临的来自内外部的监督和管理模式,随着智能电网、微网和分布式电源等的发展,监管体制也在与时俱进,监管体制的完善将有利于电网的建设。

(2) 体制的外延。外延部分从体制的分类入手,体制一般来说分为政治体制、经济体制、教育体制等。政治体制,简称政体,一般指一个国家政府的组织结构和管理体制及相关法律和制度,包括了一个国家纵向的权力安排方式及各个机关之间的关系[1]。经济体制通常是一国国民经济的管理制度及运行方式,是一定经济制度下国家组织、生产、流通和分配的具体形式或者说就是一个国家经济制度的具体形式;也是在一定区域在一段时间内制定和执行的各项经济机制总和[2]。教育体制,主要指教育机构和规范的结合,它的主要构成部分是教育机构体系和教育规范体系。

---

[1] 宋昊颖. 论中国当前社会问题多样性的原因 [J]. 法制与社会, 2011, (2).
[2] 孟连. 什么是经济体制? [J]. 经济研究, 1980, (6).

3 电网体制改革的理论基础和国外经验借鉴

一些学者对体制的外延也有精彩的论述。张嫣竹（2010）认为，"体制"，通常指体制制度，是制度行之于外的具体表现和实施形式，是管理经济、政治、文化等社会生活各个方面事务的规范体系[①]。孔伟艳（2010）分析了制度、体制、机制三者在内涵方面的差异[②]。制度、机制在微观经济学中有时是通用的，体制则是一个明显具有中国特色的词语。通常认为制度指比较根本性的规则，如社会基本制度、政治和经济制度，它是长期演化的结果，是不可以设计的。按照诺斯对制度的定义，"制度是社会的博弈规则，它定义和限制了个人的决策集合；机制表述的则是博弈规则的实施问题。"比如，"市场价格"是一种制度，在价格既定的条件下，可以确定消费者和厂商的行为集合；市场机制则是描述"价格"如何影响行为集合，不同行为集合之间的相互影响和可能结果，体现社会性质的关系不同。

3.1.3 公私合作（PPP）模式概述

PPP 模式是一个极其广泛的概念，如文献综述所述，PPP 包含的实现形式多达数十种。世界银行、欧盟等多个国际机构和组织均对 PPP 模式有具体的分类和研究。世界银行通过对比分析资产所有权、经营权、投资关系、商业风险和合同期限等因素，将 PPP 模式分为服务外包、管理外包、租赁、特许经营、BOT/BOO 和剥离 6 种模式[③]；而联合国培训研究院则不同于世界银行，它将 PPP 分为特许经营、BOT 和 BOO 三种模式；欧盟则充分考虑投资者关系这一因素，将 PPP 模式分为传统承包、一体化开发和经营、合伙开发三种。综合国内外学者和机构的研究成果，结合中国的国情，本书在借鉴的基础上，将 PPP 模式分为外包类、特许经营类和私有化类。每一个 PPP 模式的大类下面有许多种不同的项目实现形式。在具体的应用中，要根据 PPP 模式的不同特点选择适合项目的模式，每一种模式都有着自己不同的项目实现形式。以下将分别阐述这三类 PPP 模式。

3.1.3.1 外包模式

外包类 PPP 模式指项目一般由政府财政资金支持，社会资本通过评估承包整个项目的全部或者一部分工程建设或管理维护，通过政府支取费用来

---

① 张嫣竹. 论制度、体制、机制的区别与联系 [J]. 致富时代月刊，2010，(7)：71.
② 孔伟艳. 制度、体制、机制辨析 [J]. 重庆社会科学，2010，(2)：96-98.
③ 杨卫华，王秀山，张凤海. 公共项目 PPP 模式选择路径研究——基于交易合作三维框架 [J]. 华东经济管理，2014，(2).

获取相应的收益。PPP 外包类项目由于资金由政府承担，私人部门所承担的风险比较少。外包类模式由于其独特的优势，在社会上应用范围非常广。外包模式通过把自己不擅长的领域外包出去，可以利用外部专业的技术和管理理念，从而降低成本、提高效率，增强政府的服务能力。对于企业，可以充分利用自身的优势，发挥自己的核心竞争力，更好地适应外部环境的变化。

外包类 PPP 模式通常包括两种二级模式：模块化外包和整体式外包。模块化外包指把一个项目的一部分外包给私人企业，它包含服务外包和管理外包两种主要形式；整体式外包指把整个项目统统外包给一家企业，由其全权负责，整体式外包又分为经营与维护（O&M）、设计—建设（DB）、设计—建设—主要维护（DBMM）等多种形式，表 3-1 对不同的外包类模式进行了详细的描述。

表 3-1　　　　　　　　外包类 PPP 模式的主要特征[①]

类型	主要特征	合同期限
服务外包	政府通过一定费用委托私人企业代为提供某项公共服务，例如设备维修等。	1~3 年
管理外包	政府以一定费用委托私人部门代为管理某公共设施或服务，例如轨道交通运营。	3~5 年
DB	私人部门按照公共部门规定的性能指标，以事先约定好的固定价格设计并建造基础设施，并承担工程延期和费用超支的风险。因此私人部门必须通过提高其管理水平和专业技能满足规定的性能指标要求。	不确定
DBMM	公共部门承担 DB 模式中提供的基础设施的经营责任，但主要的维修功能交给私人部门。	不确定

---

① 张春静. 中国基础设施领域公私伙伴关系的实施与发展（PPP 模式）[D]. 对外经济贸易大学，2005.

续表

类型	主要特征	合同期限
O&M	私人部门与公共部门签订协议，代为经营和维护公共部门拥有的基础设施，政府向私人部门支付一定费用。例如城市自来水供应、垃圾处理等。	5~8年

3.1.3.2 特许经营模式

特许经营是世界应用及国内讨论最广泛的 PPP 模式。特许经营类项目需要吸引社会资本（民营部门）成为投资者（股东），通过制定一系列的协议促使其与公共部门合作并共同分享收益和分担风险。作为一种风险共担、利益共享的模式，公共服务所有权依然保证了公有性质，服务水平又能有所提升，因此受到政府和私营部门的极大关注。

采取特许经营类 PPP 模式时，公共部门会出于公共利益维护或给予社会资本积极性的目的，根据项目实际收益状况，向特许经营公司收取一定的特许经营费或给予一定程度的补偿。这对政府部门的服务和管理水平有了较高层次的要求，需要公共部门在签订 PPP 项目协议时兼顾私人部门盈利及社会公益性间的平衡。为了提升项目的水平，同时提升其公共服务质量，需要公共部门和私人部门双方充分发挥各自的优势，建立有效的监督机制，发挥最大效用，减少整个项目的建设和经营成本。在特许经营模式下，项目的所有权始终属于公有，所以必然存在协议终止后的移交程序，经营权和收益权将在协议期完毕后由私人部门转让给公共机构。

特许经营类 PPP 主要有 TOT 及 BOT 两种实现形式，另外，与 DB 模式相结合，特许经营类 PPP 还包括 DBTO、DBFO 等几种类型。根据不同的实现途径，在 TOT 模式中，还可以分为 PUOT 和 LUOT 两种类型；在 BOT 模式中，可以分为 BLOT 和 BOOT 两种类型，两者的区别在于建设完成后是通过租赁还是通过特许的方式获取项目经营权。

特许经营类 PPP 模式可以有诸多的实现形式，根据不同的实现形式，政府及私人部门需承担不一样的责任与义务。与此相对应，各种类型的 PPP 模式也有了不同的优点及缺点。

在 BOT 模式中，由于私人部门能获得长时间的经营收益，对其具有较强的吸引力，而且项目的成本相对稳定，风险转移性强，可以通过全项目生命周期管理强化成本收益约束,因此,对于轨道交通建设等大型基础设施类项目而言有诸多优势。

但不可否认的是,该模式也有显而易见的劣势。如 BOT 模式可能对规划及环境造成破坏;私人可能会利用不对等的信息优势将成本转嫁给公共部门;政府可能丧失对项目建设和运营的控制权;与其他模式相比,结构更为复杂,合约持续性更长,对管理和监管体系要求更严;从公共服务提供的角度,社会资本若中途退出,公共部门必须进行接手,可能会添加额外负担等。

在 TOT 模式中,由于该模式是针对老旧公共设施,因此对将来的城市轨道交通等基础设施升级改造具有很重要的参考价值。在 TOT 模式下,公共设施的更新改造不需要政府提供资金,节省了政府的开支并使得公共项目的建设速度和效益得到了提升。该模式的劣势也不得不引起公共部门关注:一是契约一旦确定便很难修改;二是合约变更出现的额外成本及费用;三是当前公共部门对契约管理比较陌生,会增加相应配套制度的变迁成本。表3-2展示了特许经营类 PPP 模式的主要特征。

表3-2   特许经营类 PPP 模式的主要特征[①]

类型		主要特征	合同期限
BOT	BLOT(建设—租赁—经营—转让)	私人部门先与公共部门签订长期租赁合同,由私人部门在公共土地上投资,建设基础设施,并在租赁期内经营该设施,通过向用户收费而收回投资实现利润。合同结束后将该设施交还给公共部门。	25~30 年
	BOOT(建设—拥有—经营—转让)	私人部门在获得公共部门授予的特许权后,投资、建设基础设施,并通过向用户收费而收回投资实现利润。在特许期内私人部门具有该设施的所有权,特许期结束后交还给公共部门。	25~30 年
TOT	LUOT(租赁—更新—经营—转让)	私人部门租赁已有的公共基础设施,经过一定程度的更新、扩建后经营该设施,租赁期结束后路交给公共部门。	8~15 年
	PUOT(购买—更新—经营—转让)	私人部门购买已有的公共基础设施,经过一定程度的更新、扩建后经营该设施。在经营期间私人部门拥有该设施所有权,合同结束后将该设施的使用权和所有权移交给公共部门。	8~15 年

---

① 袁博. 我国保障性住房基金运行及模式研究 [D]. 对外经济贸易大学,2014.

3 电网体制改革的理论基础和国外经验借鉴

3.1.3.3 私有化模式

私有化类 PPP 模式显著不同于外包类和特许经营类的特点在于项目最终属于私人所有。即公共部门和私人部门约定共同开发的项目通过一定的协议关系最终转化为私人部门所有。当然，由于最终私人部门要拥有项目的所有权，所以，项目的全部资金必须由私人部门来承担，通过项目收取使用和服务费用赚取利润，同时，需要严格置于公共部门的监管下。可以预见，私人部门在这类项目中承受的风险也是最大的。

私有化类 PPP 模式还可以细分为多种类型的 PPP 模式。根据私人部门私有化程度的不同可以分为完全私有化和部分私有化两种。根据实现途径的不同，完全私有化可以通过 PUO 和 BOO 两种途径实现；而部分私有化则可通过股权转让等方式来实现。表 3-3 展示了私有化类 PPP 模式的主要特征。

在私有化类型 PPP 模式中，因为面临着对公共基础设施控制权的丧失，因此，在有关国家重大安全的基础设施建设领域进行完全私有化，目前在中国依然有很长的路要走，但在中小型基础设施领域实现部分私有化，不仅可以降低政府的财政压力，而且可以发挥私人部门的技术及资金优势，在建设中有着很大的操作空间。如通过与私人部门合资兴建城市轨道交通线路，公共部门可以利用私人部门的技术、资金优势，而且还可以从私人部门那里获得建设和经营的先进经验，这些对于政府公共部门来说都是难得的机会。但因为私有化的投资方一般要求政府处于控股地位，难免在实际的运营过程中影响项目的决策效率，进而影响其服务水平和经营效率。

表 3-3　　　　私有化类 PPP 模式的主要特征[①]

类型		主要特征	合同期限
完全私有化	PUO（购买—更新—经营）	私人部门购买现有基础设施，经过更新扩建后经营该设施，并永久拥有该设施的产权，在与公共部门签订的购买合同中注明保证公益性的约束条款，受政府管理和监督。	永久
	BOO（建设—拥有—经营）	私人部门投资、建设并永久拥有和经营某基础设施，在与公共部门签订的原始合同中注明保证公益性的约束条款，受政府管理和监督。	永久

---

① 袁博. 我国保障性住房基金运行及模式研究 [D]. 对外经济贸易大学, 2014.

续表

类型		主要特征	合同期限
部分私有化	股权转让	公共部门将现有设施的一部分所有权转让给私人部门持有，但公共部门一般仍然处于控股地位。公共部门与私人部门共同承担各种风险。	永久
	合资兴建	公共部门和私人部门共同出资兴建公共设施，私人部门通过持股方式拥有设施，并通过选举董事会成员对设施进行管理，公共部门一般处于控股地位，与私人部门一起承担风险。	永久

3.2 国有企业改革的代表性理论

在对国有企业相关文献进行研究时，我们发现国有企业的概念丰富且因国家政体的不同而有所区别。在国际惯例中，国有企业仅指受国家中央政府或联邦政府投资并参与控制的企业；而在中国，国有企业还包括地方政府投资并参与控制的企业，是公有制企业的初级形式[①]。以此为认知基础时，理论界关于国有企业改革的理论却出现了较大的分歧，最具有代表性的有同一论、反同一论和调和论。

3.2.1 国企改革的相关理论

3.2.1.1 同一论

20世纪八九十年代，国有企业商业化、市场化与私有化浪潮蔓延到很多国家。Shleifer（1998）提出同一论，认为国有企业与私营企业在治理的有效性上实现同一化。这一理论影响了许多国家，并因新加坡、瑞典等国家在公司化改革方面取得了较好的成就及OECD代表的国际组织传播普适的公司治理经验的推动，使这些进行国企改革的国家模仿并追求高度统一化、标准化的国有企业公司治理规范。持这一观点的学者们认为，尚未摆脱政治理论而进行国企改革是国企低效的深层次原因，因此有必要减少政治因素对国

---

① 张志伟. 论公有制企业的性质、权利体系、目的及其实现形式 [D]. 中央民族大学，2006.

3 电网体制改革的理论基础和国外经验借鉴

企运作的干扰,要最大限度地营造一个与私营企业相似的竞争市场,并且要将私营企业运作的各种制度奉行为自己的原则。

3.2.1.2 反同一论

与上述观点不同,部分学者认为当国有企业的实际情况与私营企业截然不同时,特别针对企业激励与信息等问题性质不同——一种事先设定好的干涉难以为国企创造与私企相符的市场环境,此时"同一论"便毫无效率可言,此为"反同一论"。因此,反同一论认为应为国企设计针对性的管理体制并促使其与特殊制度相匹配[1]。从世界经验来看,美国这类国家国企数量极少且高度集中于重要领域,一般采用"一企一策"的管理方法;而另一些发达市场经济国家,其大量国企分布在竞争性领域,则倾向于发展统一国有公司治理体制。因此从实践出发,国企特殊性不仅与相关社会人文因素提供的特殊的非经济激励机制相关,还与治理的多样化相联系,其公司治理实践要求国企遵循与一般公司相一致的公司治理规则,而国企特殊治理实践则要求要根据企业使命与目标的不同,来建立不同类型的国有企业治理体制。

3.2.1.3 调和论

持调和论的学者认为国企治理是矛盾的统一体,实质上是矛盾的普遍性与特殊性的统一,既能体现普适的公司治理,也能体现其特殊性的一面,其核心在于一个有效的国企治理机制应能与私企治理原则保持"适当的一致",一方面要强化对管理层的监督,发挥独立董事的作用,平衡各种利益关系及协调各种冲突,另一面则强调限制政治因素对企业行为产生的干扰。必须认识到,调和论这种理论很难对受政治因素影响较大的企业产生有效影响。但这一派学者坚持,国有企业应根据国有企业自身的特殊性并通过普适性的公司治理理论来进行改革。

绩效、目标和治理是国有企业不同时期的理论焦点,是学者们在相关领域展开研究的理论议题。相当一部分学者认为,中外所有国有企业实践具有相同的理论基础部分。部分学者深受"同一论"的影响,如张维迎(1995)、周其仁(2000)认为企业的公有化产生了不良效果,前者认为

---

[1] Pryke 在《实践中的国有企业》(1972)中指出,"独特的价值观驱动"是国有企业制度区别于私有企业制度的重要原因。他认为,在一个充满良知和正义的社会,那些掌管为社会大众服务的机构的代理人,有可能获得自身作为社会公仆的认知。

国企中委托—代理的不良效应随着公有化程度扩大,后者认为公有制企业消除了市场公平竞争的合约基础。而从"反同一论"的视角,部分学者认为需要区别对待不同的国有企业,如张春霖指出,不能认为产权刺激机制在小企业有效,就想当然地认为这种机制在大型企业中也一样可以奏效。随着国有企业的发展和不断壮大及国内市场化程度越来越高,国有企业的内部环境和外部环境在不断变化,国企改革理论和实际发展的不匹配会限制国有企业的发展,并使相关领域的研究必须回到国有企业内在问题的起点。

3.2.2 我国国企改革的理论学派

3.2.2.1 产权理论学派

该学派以张维迎等为代表形成了国企改革的主流观点,认为只有健全产权制度、完善企业结构,才能使企业成为自主决策、自负盈亏的市场主体,才能使财产所有者得到利益。但产权理论应用于国企改革有其缺陷:一是传统产权理论忽视了企业外部性问题、交易成本及代理成本所造成的效率损失;二是产权效率决定理论倾向于企业内部激励机制而缺乏对市场竞争机制的分析,而这是国有企业、特别是大型国企调整结构提高效率的关键;三是缺乏对管理层治理的全面分析。

3.2.2.2 竞争理论学派

该学派以林毅夫等为代表,认为我国经济目前缺乏规范的市场体系,企业存在着政策性负担,难以根除软预算约束。竞争理论存在以下缺陷:一是尽管竞争可以刺激企业降低生产成本、提高劳动生产率,但过度依赖竞争却会使企业投入越来越多的竞争性费用,难以促进整体经济效益的提高,近一年来 uber 中国和滴滴打车的竞争便是一个最好的例子;二是市场经济的竞争是以价格机制为配置的核心杠杆,一旦价格机制失灵,竞争就会失去适用性和指导性,这使得大量涉及公共性产业、自然垄断产业及国家安全战略产业都不适合参与竞争,而这通常是大型国有企业所分布的领域。

3.2.3 我国学者的主要观点

表 3-4 概述了国内学者对国有企业改革的观点。

3 电网体制改革的理论基础和国外经验借鉴

表 3-4　　　　　　　国内学者对国企改革的观点综述①

	吴敬琏等学者观点	史忠良等学者观点	沈志渔等学者观点
前提	一是国有资本撑不起巨大的国有经济"盘子"; 二是国有资本分散,无法形成规模经济; 三是政企不分,效率不高。	一是国有企业产业分布分散,调整产业布同上解决问题的关键; 二是国家财力有限,难以为国有企业大规模注资。	国有经济布局不合理。
定义	国有资产在流动与改组的情况下,收缩国有经济战线,改善国有企业组织结构,更好发挥国有经济在社会主义市场经济下的作用。	国有资产在流动与改组的情况下,收缩国有经济战线,改善国有企业组织结构,抓大放小,扶优扶强,使国有资产合理流动。	国有企业战略性改组是对整个国有经济的结构调整,实质上是对国有经济运作的全局性、系统性与长远性的调整。
基本思路	国有资产要从分散的中小企业转向大众性企业,从劣势企业转向优势企业,从一般竞争领域转向战略性竞争领域,形成产权多元化。	一是收缩战线,突出重点; 二是促使国有资本向优势产业集中; 三是抓大放小、扶优扶强。	一是促进国有产权流动资产重组; 二是调整战略布局,增强控制力; 三是资产重组,制度创新; 四是变粗放为集约。
优先顺序	一是国家安全的行业; 二是大型基础工程; 三是大型不可再生资源的企业; 四是对国家发展有战略意义的企业。	关系国家安全的基础设施; 非再生性资源开发; 全国性骨干流通企业; 具有战略意义的高新技术的开发。	带动国民经济发展的主导产业; 具有经济实力与国际竞争力的大型企业集团。

3.3 效率与公平理论

3.3.1 效率的内涵

效率的英文是"efficiency",《韦伯斯特大学英语词典》界定其基本含

---

① 李福成. 新型国有企业定位与效率问题研究 [D]. 东北财经大学. 2011.

义为"一是达到有效的品质或程度。二是有效的操作,用产出与耗费的比较来衡量的有效操作,提供给一个动力系统的能量与这个系统所释放的能量之间的比率。"效率的分子是产出,分母则依具体领域或度量方式而定。这既反映了效率的结果取向、目的取向和功利取向,又体现了效率存在的普遍性和具体性。

现代意义上的效率观随着资本主义的发展不断突显出来。Daniel Bell 曾这样论述:"从稍早于 150 年前开始,现代西方社会才掌握了以前所有社会不知道的一个秘密,即以和平的手段稳步增加财富和提高生活水平。""现代西方社会所掌握的秘密就是生产率,即以一定量的资本开支和一定量的劳动力来获得多于一定比例的产品的能力;或者,简单来说,现在社会可以'以较少的力气或较少的成本而得到较多的东西'"[1]。效率这一概念起始于经济学领域,如熊彼特以资本积累、技术进步等因素来定义效率;莱宾斯坦提出的技术效率指由企业内部职工的努力和协调程度引致的使现有资源能生产更多产量的效率;马歇尔提出"边际收益相等导致社会资源配置最优"的效率标准;希克斯则更强调社会福利的改善。

一个较少争议的定义是帕累托效率:对于某种经济的资源配置,如果不存在其他可行的配置,使得该经济中的所有个人至少和他们在初始时的情况一样良好,而且至少有一个人的情况比初始时严格地更好,那么,这个资源配置是最优的。萨缪尔森对其的解释是:"在一个经济组织的资源和技术为既定的条件下,如果该经济组织能够为消费者提供最大可能的各种物品和劳务的组合,那么这个经济组织是有效率的。也就是说任何可能的生产重组都不能在不使他人情况变坏的条件下,使得任何一个人的情况变好,在这种情况下就出现了配置效率。因此,在实现了配置效率的情况下,只有降低某个人的效用才能增加另一个人的满足或效用。"正如萨缪尔森所指出的"完全、绝对的有效率的竞争性机制从未也不会出现",帕累托效率最有力的代表性批评意见是即使在完全竞争的条件下,也未曾考虑到公共商品的情况。因此,帕累托效率所依赖的假设条件在现实中是难以实现的。

诺思提出了"制度效率"的概念,指在一种约束机制下,参与者的最大化行为将导致产出的增加;而无效率则是参与者最大化行为将不能导致产出的增长。制度效率的根本特征在于制度提供一组有关权利、责任和利益的

---

[1] 贝尔. 后工业社会的来临 [M]. 高话,王宏周等译. 新华出版社,1997.

规则并制定一套行为规范，为人类的创造性和生产性活动提供最大的空间以实现生产和消费在帕累托原则下的最优交换比率。科斯则认为，由于现实经济中存在交易费用，那么产权的清晰界定和合理构成对经济运行效率产生了直接和重要的影响。纳什均衡同样描述了这样一种效率：在该状态中没有一个经济主体愿意单方面改变自己的消费或生产计划，即互动的经济主体之间可能达到的一种稳定状态。由于这种稳定状态，即"纳什均衡"，是一个与规则和制度安排有关的稳定状态，因此较帕累托最优和一般均衡更具有普适性。但无论是制度效率还是纳什均衡，其本质与帕累托效率是一致的，即"最优化"。

3.3.2 公平的内涵

相较于效率更多是一种经济学的概念，公平更多是从法学、社会学和政治学的角度进行阐释，早在公元前30世纪的古埃及宗教中便有了相关概念，但尚未在经济学中形成一个公认的概念。公平"justice"，《韦伯斯特大学英语词典》解释为"具有正义、不偏袒、公正的品质"，近义词"equity"解释为"正直地按照自然律法或权利行事，特别是不受偏见或偏好的影响"。公平的内涵通常包括标准、过程和结果三个层面：标准指社会规则尤其是法律，其核心是人权，法律面前人人平等而无特权阶级存在；过程又指机会，即在经济社会中人的机遇平等，但由于人的初始状况存在极大的差异性，因此机遇平等是一种理想的公平；结果主要体现在收入，指收入或商品的平等分配，但这种分配的平等存在人人之间绝对平等和要素比例相对平等的歧义，在不同社会阶段有着不同的解读。

对公平的价值判断会影响是强调过程公平还是结果公平，因此当前存在四种主要的公平观点：一是福利经济学的功利主义公平观念，其代表边沁认为，公平应使社会所有成员的效用最大化；庇古也认为，国民收入总量愈大，社会经济福利愈大，因此有效配置资源以使国民收入最大化即达到公平；但一个关键问题亟待解决：不同选择下的个人效用之间能否建立起有效的比较关系，进而，能否由此从一致的个人效用最大化衍生出社会效用最大化？二是市场主导公平观，其认为有效的竞争结果是公平的，最有能力者应当得到奖励。三是罗尔斯代表的罗尔斯主义公平观——从道德哲学的意义上表达和反映了对处境恶劣的个人效用水平的关心，表述为"最公平的配置使境况最糟的人的效用最大化"。四是阿马蒂亚·森的能力主义公平观——

更合理的公平应要求对人的基本的潜在能力的分布予以直接的注意,以满足人的需要作为公平的基础。

3.3.3 效率与公平的关系

由于效率与公平的出发点和目的不同,人们对其关系各执一词,其中还不乏针锋相对、完全相反的观点。有学者对经济学各流派的公平与效率观进行了研究,其中出现了十三种不同的具体主张[①]。大致而言,效率与公平的关系可以分为公平优先效率、效率优先公平、两者交替三种类型。

(1) 公平优先效率。公平优先效率的社会现实表现为两极分化严重、社会问题日益突出,进而导致"平等权"的提出,认为不论从人道的角度,还是从社会稳定价值出发,人的生存权利都必须得到社会的解救和保障。主张这种观点的学者主要有凯恩斯、罗尔斯、庇古等。凯恩斯通过研究 1929~1932 年资本主义经济危机提出了国家干预经济理论。"凯恩斯的收入均等化意义上的公平思想,是一种不同于马克思的生产资料占有意义上的公平和等量劳动获得等量收入意义上的公平的思想,他提出收入均等化的公平思想的目的在于提高经济效率,拯救资本主义经济[②]。"罗尔斯认为,"仅仅效率原则本身不可能成为一种正义观"[③],因为一种制度的选择"不仅建立在经济的基础上,而且建立在道德和政治基础上",公平才是可以评价社会基本结构本身的阿基米德支点[④]。庇古的福利经济学派认为财产和收入的不平等必然引致资源配置失灵,应通过采取征收累进所得税、遗产税和由政府出面进行失业补助以及其他社会福利事业,力争实现社会福利最大化,从而把富人的一部分收入转移给穷人,促进社会收入分配平等化。持公正优先的学者认为其内涵包括承认有限自由、基本权利无差别均等且不可侵犯、承认可调控的竞争、主张机会均等/过程公平与结果公平兼顾且偏重于结果公平、承认效率并认为公平是效率的前提和保证、注重经济效率但更注重社会效率、强调社会公权等内容。

(2) 效率优先公平。在资本主义发展初期及二战之后西方国家经济"效率危机"时期,效率优先论长期占据资本主义乃至经济学的主导地位。

---

① 李松龄. 公平、效率与分配:比较研究与产权分析 [M]. 湖南人民出版社. 2005.
② 李松龄. 公平、效率与分配:比较研究与产权分析 [M]. 湖南人民出版社. 2005.
③ 约翰·罗尔斯. 正义论 [M]. 何怀宏等译. 中国社会科学出版社. 1988.
④ 约翰·罗尔斯. 正义论 [M]. 何怀宏等译. 中国社会科学出版社. 1988.

3 电网体制改革的理论基础和国外经验借鉴

主张这种观点的学者主要有亚当·斯密、哈耶克、弗里德曼等人。亚当·斯密是古典经济学的代表人物，认为收入分配是不可改变的，人们"追求自己的利益，往往使他能比在真正出于本意的情况下更有效地促进社会的利益"①，主张人人充分平等、自由地在市场中追求自己的利益就是公平。哈耶克主张自由市场经济，认为结果公平本身就是对自由的否定，认为"一般性法律规则和一般性行为规则的平等，乃是有助于自由的唯一一种平等，也是我们能够在不摧毁自由的同时所确保的唯一一种平等。自由不仅与任何其他种类的平等毫无关系，而且还必定在许多方面产生不平等。②"弗里德曼认为公平是机会均等而非结果均等，一个社会如果把结果均等放在自由之上，其结果是既得不到平等，也得不到自由③，在机会均等前提下的市场分配必然带来结果的不均等，但这种不平等却"为今日的落伍者保留明日变成特权者的机会，而且在这一过程中，使从上到下的几乎每个人都享有更为圆满的富裕的生活。④"持效率优先的学者认为其内涵应包括捍卫自由、利用竞争、主张机会均等和过程公平、反对结果均等、保护效率并放任结果、强调个人私权、强调经济效率等内容。

（3）效率与公平交替相融。自20世纪70年代初，部分经济学家反思了战后西方国家的发展，检讨了各种经济学派的主张，认为效率和公平在本质上并不具有单一优先性，其存在具有内在的价值冲突，或者在历史上表现交替优先性，或者两者不可兼得。主张这种观点的学者主要有阿瑟、帕累托、库兹涅茨等。阿瑟认为，公平和效率在经济社会领域中是对立统一的关系，没有绝对的优先权，可以为了公平而牺牲效率或者为了效率而牺牲公平，但这种牺牲必须建立在公正的前提下，因此需要"在平等中放入一些合理性，并在效率里添加一些人性"⑤。帕累托根据边际效用理论提出了"帕累托最优"，并认为此状态同时实现了效率和公平。库兹涅茨借助于基尼系数，提出了分析国民收入与平等之间关系的"倒U型理论模型"，认为在国家经济发展过程中，效率与公平是交替优先、交替实现的。持交替相融论的学者认为其内涵应包括寻找效率与公平的结合点、认为效率与公平互为目的与手

---

① 亚当·斯密. 国民财富的性质和原因的研究（下卷）[M]. 郭大力等译. 商务印书馆, 1974.
② 哈耶克. 自由秩序原理（上）[M]. 邓正来译. 生活. 读书. 新知三联书店, 1997.
③ 米尔顿·弗里德曼, 罗斯·弗里德曼. 自由选择 [M]. 胡骑等译. 商务印书馆, 1982.
④ 米尔顿·弗里德曼, 罗斯·弗里德曼. 自由选择 [M]. 胡骑等译. 商务印书馆, 1982.
⑤ 阿瑟·奥肯. 平等与效率——重大的权衡 [M]. 王忠民, 黄清译. 四川人民出版社, 1988.

段、注重对立统一的辩证分析法、采取从现实出发确定效率与公平关系的态度。

3.4 典型国家经验借鉴

从我国电力行业的结构上看，电网包含了电力行业中发电、输电、配电、售电的后三个环节，因此电网体制可视作电力体制的有机构成部分，尽管由于系统内部协同性问题会使单独的电网改革有别于电力体制整体改革，后者的经验借鉴同样能够为前者的改革提供有效的参考。

创始期的电力产业规模较小，一般以一个私人企业通过辐射面限定的电网供应一个地区（较小的城市或较大城市的一个城区）。但由于电力产业的自然垄断性，基于凯恩斯的国家干预理论，在二战前后，许多国家通过国家收购的方式将当时的电力系统收归国有，并通过国有垂直垄断体系，保证电能供给的稳定且低价，并将其作为一项宏观调控的供能手段。依据当时的技术条件，只有垂直体系才能实现电力生产和传输的高度协调，并充分发挥电力产业的规模效益；并且由于电力产业存在大量的固定资产投入，投资存在一个漫长的回收期，一般规模的私营企业难以承担，只有国有企业才能通过低利率的优惠贷款承担这一投入。另一方面，电网在输配电领域的自然垄断性，使某个区域内的电力用户没有用电选择权，因此为避免私人垄断，许多国家通过国有经营的方式进行管理。

从世界范围看，国际电力体制变迁以20世纪80年代为分水岭。在此之前的电力是高度集中的垄断产业，政府管理行为均以维护企业的垄断地位为基点；自20世纪八九十年代开始，始于智利的改革，许多国家开始了电力体制改革的探索，试图更多地发挥市场的资源配置作用。

美国学者 C. D. Walker 和 W. T. Lough[①]（1997）详细研究了美国与英国、挪威、阿根廷、智利的电力改革情况，进行了较为详细的比较研究：英国进行私有化和电力库的建立；挪威建立竞争性的趸售和零售市场以降低电

---

① Walker C D, Lough W T. A critical review of deregulated foreign electric utility markets [J]. Energy Policy, 1997, 25 (10): 877-886.

价①。阿根廷建立竞争开放、监管透明的电力市场②。智利通过垂直和平行拆分私有化，第一个完成了电力行业全面改革③。其中，英国、挪威和智利都是优先立法，再进行的改革。然而，由于在降低电价、稳定供给、提高效率等主要改革目标的实现上，他们认为美国的改革成果更优，因此只有部分举措具有学习的价值。国情差异性的认知是经验借鉴的前提。另外，英国和挪威两国的模式选择也被英国学者 A. Midttun 和 S. Thomas④（1998）进行了比较分析，认为前者的问题在于集中过度，私有化下的电力库模式加大了宏观规制的难度；而后者过于分散的发电企业削弱了挪威在统一的北欧区域电力市场中的竞争优势。

3.4.1 英国模式：局部垂直一体化的纵向拆分

第二次世界大战之后，英国中央政府将联邦内大部分发电、全部输电及三大区域（英格兰和威尔士、苏格兰、北爱尔兰）的配电全部收归国有，成立中央电力局进行统一管理，下辖 12 个供电区的地区供电局负责供电。1957 年，英国为加强电力管控，颁布了《电力法》，并成立了电力委员会⑤。受英联邦国内政治形势的影响，英国的电力产业并未全国化，三大区域及各州政府有较大的自主权，是具有明显地域特征的局部垄断。各州通过成立单独或者联合的区域垄断电力公司，负责发电、输电业务，并组织自己的配电公司进行自主经营管理。至 21 世纪初，英国的三大区域电力产业规模为：英格兰和威尔士 6150 万 kW，苏格兰 960 万 kW，北爱尔兰 210 万 kW，英格兰和威尔士电网全国规模最大，与苏格兰电力系统互联，年用电量约占全国总量的 90%⑥。

英国电力体制改革源自 1988 年《电力市场民营化》白皮书，其设想是

---

① 姚兰，吴宗鑫. 挪威电力市场改革及其启示 [J]. 电力需求侧管理，2006，(4)：62-64.
② 阿根廷于 1992 年制定了《电力法》，形成了电力工业重组和私有化的法律框架。其电力改革目标是致力于引入竞争、提高效率、私有化，这里《电力法》为电力市场化改革提供了良好的法律环境，确立了新的电力管理体制。李琼. 阿根廷电力市场与监管实践 [J]. 中国电力企业管理，2005，(4)：21-23.
③ 李琼. 阿根廷电力市场与监管实践 [J]. 中国电力企业管理，2005 (4)：21-23.
④ Midttun A, Thomas S. Theoretical Ambiguity and the Weight of Historical Heritage: A Comparative Study of British and Norwegian Electricity Liberalisation [J]. Energy Policy, 1998, 26 (3): 179-197.
⑤ 井志忠. 电力市场化改革：国际比较与中国的推进 [D]. 吉林大学. 2005.
⑥ 王家伟. 英国电力市场化改革之路 [J]. 现代电力. 2004，(3)：12.

厂网分开、输配分开、用户可自由选择供电商，将整个电力系统各环节进行分解，历程如图 3-1 所示。

英国电力市场机制总体上经历了两个阶段，1990～2001 年的发电集中竞价阶段（POOL）和 2001 年至今的双边自由竞争阶段（NETA），BETTA 主要是将苏格兰地区纳入到市场体系中来，在此不做阐述。

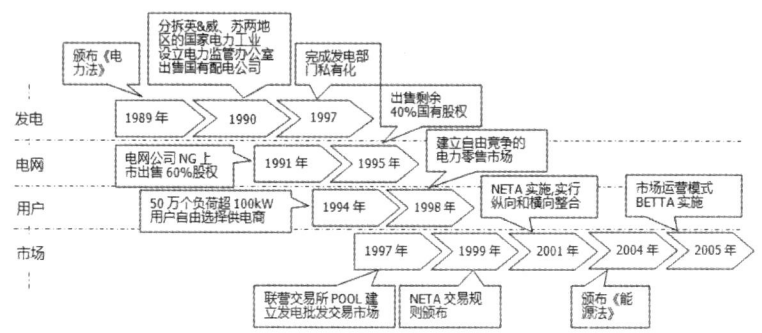

图 3-1　英国电力体制改革历程

3.4.1.1　POOL 模式

POOL 模式是以电力库为核心的电力自由交易批发市场，电网公司负责电力库的日常管理，并根据各发电公司的报价高低去确定每台机组的发电出力和运行时间，进而保持发电企业的有效竞争，但存在单边竞价、强制性电力池会员制、电价机制复杂等问题，如图 3-2 所示。

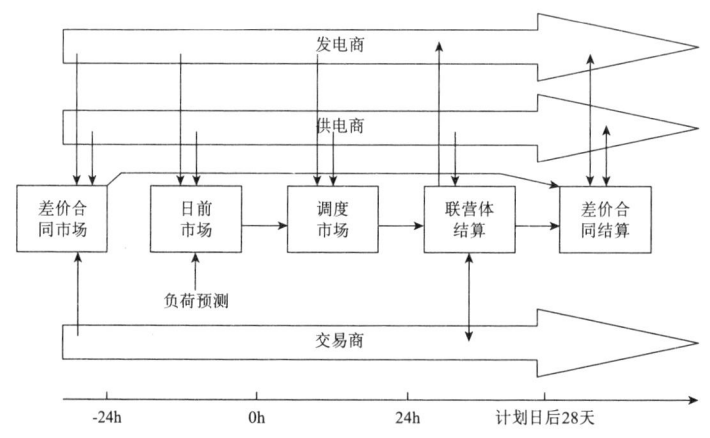

图 3-2　英国电力市场 POOL 模式[①]

---

① 资料来源：国网电力科学研究院内部资料，第 54 页。

3 电网体制改革的理论基础和国外经验借鉴

3.4.1.2 NETA 模式

该模式相较于 POOL 模式有了根本变化,表现在:设立新的管理机构 OFGEM 和用户组织 Energy watch;建立新的电力交易机制 NETA;配售电业务分开,实现了用户侧市场完全开放,引入了新的经营执照标准,重新规定了市场参与者的责权义[①]。该模式的基础是发电商、中间商、供电商和用户自愿参与的双边交易市场,由远期合同市场、衍生品市场、短期双边市场、平衡市场构成;可通过面对面的方式或任意一个电力交易中心进行,市场参与者享有更多的自主权,报价形式更简单、申价更透明、电力买卖更接近于实时交易,使电网运行更为平衡、高效率,占总交易量的 97%~98%[②],相应结构如图 3-3 所示。尽管 NETA 表现出诸多优势,如有效竞争、电价稳步下降且未出现大的波动、远期合同数量稳步增加,但电价的持续走低损害了电力产业特别是发电企业的经济积极性,不得不寻求政府贷款等途径进行援助。

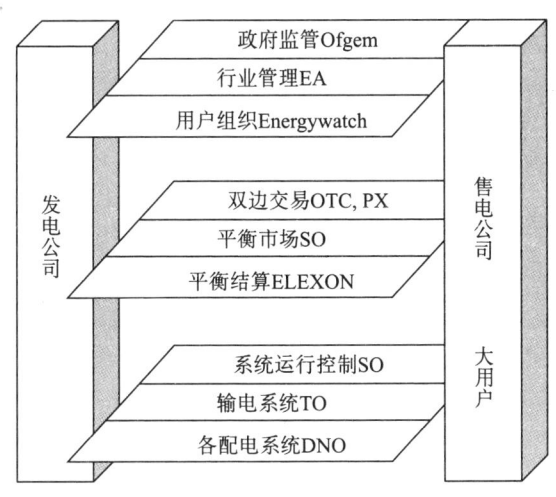

图 3-3 英国电力市场结构[③]

---

① 曾鸣等. 国外电力改革对我国电力零售市场建设的启示 [J]. 改革与战略, 2009, (4): 179-182.
② 张金霞. 从英国电力私有化看我国的电力改革 [J]. 青海大学学报(自然科学版), 2002, (4): 72-73.
③ 资料来源:国网电力科学研究院内部资料,第 58 页。

3.4.1.3 英国电力体制改革评述

英国电力体制从国有向私有的改革是一次比较彻底的改革,尽管输电环节依然由国家电网垄断(且由国家占有),但由于外部资金的引入及厂网分离的彻底性,垄断造成的福利和效率损失很小。随着电力行业放松规制后,整个产业的绩效有了很大的提高。据统计,扣除通胀因素后,工业用户电价自1990年其减少了16%~23%,居民电价平均减少了15%;电力企业在私有化后职工人数大量减少,自1990年的15.05万人减少至7.54万人;公用电力备用率在1989~1999年中由31.6%下降到21.3%,最高符合平均增长0.54%,终端消费量平均增速16.2%,负荷利用小时数提高了523小时/年,增长了13%,设备利用小时数提高了760小时/年,增长了20%;电力产业实现了升级和结构转换,大量低效的燃煤电厂更换为高效低成本的天然气,并大力发展新兴能源。输电网络的平均输电能力增加了22%,年平均可用率自1990年的92.9%提高到96.3%,输电引致的断电问题也逐年下降[①]。必须注意到,在最初引入竞争时,曾一度引起恶性竞争,核电厂濒临破产,迫使国家进行注资和重组。但英国政府及时的总结和纠正错误,引导电力改革步上正确方向是值得我们学习的宝贵经验。

3.4.2 日本模式:私营区域垄断的自由化和市场化

战后日本的电力市场分为关西、东京、九州、东北、四国、中国、北陆、中部、北海道9大私营区域公司,至1952年,政府与该9大电力公司共同投资建立了公私合营的泛区域电力公司EPDC。该公司2/3股权归属国家,下辖企业遍布全境,拥有不同类型的电站和输电干线,总装机容量1637万kW,在全电力企业中排第五[②]。1955年,EPDC又与9大公司共同投资建立了JAPS,负责核电站的建设与运营。1972年,冲绳建立了第10家私营区域电力公司。至此,日本全部的电力生产运营均为这10家私营电力企业所覆盖(见表3-5)。

日本《电力事业法》规定,这10家私营企业在各自的固定业务范围内实行发配输售的垄断经营,属于"一般电力事业"。此外,日本各地还有34家地方政府发电公司,20家联合投资性电厂及其他发电厂,独立经营批发

---

① 陈磊. 电力产业管制改革的国际比较研究 [D]. 福建师范大学, 2012.
② 余炳雕, 井志忠. 透视日本电力市场化改革 [J]. 现代日本经济. 2004, (9): 17.

3 电网体制改革的理论基础和国外经验借鉴

趸售电力，但通常需要得到这 10 家私营企业主管单位的许可[①]。这十大电力公司在辖区铺设电网并垄断经营，内部实行总—分公司管理形式，其电价、环保及发展规划受日本政府通产省下辖电力部门进行监管，以避免垄断导致的社会负效应。

表 3-5　　　　　　　　日本电力生产的构成

电力公司和电站	企业数量	资产（10^9亿元）	电站数量	发电效率 GW	发电效率 %	发电量 10^9 kW·h	发电量 2%
私营区域电力公司	10	2599.4	1358	185.8	84.8	769.0	83.8
EPDC	1	70.6	65	13.9	6.3	47.8	5.2
JAPS	1	120.0	3	2.8	1.3	17.8	1.9
现电站	34	530.8	272	2.5	1.1	—	
工业企业	20	290.8	92	11.7	8.1	—	
核能电站			2006	2.4	1.1	13.3	1.5
总计	66		3796	219.0	—	918.3	—

资料来源：齐向阳. 日本电力产业概述［J］. 吉林电力，2002，2.

与英国不同，日本的电力产业本身由区域化的垄断私营公司构成，因此其改革核心并不是国有企业的民营化，而是打破垄断、引入竞争的自由化、市场化改革，通过市场来降低电价。日本的电力体制改革始于 20 世纪 90 年代的经济萧条时期，历程如图 3-4 所示。

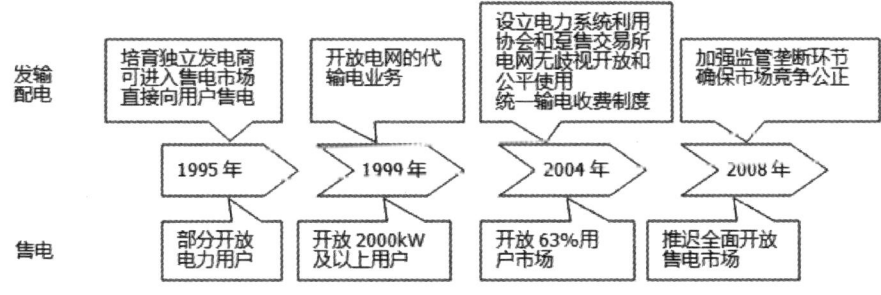

图 3-4　日本电力体制改革历程

---

① 齐向阳. 日本电力产业概述［J］. 吉林电力. 2002，（2）：7.

日本电力产业结构在体制改革后发生了较大变化。发电环节,独立发电企业、趸售供电企业、电力公司和电力供应商形成市场竞争;输配电环节,仍由原十大电力公司负责电网运行,在政府监督下实行公平公开的电网准入和过网输电业务;售电环节,十大电力公司负责各自辖区内50kW以下的管制用户供电,电力公司、其他地区电力公司及电力供应商可对50kW以上的自由化用户供电,形成零售竞争格局。竞争的引入加大原十大垄断电力公司的经营压力,使其不得不重新考虑电价、环保、投资政策。在1995~2003年间,日本工业电价下降37.8%,居民电价下降35.3%,与2003年比,东京电力公司2005年高压用户过网送电费下降了23.2%,中压用户过网费下降了13%;由于输配电环节依然维持了原有的垄断垂直一体化格局,供电可靠性稳定得到保证,并没有因市场化改革发生波动;环保层面建立了CO_2超标公示机制,形成了环保电源优先调度机制。

日本的改革经验表明,在统一电网难以分解的情况下,发、输、配、售各环节逐步放开同样也能带来消费者福利的增加。其中,售电业务与发电业务的同步放开,可以对输配电环节进行双向施压,进而削弱垄断导致的效率和福利损失。

3.4.3 美国加州模式:私有制为主的自由化、市场化

美国是少有的电力私有垄断经营国家,21世纪初,全国共有电力企业3235家,用户1.13亿户(见表3-6)。

表3-6　　　　　　　　　美国电力企业状况

产权分类	投资者所有	联邦所有	市政公共所有	合作社所有
企业数量	264	10	2014	947
比重(%)	8.16	0.031	62.26	29.27
装机容量比重(%)	77.4	8.9	5.6	3.6
拥有用户比重(%)	75	0.03	14.6	10.4

资料来源:吴敬儒. 透视美国电力改革[J],中国电力企业管理,2002,(1):58.

美国电力企业模式主要包括:(1)私营企业。美国私营电力企业装机容量占80%以上,大多数是发输配售的垂直一体管理模式,也有部分将趸售业务交由配电公司或大用户经营。(2)联邦企业。仅占很小一部分,装机容量不到10%,典型代表为田纳西流域管理局TVA。联邦政府对国有企

3 电网体制改革的理论基础和国外经验借鉴

业直接管辖,参照区域间标尺竞争,并给予政策优惠。(3)地方政府所有。通常负责地方性供电业务,发、输业务规模极小,装机容量约5%,由地方政府负责企业管理、价格设定、投融资业务等。(4)社区集体所有。通常在农村地区,以董事会形式经营配售业务,通过从电网购电后零售给社区的电力用户。

美国电力企业都拥有充分的经营自主权,政府不参与企业的经营管理活动,仅通过法律和经济手段来完成对电力产业的监管,并在联邦、州两个层面设立相互独立的委员会(联邦能源管制委员会和州电力委员会)完成宏观层面的管理和协调。

3.4.3.1 加州电力市场改革

在1998年重组前,加州电力企业纵向一体化,统一负责发输配电的运营,其中最大的三家私营电力企业提供了加州近75%的电力服务[1]。美国的电力体制改革是在本身的私营垄断基础上进一步强化电力产业的自由化和市场化,其核心是"放松管制、引入竞争、提高效率、降低电价"。秉承这一理念,加州公用事业委员会提供零售的"选择权",鼓励大的私营企业卖出部分发电资产来形成新的市场监视机构[2]。1998年3月31日,加州电力市场正式运营,通过ISO(Independent System Operator)和PX(Power Exchange)的建立,以实时市场、双边贸易和差价合同等形式提供电力交易,如图3-5所示。

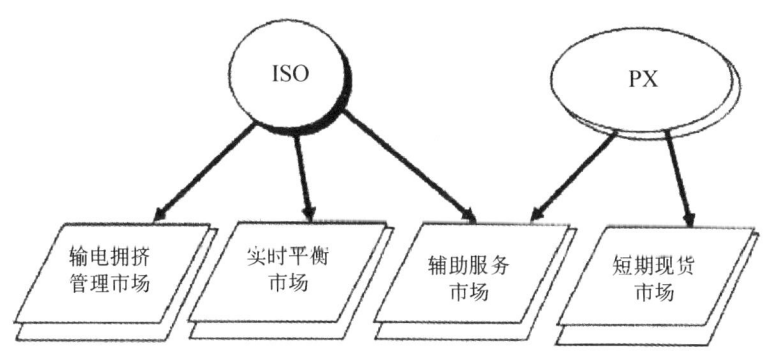

图3-5 加州电力市场简图[3]

---

[1] 国家电监会市场部供稿. 美国加州电力市场[N]. 中国电力报. 2006,(4).
[2] 文福拴, A. K. David. 加州电力市场失败的教训[J]. 电力系统自动化. 2001,(3):7.
[3] 资料来源:国网电力科学研究院内部资料,第75页。

该市场参与者包括发电厂、电力交易所 PX、计划协调者 SC、独立系统运行员 ISO、配电公司、零售商和用户。其中，ISO 负责调度电网运行，提供输电服务和拥挤管理，购买和提供辅助服务，通过一个实时市场平衡电网的实施供需关系等。PX 是一个电力交易场所的非营利公司，负责未来 24 小时和未来 1 小时的市场及双边贸易和差价贸易市场，采用统一的市场清除价，并将最后确定的交易提供给 ISO 审核。ISO 根据需要修改 PX 和其余 SC 的交易以消除网络拥挤，并以 PX 的交易计划作为协调电网运行的基础。

陈磊（2012）总结了加州电力市场的特点如下：（1）分散式机组组合模式，主要由各发电公司确定机组组合来满足自身的负荷和卖电合同，ISO 根据分析在日前强制调用一些机组在指定时间段开启联网来保证电力系统的安全稳定，并通过实时市场来调用快速启动机组；（2）强制降低大公司的机组份额，加州要求原三大电力公司必须卖掉 50% 的火电机组来促进市场竞争；（3）第一个采用竞标的方式选取辅助服务的电力市场，为发电提供了更大的灵活性，以实践证明了其有效性；（4）采用了区域输电阻塞管理模型，根据地理位置确立了三个不同的输电区域，有利于市场竞标和运行，降低了市场势力；（5）阻塞管理模式，按照"市场分离"原则调整能量计划并购买平衡能量增减投标来惊醒区域阻塞管理，通过实时市场发布调度指令来解决区域间阻塞和区域内局部阻塞；（6）采用了 RMR（Reliability Must Run）合同解决局部阻塞问题，不通过市场竞争调用局部系统可靠性问题解决中必不可少的机组；（7）建立了计划协调公司 SC，使其成为电力调度控制中心和其他未取得资格认证的市场参与者的中间协调单位[①]。

3.4.3.2 加州电力危机

在加州电力市场建立后的 2000 年 6 月到 2001 年上半年，加州电力出现危机，集中表现在两个方面：一是批发电力价格飞涨，在 1999～2000 年间，满足负荷的批发电力总成本从 74 亿美元涨至 280 亿美元；二是电力可靠性下降，1999 年独立系统运营机构未出现备用容量低于 1.5% 的三级紧急情况，而 2001 年出现了 36 次之多，不得不依靠连续停电来保证供需平衡。由于批发电力成本远高于零售电力收益，至 2001 年，加州电力企业负债累累，4 月 6 日，原三大私营电力企业之一的太平洋燃气和电力公司宣布破产。

分析其原因，加州电力市场模式不合理是这场危机的首要原因，主要表

---

① 陈磊. 电力产业管制改革的国际比较研究 [D]. 福建师范大学，2012.

3 电网体制改革的理论基础和国外经验借鉴

现在：第一，交易机构与运行机构设计复杂，难以实施有效的协调运行，交易模式不完善，大约60%的电力受现货市场电价波动的风险影响而不能通过长期合同进行风险规避[①]；第二，美国西部用电需求超过了发电建设，且由于政策不清晰、前景不明朗、固定投资高企、投资回收时间过长，限制了发电投资[②]；第三，零售价格冻结，不仅难以反映成本高企，较低的电价还刺激了用电需求，加剧了发电企业的财务危机[③]；第四，在没有长期购电合同下，发电厂滥用市场势力，导致价格稳定性和电力购买确定性的缺乏，而公共公用事业委员会和法律机构的管制和决策失误导致了危机的进一步持续；第五，能源价格上涨，发电成本快速上涨呈现刚性。

加州电力危机表明，在电力体制改革过程中，必须统筹考虑竞争机制和风险分布机制，不能单纯从效率出发片面追求市场竞争的完全程度和结构的精巧复杂而忽视了起码的风险分布机制。没有风险分布机制、只有竞争机制的模式，在供需宽松的条件下，会加快供需形势向反面转化，一旦供需稍为趋紧，又会放大风险，危机的爆发不可避免[④]。

3.4.4 阿根廷电力体制改革

1992年前阿根廷电力部门主要由政府所有的企业组成，联邦和省所有的发电厂占总发电量的99.8%[⑤]。公共事务和服务部通过能源办事处行使电力计划、批准、定价和发展的权利，经济部控制价格和投资项目。电力市场的国有制、非透明的管制系统和投资决策的行政干预使阿根廷平均电价低于长期平均成本，进而导致了价格与电力供需和服务质量没有关联，并存在严重的终端用户歧视，在20世纪80年代末出现长期的电力供应短缺。

阿根廷电力体制改革始于1992年联邦24065号法令的颁布，其目标是保护用户权利，促进发电和售电市场竞争，在足够可靠性、开放接入和非歧视性的基础上改善输电和配电的运营，保证公平和合理的价格，促进长期的投资以保证供给和尽可能的竞争。立法后，阿根廷成立了新的管制委员会，

---

① 刘宝华，王冬容，舒安杰. 对加州电力危机的再认识［J］. 电力系统自动化. 2007，(4)：15.
② 常冬玲，涂进，程晓蕞. 美国加州电力市场的教训及对中国电力市场改革的启示［J］. 电力技术经济. 2006，(8)：25-28.
③ 童建栋，卫江辉. 美国的电力市场改革经验及教训［J］. 农电管理，2002，(8).
④ 朱成章. 美国加州电力危机和美加大停电对世界电力的影响［J］. 中国电力，2003，(11)：1-7.
⑤ Geoffey Roth well，Tomds Gomez. 电力经济学管制与放松管制［M］. 中国电力出版社. 2007.

促进发电、输电和配电的分离,并以边际价格为基础形成发电端的批发交易市场①。如表3-7所示。

表3-7　　　　　　　　阿根廷电力体制改革主要内容一览表②

改革内容	主要内容
管制委员会 ENRE	由5名独立成员构成的独立实体,向能源部长汇报,享有相当的自治权力; 主要功能包括:发布安全性、服务质量和环境保护标准,防止反竞争、垄断或歧视性行为的发生,建立价格决定的基础,确定收入修正的标准和情况,控制电力部门的活动,对违规行为进行惩罚; 将管制和服务分离即政企分离; 政府对供电安全性不负责,一旦配电公司不能完成供电任务都将受到惩罚。
电力产业各环节私有化	发电领域:对除核电和国际水电外的联邦及省属电力公司实行纵向和横向拆分,发电公司通过批发市场或私有合同出售产品,批发市场由国家调度机构负责管理和运营。 私有化的发电企业投资积极,在1991~1997年间,发电公司从14家增至45家,总装机容量增加31%。 输电领域:私有化的独立输电公司负责运营阿根廷国内的各级电网和连接网络并接受政府管制,向所有市场参与者提供第三方接入并收取输电服务费,禁止输电公司涉及发电和售电领域。其中,TRANSENER拥有500/220KV的7450Km线路;TRANSNOA拥有132KV的2464Km线路;TRANSPA拥有300/132KV的2217Km线路;DISTROCUYO拥有220/132KV的1245Km线路。 配电领域:将51%股份公开拍卖,39%在股市上出售,10%由公司员工持有,形成了国家管制、省管制、省属、省市监督合作实体等四级配电公司。至1999年,私有公司负责配送了50%以上的电力③。
价格管制	输配售领域价格管制:ENRE界定输电费使输电公司在维持成本基础上构成合理收益;联邦政府规定通胀指数下的配电收费及供电服务终端罚金;售电端实行差别电价。
特许经营管制	输电领域联邦政府批准高电压输电公共服务特许协议有效期95年为TRANSENER获取,期间管理期为15年、10年…每个管理期末,ENRE对控股股份进行拍卖,任何超过TRANSENER报价的企业可获取股份的所有权。配电领域的特许经营规则与输电类似,服务内容包括网络投资、运营和零售供应,并承担无条件的供电义务。

① Geoffey Roth well, Tomds Gomez. 电力经济学管制与放松管制 [M]. 中国电力出版社. 2007.
② 整理自:陈磊. 电力产业管制改革的国际比较研究 [D]. 福建师范大学,2012.
③ Geoffey Roth well, Tomds Gomez. 电力经济学管制与放松管制 [M]. 中国电力出版社. 2007.

3 电网体制改革的理论基础和国外经验借鉴

续表

改革内容	主要内容
投资管制	TRANSENER 对现存输电系统投资负有直接责任，最大负荷处的线路约束会导致节点电价产生"阻塞租金"并用于资助新的线路建设。新线路可以通过私人合同及公开拍卖的形式进行投资。
质量管制	由配电公司负责电力商品的全部质量，要求其积极参加对输电网的加强计划和新发电的目的计划否则受影响用户的缺电损失由配电公司负责承担。
批发电力市场	单独的电力大宗交易市场，由国家调度机构负责集中计划和发电机组的调度，合理配置市场成员的经济交易，维护电力系统安全，促进生产效率最大化，管理双边合同，监督市场运营，保证批发市场的透明性和公正性。市场平均名义合同价格从 1994 年的 40 美元/MWh 逐渐下降到 2000 年的 29 美元/MWh。
国际合作	阿根廷、巴西、智利以三国电力市场统一作为目标，加速发电企业法人间的自由竞争，废除国家补助，并与拉美邻国加强了国际电力交易及共同开发项目上的地区合作。

阿根廷电力体制改革结合了本国国情，在解决电力投资不足的方面取得了较好的效果，保证了电力供应、电价下降、可靠性增强，但在建设周期长、投资大的电源项目依然存在资金筹措困难的问题，电力市场中存在较多的争议和协调处理业务。同时，受到阿根廷近年来的经济和金融危机的负面影响，电力体制改革对经济的促进作用难以显化[①]。

3.4.5 国际电力体制市场化改革的经验借鉴

国际电力体制改革的实践证明，电力市场的发展和效率目标是辩证统一的，电力供需的高速有效发展和电力市场建设是兼容互进的，供需形势是市场建设的一个考量因素而非先决条件。科学有效的市场模式首先就表现在对电力供需自动有效的引导和调节上[②]。

电力体制市场化改革选择发电侧集中交易的起步模式并无不妥，但这一模式要求竞争和风险分布机制同步建设，前者要求从电量市场逐步扩充到容量市场和辅助服务市场，后者则需要从授权差价合约逐步转换到可交易的合约，平台从柜台交易扩展到合约交易市场，从个性化合约扩展到各种标准化

---

① 奚江惠，胡济洲. 发展中国家电力体制改革对中国电力市场化的启示 [J]. 华中电力，2005，(6).
② 井志忠，刘月君. 日、美、欧电力市场化改革分析 [J]. 东北亚论坛，2004，(1)：64-67.

金融合约产品，并完善大用户参与机制和需求侧响应机制，逐步扩大用户参与的比例，英国、日本的用户市场逐步扩展便体现了这一原则。当集中市场的竞争和风险分布机制发展到成熟阶段后，系统容量充裕度更为充分，输配电价体系、阻塞管理体制、实施平衡、调整及不平衡结算机制等相应体系得到建立的前提下，逐步在集中市场之外引入分散的双边或多边交易，发展到既具有集中优化效益，又具有自由选择效益，二者相得益彰的目标模式。具体而言，有以下几点值得我国电网体制改革重视借鉴。

3.4.5.1　改革必须立足本国实际确定目标和重点

首先，电力产品是一种特殊的商品。一方面，电力行业没有商品存储环节，必须瞬时完成产供销并达成供需均衡；另一方面，用电需求存在较大的不确定性，具有极强的时间特征（如早晚、季节的差异性），因此电力行业是典型的需求市场。同时，电力行业固定资产投入极大，而产品的产供销又会影响到设施和系统的稳定性和安全性（如持续超负载供电会加大机组和变压设备负荷而导致安全隐患）。从宏观角度出发，电网建设应与电源、资源和负荷分布统筹规划。同时由于国内电网的一体性，极易牵一发而动全身，一个地方的电网出现问题甚至可能会导致全国电网停摆。因此，电网体制改革、特别是"产权分拆"中，必须以维护电网本身的整体性和协调性为前提。

其次，电网乃至电力行业有其必须履行的社会责任。一方面，电力资源是国民经济、社会生活的基础，是一种关系到国家安全的战略性资源。另一方面，电网产业有外部性问题，对发电厂的入网选择倾向直接影响到能源利用效率、环境保护、新能源开发等。同时，随着电力市场国际化进程的推进，只有保有一定规模的电力企业才能稳定国内市场。以英国为例，在早期为强调反垄断，英国电力企业不能占据国内市场20%以上，使得在国际市场上完全不具备规模优势，在21世纪初，不得不通过NETA的实施重新开始纵向整合。

再次，从改革方式出发，由于各个国家的具体条件不同，特别是我国公有制的基本国情和西方国家有着极大的制度差异，这使得我们不可能将国际电力体制改革模式照搬过来。一个产业改革在外部必须关注各方面条件的差异，如君主立宪制的英国长期以来由内阁政府进行集权掌控，这使得英国的电力体制即使在经过了市场化、私营化改革后依然相对集中，政府对负责人有着提名和监督的权力；而联邦制的美国各州有很大的自主权，且由于地域辽阔，因此倡导的是区域电力市场，但电力管控机构独立于各州政府之外，直接对总统负责；在内部，则必须以产业自身发展情况为基础，如国营为主的改革首要任务便是政企分开、监管独立，以英国、阿根廷为例，如私营为主的改革则是放松管制、引入竞争，以日本、美国为例。而如以核电、大型水电为中枢的电力产业链，前提投入和沉没成本极大且有极高的安全需要，并不适合市场竞争，因此与其对接的输配环节的电网同样需要进行垂直一体化管理；而煤、天然气等燃料发电则适宜于市场竞争，与之对接的输配电网同样可以引入社会资本。

最后，改革需要突出重点。在任何一个国家里，电网是电力产业这个有机系统的枢纽，其本身形成了一个复杂的利益网络。在改革中，不同的利益相关者有着不同的利益诉求：一个完全从公共利益出发的政府希望电网体制改革能够解决体制问题，有更充裕的资金保障电网建设，强化社会经济的能源保障功能；用户希望改革后能够有更稳定、更低廉、服务更好的电力产品；发电端的企业希望通过电网体制改革，打破入网歧视，在统一调度下进行竞争上网，保证企业正当利益；新的电网投资者则追求收益，希望在更多领域有自主决策权和特许经营权；电力监管部门则希望有更独立和权威的监督权及处罚权。改革必须统筹各方利益，从矛盾的主要方面入手。

3.4.5.2 改革必须以法治为基石，政府统一监管为保障

从国外经验来看，立法是体制改革的基础，特别在法制基础较为薄弱的发展中国家，建立电力相关法律法规，是必须提倡的一种积极做法，它将原本政府对电力企业的行政干预剥离，以司法手段和行为取代，从行政性监管转为经济性监管，保证了竞争的有效性和政策的长期性。法律应当制定相应的行业框架，明确电力市场的主体、行为及监管机构的职能确定和授权等。在发展中国家，法律必须对政府极可能出现的政策随意性问题进行约束，才能保障电力体制改革的制度基础。

考虑到电网的战略重要性，政府的另一重要职责是对其进行监督管理，主要范围包括：保证电力供需平衡及稳定性；在电网相对集中的同时，要约束企业的垄断行为，保证不会因垄断产生企业的超额利润或利益寻租问题，约束电网企业行为的外部性，保证整个行业的可持续发展。国外经验告诉我们，"适度"是政府以监管手段介入电力市场和电网运营的重点和难点，主要涉及市场进入和退出、电价管控、电网接入的有效竞争和安全、环保以及电网服务等方面的内容。政府对电网的监管属于公共权力范畴，必须受到法

律的明确职责和内容限制，并尽可能减少相关的交易成本。

3.4.5.3 改革应把握集中和分散的适度均衡

电网是具有自然垄断的经济特征，如果一味强调通过竞争来提高微观效率，必然会从中观和宏观层面产生风险分布问题。因此，尽管各国以放松管制、产权私有化和自由竞争来提高电力产业效率为导向，但美国加州电力危机已经为这种趋势一旦过度做出了一个最好的反面例证。因此，需要设计一个科学的电网体制，从整个行业统筹的角度出发，把握改革的尺度。

由人组成的政府并不是一个理想化的为"公共利益"服务的机构，在经济人假设下，政府维持和运转的内部成本存在着典型的规模不经济特征，在政企不分的时候，同样适用于电网产业。因此，政企分开、放松管制是改革的必然选择。然而，由于前述的电力产品特殊性、电网的整体性和协调性问题，一旦过度引入竞争，过于分散的产权和市场主体会增加在危机应对时资源经济调配的困难，此时，一个集中和有力的政府是必需的。英国电力产业应对国际影响力的调整、美国加州事件已经表明，单纯的放松管制是不可行的，电网体制改革的实质必须建立一个市场自由竞争和政府强力干预并存的新体制，在这个体制下，市场履行着电网正常运转时的资源配置作用，而政府则履行着市场失灵时应对内部危机和外部挑战的补救职责。

聚焦在电网行业，集中和分散是矛盾的对立统一体，如何把握考验着电网体制改革中政府的智慧。若电网战略走向集中扩大到电网日常运营的集中上，则必然会带来电网企业生产效率低下、服务质量难以提高等问题；而一味追求产权多元化进而导致控制权的分散，同样会导致资源配置的低效、重复以及浪费问题。从国际经验来看，电网体制应在发电和售电环节引入竞争，而在输配环节可以选择保持自然垄断的管理模式，或者由国家掌握标准制定权和控制权，以特许经营的方式分散运营权和大部分的收益权以保证效率和服务，但是产权的分散要适度以方便电网系统进行总体调度协调。

3.4.5.4 改革应建立以价格为杠杆的开放性电力市场

各国在进行改革时，均尝试进行了以竞争、公平、透明为准则，双边合约交易为主要方式的开放性电力市场的建设。主要的交易模式有两种：一种以早期英国为代表，以电力库即现货市场为核心；一种以中长期双边合同为主，现货市场为辅。目前，由于电力产品交易的不确定性和电力行业的固定投入庞大等特性，第二种方式已成为当前国际电力体制改革的主流，以大量的期货交易减少投资方的风险，保证电力企业的长期发展并促进电价稳定，是一种双赢的市场模式,目前欧美发达国家普遍采用这种方式。

从电网出发,电力市场建设的基本条件之一是一个足够强大、与发电端和需求端负荷相匹配的输配电网,作为电力交易的唯一媒介,电网的数量和质量保证了电源供应的电力能够即时送出避免浪费,也能够保证需求侧的电力即时到达避免停电;之二是一个独立于电力企业的调度和交易中心,防止暗箱操作,以保证发电侧和售电侧双边市场的竞争、公平和透明;之三是建立一个合理的电价机制,一方面通过市场的供需状况设置相应的峰谷电价和阶梯电价来调动电力企业的积极性和提高用电效率,另一方面根据生产生活需求设置阶梯电价来促进资源节约和节能减排,再一方面由政府进行最高电价限制等方式来避免电网垄断的超额利润和电能的社会福利。

除以上三点之外,国际电力体制改革还有如重视整体规划、实施过程循序渐进以细致调整、重视人力资源开发等经验教训值得我们借鉴和学习,并从中创建出一套适合中国国情的逐步完善的改革方案。

3.5 本章小结

本章小结如下:一是探讨的电网体制公私合作改革还未正式实践,因此必须先从理论上构建一个分析框架。首先,本书从电力、电网的内涵、特性入手,分析了电网体制改革的客体,并指出我国电网实际上包括了电力产业链发、输、配、售四环节中的输、配、售三部分,是电力这个复杂系统的一个有机组成部分,因此电网体制改革本质上是电力体制改革的一部分,但由于我国电力体制改革变迁分阶段进行,使电网体制改革中出现了电力体制整体改革中未出现的新特点、新问题。在基本概念章节,本章再对公私合作的模式进行了阐述。其次,由于我国电网由国家电网和南方电网两个大型国有独资企业垄断,因此,从实施主体角度出发,电网改革脱离不了国有企业改革的范畴,因此阐述了我国当前国有企业改革的代表性理论。最后,为了能够比较不同产权安排的优劣,且考虑到电网产业对国民经济的外部性作用,本书对效率和公平进行了理论阐述,并以此作为本书的核心思路之一。二是主要介绍了在电力体制改革中走在前沿,且经验和教训较为丰富典型的几个国家。英国是最早进行电力体制改革的发达国家,由于其成功经验,其纵向分离模式成为众多国家借鉴的模板。日本垂直一体化私营垄断企业的改革表明，发、输、配、售各环节逐步放开同样也能带来消费者福利的增加，且发电和售电侧的放开可以从两侧对输配电环节优化起到推动作用。美国加州是电力竞争性市场的典范，但因过度强调竞争的效率，忽视了风险分布机制的完善和政府的有效管制而导致的电力危机事件是一个很好的反面教材。阿根廷有发展中国家里最开放、最具竞争力的批发电力市场。通过对国际上电力体制改革的这些案例实证，可以为现在以电网为核心的体制改革提供很好的借鉴作用。

4 我国电网体制改革路径选择的理论分析

由于电网是组成电力产业的重要组成部分,并与电源、配电和用电三个环节构成了电力系统,它具有整体性和系统性,在实践中,我国电网体制改革与电力体制改革融为一体且不可分割。

4.1 我国电网体制改革历史变迁及现状

4.1.1 我国电网体制改革的历史变迁

新中国成立后,我国选择了社会主义计划经济体制道路。在计划经济时期,国家对整个电力系统处于绝对支配地位,拥有整个电力产业链的所有权,利用强大的行政手段安排电力的生产、销售以及电网的建设和运营。电力行业完全处于政府的管制之下,政府对电力需求实行计划性供给,电价由国家统一制定。计划经济时代下的电力行业政企不分,或者说,电力系统由电力部门负责,是政府的组成部分,电力企业没有自主经营权,以财政资金为基础,不需要自负盈亏,几乎没有市场机制的概念。电力行业的市场化改革始于改革开放时期,电网体制改革也随之同时开始,自始至终是由国家垄断经营,只是主体结构和运营方式发生了一定的变化,以适应外部环境。从外部环境和内部调整来看,电网体制改革随电力市场化改革可分为以下四个具体的时期。

4.1.1.1 集资办电,发电行业投资多元化(1985~1996年)

1985年可谓是电力市场化改革具有里程碑意义的一年。这一年,国家经贸委颁布《关于鼓励集资办电和实行多种电价的暂行规定》,文件明确指出"省为实体、集资办电",通过各种方式鼓励各个主体,包括国家、集体、企业、外资和地方政府等投资发电行业,真正意义上在发电端打破了计划经济体制时期电力行业全部由政府垄断的局面。在国家层面鼓励社会各界投资兴办发电企业,极大增强了发电领域的活力,满足快速增长的电力需求,推动整个电力体制的改革,为电力体制的进一步改革创造了条件,积累了经验。

此时,发电侧采取"谁投资、谁用电、谁得利"的政策,激励并允许进入的社会资本自建、自管、自用,有条件者可以同电网合作,余电入网。但政府依然通过电网企业把持整个输配电环节,电网企业享有绝对的话语权,集资办电形成的电厂所生产的电能需要卖给供电局,由供电局统销。集资办电在电源生产领域虽享受国家一系列的优惠税收和财政政策,但利润的大部分由电网企业来支配。另一方面,在发电行业的管理体制上实行"省为实体"的方针,使地方企业、外资积极投入电力行业,为后来电网拆分和电力区域网的构建奠定了坚实的基础。

4.1.1.2 政企分开,电力市场化进一步发展(1997~2001年)

自发电行业进入多元化投资的十余年后,经济的继续发展需要大量的能源做后盾,发电行业又迫切需要把多余的电力供给市场,此时输配网建设滞后已成为当时国民经济发展的重要制约因素。在我国的电力市场化改革领域,1997年具有里程碑意义。这一年国家撤销电力部,成立国家电力公司,接管原属于电力部的大部分资产,向企业转制,尽管仍然存在政企不分的问题,但这一举措彰显出了向市场化、向现代企业制度前进的脚步。刚成立的国家电力公司直接管理了五大区域企业、七个省电力公司,还包括华能和葛洲坝两个直属集团,在整个电力行业拥有绝对的领导地位。这一举措所带来的最明显的区别是,国家电力公司把战略重心转为输配电网的建设。

国家电力公司自成立起,便在全国范围内进行巨额投资,对城乡电网进行改造和升级。国家电力公司不再是政府部门,而是一家自主经营的企业,需要参与市场竞争,投资积极性大大提高。同时,"国家经贸委和地方政府接收了电力部的行政职能权,中国电力企业联合会接收行业管理和服务职能,由此形成了'政府宏观调控、企业自主经营、行业协会自律管理和服务'的电力行业新格局"[①]。这说明,电力行业的政企分开迈出了实质性的

---

① 龙涛. 中国电力市场化改革模式探析 [D]. 广西大学,2012.

一步。除了改造城乡电网、建设输配电网，在电价领域也开展了大刀阔斧的改革，1998年，国家电力公司开始实施"厂网分开，建立发电侧电力市场"的规划，发电企业作为独立的市场主体参与"竞价上网"，但由于时代的局限性，并没有在发电侧形成完全意义上的市场化竞争机制。

4.1.1.3 厂网分开，主辅分离，竞价上网（2002~2014年）

"厂网分开"真正开启实质性进展是在2002年，也是中国整个电力市场化改革中最具标志性的一年，当年，国务院颁布《电力体制改革方案》，并成立电力体制改革小组。该方案确定改革的总体目标是："打破垄断，引入竞争，提高效率，降低成本，健全电价机制，优化资源配置，促进电力发展，推进全国联网，构建政府监管下的政企分开、公平竞争、开放有序、健康发展的电力市场体系"①。其中，"厂网分开"是这一阶段电力市场化改革的重中之重，发电企业从电力公司分离出来，真正在发电端引入市场化的竞争机制。"竞价上网"因"厂网分开"应运而生。同时，在电价领域，将电价拆分为上网、输电、配电和销售等单独核算的部分。然而，尽管国家在这方面也进行了诸多努力，但由于种种原因，电价改革的总体目标并没有实现，只是在发电侧形成了"竞价上网"。厂网分开的同时，各个电力公司将旗下的设备制造、建设施工等业务从主业务当中剥离出来，组建自负盈亏、自主经营的独立企业法人（即方案中提到的两大辅业集团），以现代企业制度展开。

从改革的进程来看，2002年的电力市场化改革方案的目标并没有全部完成。例如，合理的电价机制并没有建立起来，输配电价并没有形成，电网企业的利润仍来自于上网电价和终端销售电价的差价，在整个电力行业，电网企业拥有绝对的话语权和定价权，不利于电力市场的良性发展，也不利于新能源的开发和利用。但总的来说，电力市场化改革仍在不断地向前推进。

4.1.1.4 核定输配电价，放开售电侧（2015年至今）

在停滞了很长了一段时间之后，电力市场化改革终于在2015年重启。在新的历史时期和新的社会经济发展阶段，电力行业发展依旧面临许多亟待解决的问题。我国电力市场缺失了市场化定价机制及电力交易机制，市场配置资源的作用难以发挥。又由于种种原因，节能、高效和环保的发电机组不能充分利用，导致水力、太阳能及风力发电等新能源未能发挥应有的作用。

---

① 《2002国务院关于印发电力体制改革方案的通知》（国发〔2002〕5号）.

除此之外，因为目前在电价管理过程中，政府定价仍然占据主导地位，使电价的调整跟不上成本的变化，市场供求状况、资源稀缺程度、环境保护支出和用电成本很难得到及时的反映。电力电网行业积累大量的问题，至今未能得到解决，比如厂网发展不协调、煤电矛盾、电荒频现等传统困难问题，新能源并网受歧视及消纳困难等新问题又不断出现，深刻揭示了垄断与竞争、计划与市场等深层次问题，极大影响了能源电力安全，进而影响到国民社会经济的发展。最后，电力行业立法滞后，制约电力市场化和健康发展。2015年3月15日，在2002年五号文出台十多年之后，新的电改方案发布，其主要内容为"三放开、一加强、一独立"，即"放开新增配售电市场，放开输配以外的经营性电价，放开公益性和调节性以外的发电计划；加强政府监管，强化电力统筹规划，强化和提升电力安全高效运行和可靠性供应水平；交易机构相对独立。"[①]新电改延续了"放开两头，管住中间"的市场化改革思路，其亮点在于重新定位电网职能。改革如果顺利落实，市场将在电网领域发挥资源配置的基础作用，国有电网企业作为电网领域的核心企业也将发挥其重要作用。

4.1.2 我国电网体制改革历程评述

尽管我国提出发电侧的多元化投资较英国更早，但由于"摸着石头过河"，第一轮体制改革的目的主要是为了解决电力短缺问题，并没有将电力体制改革作为一个系统工程进行，这使得尽管第二轮、第三轮改革如英国改革一般提出了厂网分开、政企分开并在形式上达到了目标，却未能摆脱计划经济体制的大框架，由此产生了政府管制体制配置不合理、专业的电力管理人员匮乏、管制目标摇摆不定、监督不到位等严重问题。另外，由于电价机制不合理和电网垄断形成了极强的市场势力，使得早期发电侧多元化经营并未形成有效的竞争市场，进而导致了电源建设和电网建设不匹配。在2005年，国家电监会就曾直接上书中央直言电力改革失败。究其原因，主要有以下两点。

4.1.2.1 改革措施进展不平衡

2002年《电力体制改革方案》（国发〔2002〕5号文）便明确了改革的

---

① 《中共中央、国务院关于进一步深化电力体制改革的若干意见》（中发〔2015〕9号）[EB/OL]．北极星电力网．[2015-4-10]．http://news.bjx.com.cn/html/20150410/606700.shtml．

4 我国电网体制改革路径选择的理论分析

指导思想、改革目标和战略途径,在厂网分开、主辅分离、竞价上网后,逐步实行输配分离、售电竞争,最终构建"政府监管下的政企分开、公平竞争、开放有序、健康发展的电力市场体系"。然而,从经济学的角度,电力体制改革在实践中面临着极为庞大的制度变迁成本及制度锁定下的路径依赖——传统电力系统中强有力的利益集团必然会竭尽全力维护自身既得利益。这导致在无法正面抵抗中央政府的指令下,通过其他手段变相阻挠改革的顺利进程,其核心措施的推进步伐难以协调。五大发电集团、两大电网公司、四大辅业集团的成立标志着厂网分开、主辅分离的改革措施进展较快;然而真正能够决定市场机制顺利引入的上网、销售价格竞争机制两大举措却陷入泥潭,难以顺利推行,最终依然实行的是计划经济延续下来的市场结构(图4-1所示),市场化改革陷入困境。这种情况下,竞争性的电力市场结构没有形成,依然是计划经济延续下来的电力结构。

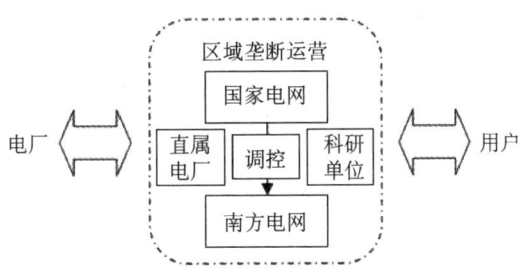

图 4-1 我国现行电网体制结构、市场结构简图

可以看出,若忽略不接入市场网络的部分,由国家电网和南方电网两家独大的电网企业是发电厂与用户之间的唯一枢纽(因国家电网和南方电网的覆盖区域不重叠),形成了一个理想的"绝对垄断市场"的环境,根本不可能实现真正的竞价上网,遑论电力工业的健康发展。出于风险规避,独立发电厂不得不想尽一切办法与电网企业签订终身合同以避免遭遇"歧视性接入",此举与纵向一体化时期的电力市场结构几乎没有差别。如前所述,为避免电网企业因垄断地位而对发电、消费两端同时进行剥削以获取超额利润,政府不得不通过行政管制上网和销售两端电价来保证市场稳定,而这无疑与市场化改革的初衷背道而驰。在政府确定上网和销售电价的规则中,唯一的竞争仅发生在发电端基础建设的招投标中,而由于资金约束,这一过程也难以发挥竞争机制的作用。

4.1.2.2 相关利益集团形成并竭力维护行业垄断

电网公司的垄断阻碍了电力市场效率的提升，同样导致电网体制问题频发。"集资办电"政策能够在很大程度上激发起社会资本进入发电领域投资，极大地调动起各方参与电力投资的积极性，电力短缺的状况得到了极大的缓解。后来的"政企分开"确实起到了一定的作用，通过建立企业制度极大地释放了积极性、提高了效率，解决了部分电力行业政企部分严重制约电力产业发展的问题，但改革彻底性做得不够，留下了很多瑕疵，对日后电力产业的发展造成了严重的负面影响。在此之后，新的问题出现（或者说以前的次要矛盾上升到了主要矛盾），即电力行业的自然垄断性给电力定价造成了非常大的困扰。由于电力行业是基础设施行业，属于服务大众的公用事业领域，所以电价的制定不能仅仅只考虑利润，还要充分考虑社会福利的问题——既不能使企业自身亏损或无法扩大再生产，又不能损害大众的利益。现阶段，电力价格基本上由政府控制，同样会产生很多问题，比如价格基本上无法反映电力的供需状况，也无法反映资源的稀缺程度，会导致整个电力行业的效率低下。随着时代的发展，技术不断更迭，电力产业的自然垄断性开始发生变化；另一方面，由于国外电力体制改革的经验教训，特别是有些国家所取得的巨大成功给我国的改革带来了信心和压力。因此，中国的电力改革显得愈发必要且急迫，通过打破电力行业中损害了公众利益的经济垄断，适时在某些环节引入竞争机制，最终促进电力行业的发展。

尽管我国电网采取垂直一体化垄断经营符合当时的技术水平和电力分布，为我国的能源安全做出了显著贡献（如2008年雪灾中的快速恢复供电），但是随着社会经济的发展，旧有的完全垄断市场导致整个电力产业效率越来越低下，集中表现在以下几个方面的问题。

4.1.3 电网体制改革的主要问题分析

4.1.3.1 电网企业输配垄断造成效率和社会福利低下

就当前而言，整个电力行业受到垄断输配环节的电网企业的强势支配，导致了电网的歧视性接入和售电侧机制建设滞后等一系列问题。电网企业垄断了整个产业链的事实违背了2002年电力改革的初衷。一方面造成了发电侧各企业的不公平待遇，整个行业产生了受电网企业掌控的收益倾向性分配（电网歧视性接入及垄断利润的产生）；另一方面，出于巩固垄断地位的目的，电网企业更加缺乏电网建设的激励，导致全国范围内输配电网滞后于国

4 我国电网体制改革路径选择的理论分析

民经济发展速度。从投资层面,掌控全国电网的国家电网和南方电网依然是国有独资性质,并对项目建设实行了严格的准入制度,给社会资本设置了极高的市场壁垒。仅仅依靠当前的投融资渠道(在第五章阐述)难以满足电网建设的需要。为了抑制电网企业的垄断行为,政府不得不采用严格的电价管控手段,不允许电网企业自行制定上网和销售的价格。尽管这种举措降低了歧视性接入的危害,但同样也使得价格无法发挥市场杠杆的作用(售电侧有效竞争机制缺乏),不能准确反映市场的变化,不利于整个电力市场的长远发展。

4.1.3.2 发电侧并未建立有效的竞争机制

电网存在歧视性接入,不能发挥发电端集中交易的竞争优势。在2002年电力重组中,为了形成发电侧的有效竞争,抑制发电集团的区域垄断,国家限制发电集团在每个区域的资产容量在20%之内;以省为单位的区域电力公司保留了一部分作为备用容量以维持平衡运行。这一举措的目的是形成发电集团、电网备用资产、自营发电厂三足鼎立的局面。然而事与愿违,尽管发电侧不构成垄断,但是作为发电与售电的联结枢纽、拥有自然垄断属性的电网公司却成为整个产业的实际控制者。一是由电网公司掌控的各类电厂容量巨大,部分地区甚至达到了50%的容量;二是省级电力公司凭手段实际操控了一些发电厂,通过各种方式成为一些发电厂的实际控制人,使得国家最初"厂网分离"的改革目的并没有实现。电网公司为谋取暴利,利用输配电的垄断权利给旗下公司更大的供电配额和上网电价,使独立发电厂在"竞价上网"中处于不公平的弱势地位,即电网的"歧视性接入"。电网公司的这种行为等同于掌握资源的政府进行"权力寻租",使发电企业更倾向于将资金投入非生产领域,即与电网公司"勾兑"而非提高自身生产效率之上,严重影响了发电行业技术和管理创新,使整个行业长期处于低效率运行状态。

4.1.3.3 售电侧有效竞争机制尚未建立

中国的电力产业市场跟世界其他国家有较大差异。通常来说,国外售电业务由发输配售一体化公司承担50%以上,剩余的由独立售电公司负责(美国独立售电公司占40%左右的市场份额)。而在新电改前,我国售电市场表现为发售一体化(主要为大用户直购电)和输配售一体化。根据国家能源局发布的《2013—2014年度全国电力企业价格情况监管通报》及表1-2内容,以2014年为例,全国平均销售电价约为0.647元/千瓦时,全社会用电量约为 5.564 万亿千瓦时，粗略测算全国售电市场容量为 3.6 万亿元；若剔除国家明文规定电价保护的第一产业及城乡居民用电外，社会用电总量约为 4.7698 万亿千瓦时，市场容量约为 3.1 万亿元。但是由于售电侧处于计划定价状态，尚未建立有效的竞争机制，市场配置资源无从谈起。这导致电力产业效率低下的问题比比皆是，比如节能高效环保机组利用不充分甚至闲置、弃水、弃风、弃光现象时有发生，个别地区窝电和缺电并存。

这些问题的解决需要在需求侧进行管理体制机制改革。从国外经验来看，需求侧改革实际上是与供给侧改革紧密相连的，但当前国家过于重视后者而忽视了前者。然而，无论是理论研究还是实践工作都能得出一个结论：两者是相互联系、缺一不可的——任何一个市场改革都是供给侧和需求侧同时进行，"市场"一侧而"计划"另一侧，永远也不可能发挥市场经济的优越性，改革也必然是失败的。从市场本身而言，任何供给的最终目标都是为满足消费者的需求，电力市场也不例外——电力产业效率的提高最终也是为电力用户提供价廉质优的电力及服务。电力体制改革至今的实践已经证明，供应/需求侧都有巨大的潜力可以挖掘，用户根据市场价格来控制其需求是保证竞争的电力市场能够提供可靠性的服务和高效运行的关键。我国电力市场化改革成功的关键在于，电力体制和需求管理两端的改革必须结合并协调进行。

4.1.3.4　市场化定价机制尚未形成

无论是电网歧视性接入还是售电侧竞争机制缺乏，其直接表现均为电力价格难以发挥市场杠杆的作用。从理论上讲，在一个基本完善的电力市场中，电力价格是其整个市场机制正常运转的核心，是准确反映电力市场的直接信号，决定了整个市场的供求关系，通过竞争机制来发挥作用，进而优化电力资源配置、调整各种利益关系、促进地方经济发展。然而正如前所述，当前我国政府是电价的最终制定者和执行者，并在效率和稳定之间选择了后者，使价格不能准确反应电力产品的实际成本。在发电业务方面，行政定价给火电造成了极大影响。由于煤炭发电在我国发电结构中占主要地位（根据中电联相关统计资料，2014 年火电发电量达到 42274 亿千瓦时，占全国总发电量 75.43%），行政管制的电力市场和已经充分市场化的产煤市场之间的矛盾逐渐突出；在输配电业务方面，行政定价导致电网企业不能准确核算购销成本，无法通过价格传导机制使电力上下游强化管理、降低成本、节约资源。因此，在供给侧和需求侧的相关建设完成后，政府必须放开对电价

4 我国电网体制改革路径选择的理论分析

的管控,将决定权交给市场。

4.2 中国电网体制改革途径选择:公私合作

从规模经济和密度经济角度,尽管在电网系统中输配电环节具有自然垄断属性,但可以积极引入社会资本加强电网建设,完善电网基础设施,电网规模越大,电网覆盖区域就越广。同时当电网利用率越高的时候,每一用户分摊的平均固定成本就越低,用户承担的价格会比较低,电网企业的规模经济效益就越会显现出来。因为覆盖范围越大,固定资本投资就越大,所以在输电网覆盖范围一定时,用户越多,每个用户承担的就越少,输电成本就越低,越能产生明显的密度经济效益,闲置和浪费就越少。而售电环节不存在显著的沉没成本、规模经济和范围经济,售电企业商一般但并不一定由负责配电业务的企业兼任,因此如果分开提供,电力的售电领域就会增加市场主体,增强市场的竞争性,打破行业的垄断,有利于供电服务的提升,保障大多数电力用户的利益。在我国向市场经济转型的电网体制改革中,在电网中引入PPP,放开电力的销售环节,更有效地发挥市场在资源配置中的决定性作用是未来电网体制改革的重要方向。本章从理论上分析在公私合作(PPP)视角下电网引入私营资本在理论上的可行性。

4.2.1 电网企业的效率和公平内涵分析

由电力产品具有的公共产品属性,决定了电网企业即使在引入私有资本使所有权多元化后,也不能仅局限于盈利目的,依然是国家宏观调控的重要载体,承担着一定的社会责任,这一功能在电力体制改革的国际经验中已有明确的凸显。在微观和中观层面评判电网产业不同模式优劣时,绝对不能单纯从财富增长和经济效率提高的角度,而应当综合考量经济和社会等诸方面的因素。尽管有学者提出将"公平"所代表的社会福利和社会责任内容界定为社会效率或外部效率,但为了凸显电网作为基础性能源产业社会责任的重要性,本书依然将公平与效率相对独立地进行分析。

4.2.1.1 电网企业的效率

基于第三章关于效率的理论阐述,本书在界定电网企业的效率时,着重凸显企业运行的经济效率,强调在给定的要素资源投入下获得最大产出,或者一定产出水平下投入的成本最小。由于本书要讨论引入私营资本对电网项目治理的影响,因此在经济效率研究——"边际效率标准""帕累托效率标准""制度/交易成本效率标准"及"纳什均衡效率标准"等的基础上,还需要考虑到公司治理视角下的效率标准的特殊性:一是电网企业效率与公司治理制度相关。公私合作改革思路的一个重要判断前提即"私营资本进入管理层后生产效率应高于国有企业",治理机制转变会对企业效率产生基础性的作用。二是电网企业效率与外部环境适应性有关。随着近年来我国经济乃至全球经济增长下滑,外部市场环境愈发恶劣,进而对国内市场需求,特别是对本书的研究对象,即能源行业产生一系列的连锁效应,并在政策法律、市场竞争、行业规模、技术创新、文化传统等层面引发新的冲突和变动,只有具备能动性和创造性的企业主体对外部环境做出恰当的适应举措才能谋求生存和发展。本书将电网企业效率划分为两个层次的内容。

第一个层次是企业最基本的投入产出效率标准,集中体现了电网企业有效运营能力,它也是第二个层次目标的前提和保障。在一个特定的公司治理制度框架下,将各种资源要素在不同的部门之间进行合理配置以达到收益—成本比率的最大化,是电网企业在市场中生存的基础,并在实践中以此衡量电网企业治理结构、组织构成和运行机制的有效性。为了便于讨论,本书选择的核心指标是生产成本、组织成本、交易成本、售电收益、服务收益等。

第二个层次是企业发展效率标准,集中体现了企业治理的战略管理与外部环境的协调性,两者能否和谐适配是企业能否持续经营和长期发展的关键,也是保持企业核心竞争力和盈利能力的必要条件。在本书的分析中,电网企业发展效率的核心指标包括了企业存量资本、R&D投入、建设工程投资、供电可靠性、新能源入网规模等(略去其他不便于讨论的指标)。

企业发展效率具有双重性。作为经济效率,电网企业发展效率影响企业的长期效率;而由于电网的供电水平是国民经济发展的必要条件,与其他部门产业发展具有协同性,呈显著的正外部性特征,因此其覆盖面积、供电规模、供电可靠性又直接影响了电网企业的社会责任和社会福利水平,表现出了"公平"的部分内涵。

4.2.1.2 电网企业的公平

基于第三章关于公平内涵的阐述,本书在界定电网企业的公平时,主要

4 我国电网体制改革路径选择的理论分析

运用了市场经济和福利经济的两种公平观,强调法律公平和过程公平的实现,力图解决当前电力体制中电网垄断导致的部分问题。如图 4-1 所示,中国电网企业负责了产业四环节的输配售环节(甚至还拥有相当一部分发电机组),在整个电力产业链中居于价值实现的核心;另一方面,电力产业又对整个国民经济发展起到至关重要的基础作用。因此,电网企业的公平必须从行业内和行业外两个层面进行界定。

电力行业内的"公平"强调市场竞争机制的有效性,当前作为我国电力产业枢纽地位的电网企业处于国有垄断地位,对发电端产业和用户端产业都具有强大的市场势力和"通道惯性依赖";从国有属性来看,电网企业还具有由国家行业管理的国有独资企业管理层具有明显的非经济激励倾向,导致电网市场竞争不完全甚至完全垄断,市场歧视现象明显,因此电力行业内的"公平"就必须建立和完善电力行业和环节之间的市场竞争机制,实现电力供应链纵向和横向的公平竞争和衔接。

电力行业外的国民经济范畴内的"公平"必须强调电网企业的社会责任和社会福利,以及电力企业自身的风险分布机制的完善。由于本书讨论的电网企业是泛指从事电网服务的各类公司而非单指国家电网和南方电网两家公司,因此对电网企业的社会责任和社会福利做出如下较为精简的界定:(1)电网企业的社会责任:保证电网供电规模,确保电力供应与国民经济发展相互促进而非制约,特别要注重农村电网的建设,为"三农"问题解决提供电能支持;进一步提高电网服务质量,确保供电可靠性,防止断电造成用户损失;加大科技研发和自主创新力度,推动科技进步,促进电能的燃料能源更新换代,保证清洁的可持续能源入网使用比例逐步提高,为环保事业贡献力量;(2)电网企业的社会福利:保证产业和居民用电价格稳定且低廉,降低社会生产的能源成本;(3)电网企业的风险分布机制完善:通过健全政府管制职能和完善输配电价机制,保障电网所包含的输配售申各环节的企业保有正常的盈利空间,关系能源战略的重大工程和 R&D 项目由国家财政专项资金保障投入。

上述两个标准是企业效率的不同判断尺度,标准的采纳会对电网企业治理产生不同的影响。第一层效率标准是基础和前提,是企业短期发展目标;第二层效率标准是在第一层基础上形成的可持续及外部协同发展目标,构成了电网企业的内部效率标准,与电网企业的公平标准共同构成了如图 4-2 的过程。

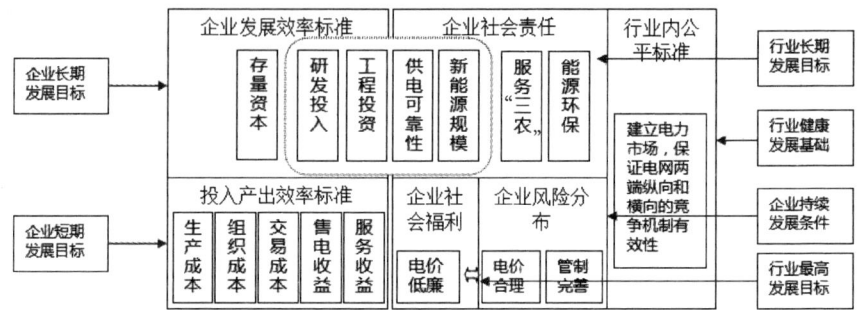

图 4-2　兼顾效率与公平的电网企业发展过程

由图 4-2 可知，在第一层次的效率标准下，电网企业以追求当期的收益—成本比最大作为效率目标，此时，企业治理的策略和行为往往具有短期性和逐利性，但正是这种对成本最小化和收益最大化的追求，可以优化企业内部各类生产要素资源配置；同时，由于电网企业的业务依赖于大量固定资产投入，使企业长期成本曲线和短期成本曲线分离，在一定程度上可以削弱短期逐利性，但这又会加大企业的资金约束并限制企业的发展速度。一般来说，当电网企业效率达到一定程度后，就会受制于第一层次标准的内部极限约束，进一步的效率提升空间必须依赖于第二层次效率标准。可以看到，第二层次的效率标准在很大程度上受制于电网企业的外部环境对其社会责任的要求。由于国民经济发展对能源领域发展有倒逼作用，一旦存量的电网企业不能拓展业务覆盖范围和供电强度来满足国民经济中的各类产业发展需求，新的电网企业必然出现并限制存量企业的区域扩张边界，因此原有的存量电网企业处于一种"此时不发展则再也无法发展"的境地，所以，企业治理不仅要追求投入产出效率，还必须促进与外部环境的协调，在维持企业业务范围拓展和财务的动态平衡的同时，才能实现可持续发展。

与一般企业将社会责任和社会福利作为最高发展目标不同，电网企业在实现效率目标的同时，必须兼顾行业内和行业外的公平目标。建立和完善一个有效的电力行业内竞争机制是整个行业健康发展的基础，电网企业治理无论短期还是长期发展均应将其作为一个子目标；随着我国"三农"问题（农民生活条件改善和新农村建设对供电的要求）及环境污染（特别是以煤为主的火电燃料结构导致的空气污染）的加剧，日益觉醒的公众意识必然对电力领域提出新的要求，这使得电网企业应充分发挥输配售电环节对发电环节的制约作用，促进电力能源结构升级换代。当然，从公益性角度和国民

4 我国电网体制改革路径选择的理论分析

经济能源基础的角度,电网企业应以提供低价优质的电能作为长期目标,从企业内部和外部价值实现的角度来判断企业治理决策和运行的有效性。

4.2.2 电网企业效率与公平评测的相关变量假设

由于电网建设的区域垄断特性,假设在一个指定区域内只有一个电网企业负责该地区的输配售电业务(即不是以收取过网费为主营业务),该企业不拥有任何发电机组,完全通过区域接口向外部购电。根据上一节关于电网企业效率和公平的核心指标设定,我们约定了以下变量参与分析。

(1)投入产出效率变量包括:发电侧生产成本c_0,该电网入网价格c_N,电网企业组织成本C_E和电网运营、维护和损耗成本C_M(由于电网企业的规模效应,C_E与C_M设为与规模相关的二阶函数),发电侧与电网企业因入网连接可能存在的交易成本c_T,售电侧电价p_0,可能发生的额外服务收益P_S(该约定中,小写字母代表单位成本/价格,大写字母代表总量);企业发展效率变量包括:企业自有资金量(注册资本金)I_E,地区供电规模X,工程项目投资I_C,研发投资$I_{R\&D}$,断电损失C_P。电网企业的经济效率可以如此描述:在假设地区可以通过区外购买到任意数量的电力以实现区域内电力供需均衡,且售电企业自负盈亏时,为避免因为形成了地区垄断的电网企业制定垄断价格,政府应在考虑到售电企业合理利润率的情况下对电价进行管制,此时售电价在长期内不会出现较大的波动,可视为一个常数。当电网建设所需要的技术和管理呈现稳定态势时,供能规模与投资额度可近似为线性正相关关系,且存在一个项目建设必需的"前置成本"以完成建设的准备工作,通常这个前置成本包括研发投资、购电准备金、项目组织与建设准备金等。同时,供电规模应与区域经济发展规划相协调,供电设施的备用率不应太高,否则会导致设施空置,产生额外的维护和折旧成本,降低经济收益。考虑到企业的组织效率存在规模效应,电网企业的组织总成本$C_E=f(X)$是一个U型函数。对于电网企业来讲,其经济效率为:

$$P = p_0 X + P_S - c_N X - C_E - C_M - C_P - I_{R\&D} - r(I_C - I_E) \quad (4-1)$$

(2)电网企业公平变量。由于社会福利、社会责任和竞争有效度(竞争有效度可视为交易成本的决定因素)难以用变量或函数进行定量描述,因此用电网社会总效益V代替"公平"的定量描述。电网社会总效益描述了这样一种关系:由于电力供应是一个区域最基础的公共服务之一,是现代化生产和生活的基础能源形式,一旦没有电网,可想而知该区域的整体经济会处于一种相当糟糕的状态；相较于正常供电时的地区社会经济水平，电网缺失造成的这种损害可视为电网社会总效益在供电规模为0时的水平，即为一个负值。由此初始状态，本书将电网社会总效益假定为一个由电力服务与区域经济和社会生活水平之间协调度决定的函数值。随着电网企业在该地区增加投资进行电网建设，供电规模随之扩张，社会效益从负值回升，当电网基本覆盖整个区域、供电规模 $X_{\min}$ 满足区域居民和产业的基本用电（此时生活/生产效率达到了国家平均水平）时，可以认为电网履行了基本职能，不产生社会福利，不履行社会责任，社会总效益 $V=0$。投资继续增大，供电规模从线网密度转移到线网能级上（如10kV输电线路升级至100kV线路），此时区域经济发展有了更多的电力供应，并吸引更多的居民和产业进入，当居民和产业达到地区最优水平时，供能规模与之相协调也达到最优规模 X_{op}，此时边际社会效益 $V'=0$，并可以近似认为此时电网企业的经济效率达到拐点 $P''=0$（即增速达到最大）。

世界城市发展经验告诉我们，当进入高速城市化的阶段，城市并不会在一个最优规模停止扩展，而是表现出区域"马太效应"，外来人口和产业会因为当地经济社会水平的优越而继续迁入。尽管这会带动区域经济继续发展，但由于区域资源负荷能力已超过最优水平，经济增长速率开始下降，对电网而言，由于设施负载增强、损耗增大提高了断电成本；而随着人口和产业的密集，"城市病"的负面影响日益显化，为了满足数量和质量要求更高的供能，密集的高压传输和变压设施同样带来安全隐患，电网的社会总效益开始下降至区域资源再无额外的人口和产业承载能力，此时电网的社会总效益再度达到零点 $V=0$，地区经济也可以认为达到最高点，在既定的技术水平下，再无向上发展的可能，此时电网企业的经济效率同样达到峰值。任何产业和人口的强制迁入都会引发内部的恶性竞争，造成经济总量快速下降及社会总效益的恶化。电网企业经济效率和社会总收益与供能规模的关系如图4-3所示。该图为简化 P-X 和 V-X 的关系，将函数近似为一阶分段函数。

电网建设存在一个供电总量区间 $[X_{\min v}, X_{\max}]$ 使电网社会总效益非负，存在最优规模 X_{op} 使社会总效益表现为先增后减，如图4-3实线部分所示；存在一个供电区间 $[X_{\min p}, \cdots]$ 使电网经济效率非负，但在 $X_{\max}$ 使经济效率表现为先增后减。由于社会效益是难以精确核算的，$V(X)$ 无法准确算数表达。因此，为推导简便，假设 V-X 为线性关系，如图4-3中虚线所示，且我们

4 我国电网体制改革路径选择的理论分析

只讨论 $X \subset [0, X_{max}]$ 的区间,有:

$$V(X) = \begin{cases} V(0) + k_1 X, 0 < X < X_{min} \\ k_2(X - X_{min}), X_{min} < X < X_{op} \\ V(X_{op}) - k_3(X - X_{op}), X > X_{op}, X_{max} = X|_{V=0} \end{cases} \quad (4-2)$$

式 4-2 中,$V(X_{min}) = V(X_{max}) = 0$,$\max(V) = V(X_{op}) = V_+$,$\min(V) = V(0) = V_-$,$k_1, k_2, k_3 > 0$。

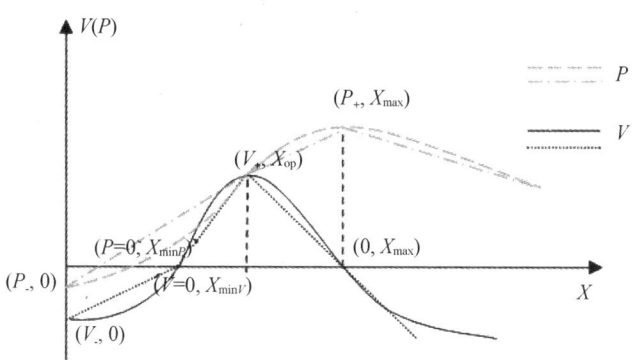

图 4-3 效率与公平条件下电网企业运行的规模效益

其中,供电规模 X 与投资规模 I_c 线性相关,即:

$$X = \theta(I_c - I_0), \theta > 0, X \geq 0 \quad (4-3)$$

上式中前置成本 I_0 表示在项目正式建设前必不可少的沉没成本,意味着投资必须达到一个最低阈值才能开始铺设电网。必然的,投资规模也存在范围 $[I_{min}, I_{max}]$ 使社会效益为正并表现为先增后减。

4.2.3 不同产权安排下的比较分析

未来我国电网企业所有权的初始安排存在三种情况:一是维持现状即电网企业国有独资;二是彻底的私有化,国家通过电力相关法律和规划对电网企业进行宏观调控,如第三章所述的英国改革途径;三是私营资本因大于国有资本而获取公司决策和运营权(如果私营资本不能大于国有资本而获得控制权,那电网企业完全可以视作国有独资并通过商业融资来补足自有资金差额,因此不纳入公私合作的考量范畴)。

4.2.3.1 电网企业维持现状的国有独资

在维持现在的产权结构下,无论如何进行市场化改革,由于公有制性质及我国制度中"国家利益高于一切"的传统，政府行政指令始终能够在一定程度上干涉甚至控制电网企业的决策和运行。此时电网企业的经济效率为式 4-1 和交易成本 c_T 的组合为：

$$P = (p_0 - c_N - c_T)X + P_S - C_E - C_M - C_P - I_{R\&D} - r(I_C - I_E) \quad (4-4)$$

假定 1：作为国有独资企业，地方电网企业直辖于国家电网公司或南方电网公司，而这两家大型国有垄断企业均有专门的下属电力科学研究院进行电力科技研发工作并保障新技术自上而下推广使用，因此当地方电网企业进行项目建设时，其承担的研发投入可假定为 $I_{R\&D}=0$。

假定 2：考虑到在国有企业体制下，企业管理层的非经济激励（即行政职位提升及相应的职位福利）远远大于管理层报酬（国有独资企业的管理层只有固定工资），国有电网企业较私营资本存在更大的交易成本，此交易成本与电力市场竞争机制有效性呈现明显负相关，与电网工程规模正相关。在本书的设定中，交易成本仅为企业管理层在委托—代理关系中以私利为目的而对企业造成的经济损失；国家—企业的委托代理链中因信息传递、行政管理带来的低效成本纳入组织成本。

社会效益 V 由供电规模代入式 4-2 进行讨论。

从第五章对我国电网投融资现状的论述可以看出，在当前国有独资的产权安排下，若国家相关政策不做变化，电网工程投资规模受制于企业自有资金量（自有资金和借贷资金比不能低于 1:4），企业债券规模同样受到限制（发改财金〔2014〕2634 号文规定了国有电网企业发行企业债券不超过 300 亿元），即在只考虑商业借贷的情况下，电网企业只能进行 5 倍于自有资金量的建设工程投资；由于我国特别是东北、中西部地区农村面积远大于城镇地区，若要为"三农"问题的解决提供电力保障，农村电网建设及升级[①]是国有电网企业未来必须面对的重要任务，与城镇电网升级共同凸显了国有电网企业的资金约束条件。

在资金约束条件下，电网企业通过内源和外源融资能够进行的工程投资为 $I_C = nI_E (n \leq 5)$，此时的供电规模 $X = \theta(I_C - I_0)$。假定所有的投资均为一

---

① 如表 1-2 电网统计数据显示，2014 年第一产业总用电量 1013 亿千瓦时，占全行业用电 2.2%，而 GDP 占比为 9.17%；乡村居民年人均用电量 485.4 千瓦时，低于城镇居民年人均用电量 525.0 千瓦时；《2015 年中国农村统计年鉴》显示，2014 年乡村水电站发电量为 2281.5 亿千瓦时，农村用电量 8884.4 亿千瓦时。基于供电水平与经济发展水平线性正相关，以上统计数据可以反映出农村地区电网建设数量和质量需求相当庞大。

4 我国电网体制改革路径选择的理论分析

次性完成,且地区电网建设全过程视作一个单位周期,以上设定的所有成本、收益、利率等参变量均发生在这一单位周期中,由图 4-3 可知:

(1) 当 $I_C \leq I_0$(即 $X = 0$),此时电网企业的全部融资资金不足以满足前置成本 I_0,电网项目无法投入建设,此时经济效益 $P|_0 = 0$,社会效益为一个负值 V_-;

(2) 当 $I_0 < I_C \leq I_0 - V_-/\theta k_1$(即 $X \leq X_{\min} = -V_-/k_1$),社会效益以增速 k_1 从 V_- 上升到 0;当 $I_0 - V_-/\theta k_1 < I_C \leq I_0 + X_{op}/\theta$(即 $X_{\min} < X \leq X_{op}$),社会效益以增速 $k_2(k_2 < k_1)$ 提高到最高点 $V_+ = k_2(X_{op} + V_-/k_1)$,该阶段经济效率为:

$$P|_1 = (p_0 - c_N - c_T)\theta(5I_E - I_0) + P_S - C_{E,M}(5I_E) - C_a - 4rI_E \quad (4-5)$$

由于经济效率在 X_{op} 出现拐点,可以认为式 4-4 中二阶函数 C_E 和 C_M 达到极小值,此时电网企业的规模效应开始从规模经济转向规模不经济;C_P 表现出分段函数特性,近似为:

$$C_P = \begin{cases} 常数项 \ C_a & X \leq X_{op} \\ C_a + \lambda(X - X_{op}) & X > X_{op} \end{cases}$$

(3) 当 $I_C > I_0 + X_{op}/\theta$(即 $X > X_{op}$),社会效益以增速 k_3 递减,表达为 $V = V_+ - k_3(X - X_{op})$,零点发生在 $X = X_{\max} = X_{op} + V_+/k_3$。该阶段经济效率表现为先升后降,在 $X_{\max}$ 达到极大值,此时:

$$P|_2' = (p_0 - c_N - c_T) - C_E'(X) - C_M'(X) - \lambda = 0 \quad (4-6)$$

换算后,电网企业效率、社会福利与企业自有资金量的关系表现为:

$$P = \begin{cases} 0 & I_E \leq I_0/5 & V_- \\ (p_0 - c_N - c_T)\theta(5I_E - I_0) & I_0/5 < I_E \leq (I_0 - V_-/\theta k_1)/5 & V_- + k_1\theta(5I_E - I_0) \\ + P_S - C_{E,M,P}(5I_E) - 4rI_E & (I_0 - V_-/\theta k_1)/5 < I_E < (I_0 + X_{op}/\theta)/5 & k_2(\theta(5I_E - I_0) + V_-/k_1) \\ & I_E = (I_0 + X_{op}/\theta)/5 & V_+ = k_2(X_{op} + V_-/k_1) \\ & I_E > (I_0 + X_{op}/\theta)/5 & V_+ - k_3(X - X_{op}) \end{cases}$$

$$= V \quad (4-7)①$$

根据假设,电网建设社会效益最优规模为 X_{op},此时对应的电网企业投资规模为 $I_0 + X_{op}/\theta$,一旦电网自有资金不满足时,电网企业会综合考虑融

---

① 为简化表达,式 4-7 中对 C_E、C_M、C_P 三个函数做了变量替换和合并处理,并重新构成了一个自变量为自有资金量的分段二元函数。

资利率、政府是否给予事后补贴、电网建设对地区经济发展贡献度等问题。在考量了融资和自有资金比例的关系后，按式 4-7 电网经济效率，融资使经济效率对 I_E 的曲线斜率减少了 $4r$。

（1）如果电网项目的净利润率小于融资回报率时，在企业自负盈亏的情况下，企业只会选择以自有资本进行投资建设，因此对企业的自有资本提出了总量要求 $I_E - I_0$，哪怕社会效益为 $V_- + k_1\theta(I_E - I_0) < 0$，此时的经济效率为 $(p_0 - c_N - c_T)\theta(I_E - I_0) + P_S - C_{E,M,P}(I_E)$。只有政府为企业提供专项资金补贴，电网企业才会持续建设电网，促进社会效益不为负（即保证基本生活和生产需求），但并不以最优密度进行电网建设（最优密度可能会带来较大的财政赤字）。可以认为，当电网企业自有资金量不足时，区域电网建设强度完全依赖于政府对基础设施的重视及投入程度，这一现象集中于边远地区及农村地区的电网建设，如果国家不给予专项资金扶持，电网企业只会提供最基本的电网设施，造成地区供能不足，当地居民不得不依赖于非电力的能源，严重影响了区域经济发展。

（2）当电网项目的净利润率高于融资回报率时，此时电网企业会通过商业借贷使投资规模五倍于自有资金。此时，尽管电网企业的收益率降低，但是由于国家行政指令对电网企业决策的影响，电网企业同样会按最优密度的规划进行电网建设。同时由于电网建设对国民经济发展的基础作用，地方政府有足够的驱动力为电网企业提供专项资金、优惠政策或转移支付，促成电网企业有足够的利润空间扩大内源融资规模。若经济效率大于第三阶段社会效益降低的速度（很明显从外部环境来看，此时城市化对经济整体增长率大于对社会整体损害率，地方政府也不会采取措施阻止人口和产业的迁入直到达到容许的最大城市密度，这一现象集中体现在北京、上海、广州、深圳等一线城市），电网企业会将电网供能水平增至区域许可范围的最大；如果经济的净收益率小于第三阶段社会效益降低的速度（此时政府也会采取措施控制城市密度达到最优，这一现象集中体现在社会效益也能带来经济效益的城市，例如旅游业发达的沿海城市厦门、青岛、大连等），企业会选择最优密度铺设电网。根据对中国不同区域的观察（见表 4-1），认为模型关于传统组织形式的效率分析符合实际。

4 我国电网体制改革路径选择的理论分析

表 4-1　国家电网 2012 年度分地区密度电网资源情况一览表[①]

GDP 密度分类	地区	GDP 密度 (亿元/km²)	社会用电密度 (亿 kWh/km²)	公用变压器容量密度 (MVA/km²)	输电线路密度 (km/km²)
1 以上	上海	3.183237	0.213477	18.22208	2.558991
	天津	1.079258	0.059587	5.01063	0.855696
	北京	1.063743	0.052016	5.391837	0.650643
0.1~1	江苏	0.526883	0.044648	3.535039	0.828012
	浙江	0.340524	0.031538	2.677986	0.55831
	山东	0.318353	0.024154	1.67021	0.521152
	河南	0.17874	0.016593	1.119909	0.401008
	辽宁	0.169138	0.012933	1.052703	0.3503
	福建	0.162288	0.013011	0.91883	0.339687
	河北	0.140757	0.016303	1.237246	0.437097
	安徽	0.123295	0.00975	0.768596	0.391905
	重庆	0.138461	0.007951	0.933121	0.30295
	湖北	0.11969	0.008111	0.669892	0.336864
	湖南	0.1046	0.006357	0.447191	0.279216
0.01~0.1	江西	0.077399	0.005186	0.430436	0.243682
	山西	0.077299	0.011269	0.755967	0.336394
	陕西	0.070232	0.004569	0.350879	0.186662
	吉林	0.06371	0.003399	0.272748	0.165832
	四川	0.049293	0.00378	0.332961	0.159511
	宁夏	0.035261	0.011172	0.576657	0.194819
	黑龙江	0.030105	0.00182	0.124077	0.1123
	甘肃	0.012454	0.002192	0.140972	0.12456
0.01 以下	新疆	0.004508	0.000606	0.028895	0.032632
	青海	0.002621	0.000834	0.043976	0.030911
	西藏	0.000571	2.26E-05	0.002288	0.006319

在简要列表后可以发现,除去部分地区因是电力输出或工业密集(如河北、山西、宁夏、四川、辽宁、河南等)造成电网资源—社会用电密度—GDP 密度不匹配外,基本符合地区经济发展与电网资源配置成区段内正比—区段间跨越的关系,与本节关于电网建设最低密度、最优密度、最大密度的论述相符合。因篇幅关系,本书不对电网资源配置的影响因素进行具体分析。

---

① 本表相关数据采集自《中国统计年鉴2013》《2013 国家电网公司年鉴》。为方便讨论,将国网冀北与河北子公司数据合并,排除蒙东地区子公司。

4.2.3.2 电网行业彻底私有化

假设我国电网行业如英国电力体制改革一般进行彻底的私有化,纵向和横向都进行业务拆分重组,科研机构和运营公司分离并自负盈亏,国家通过电力法律和电力规划对行业进行宏观调控和审计监督。由于私营资本更注重投入产出效率以保证自身的经济收益,因此可能出现下列情况:

一是私营企业的股东和管理层会对工程质量进行精细化调整:通过质量管理,改善输电线路和配电设备的物理损耗,通过提高设施的寿命来减少折旧率,提高可靠性减少断电损失;另一方面选择与地区用电需求水平匹配的设施,减少设施的浪费率。即工程质量的提高促进了维护和损耗成本 C_M 和断电损失 C_P 降低,并小幅度降低了工程总投资 I_C,数值上表现为增加了一个经济收益 P_I,且 $C'_{M1} \ll C'_M$、$C_{M1}|_{\min} \ll C_M|_{\min}$、$C_{a1} < C_a$、$\lambda_1 < \lambda$。

二是电网运营管理创新会提升运行效率。由于非经济性激励强于经济性激励,国家电网和南方电网的决策管理表现出极强的计划性,在组织规模上出现规模不经济,内部一些非生产性的组织成本会分摊到其所辖的各个电网区域经营单位上,从而提高单位电网的非生产性组织成本;此外,电网企业作为国有单位,其人力资源管理制度有相当大的一部分需要解决国有企业员工的社会福利问题,尽管其员工的单位人力资源成本可能较私人企业低,但是总量庞大,导致人力成本的无效化,因此可以认为,采用新型管理技术的民营企业的人力成本较大幅度的低于国有企业的人力成本。即运营管理创新会较大幅度的削减企业组织成本 C_E,同时表现为 $C'_{E1} \ll C'_E$、$C_{E1}|_{\min} \ll C_E|_{\min}$。

三是当区域电网企业由私营资本主导时,私营资本必然承担相应的研发投入,如向电力科学技术院购买专利或设备使用权,因此 $I_{R\&D}$ 不为零。根据我国现阶段电网研发投入和电网投资比(以国网 2012 年指标为例,当年研发投入 79.4 亿元,电网投资 3054 亿元),$I_{R\&D}/I_C$ 取值为 4% 左右为一个合理的估测值。

四是私营资本更注重投入产出效率,因此会选择生产价格更低的发电厂以支付较少的购电价,表现为 $c_{N1} < c_N$。考虑到采用清洁能源和新能源的发电厂生产价格更高,私营资本的电网企业倾向于选择污染较大但价格低廉的发电厂如燃煤火电厂,在社会效益上要减少一个按购电量计算的环境污染份额;同时对经济效率的追求可能会使私营资本在财务上弄虚作假以逃税漏税,尽管从地区经济效率上看总量不发生变化,但会造成社会福利的损失。

4 我国电网体制改革路径选择的理论分析

两者加总计为 c_W。

五是全面私营化必然要求竞争体制的完善,并且企业管理层报酬包括了股权和期权收益,企业层面的经济激励将占主要层面,并受制于法律和规划的管制,非经济激励将削减至最低。因此可以假设全面私营化中交易成本为 0。

六是如果要将国营电网企业从上至下的进行整体民营化改革,社会需要支出一个制度成本 C_I。该成本从账目上不影响企业的经济效率,但是会扣减地区的社会福利(但数量不大,如国企改制中国有资产流失造成的损失分摊到整个社会后就不明显)。同时,由于基础性行业从公有制完全转向私有制必然会伴随一个制度风险,这一制度风险受利益集团重新谈判的结果影响。具体表现为社会效益上减少一个制度成本 C_I 并承担一个概率分布的制度风险 R_I(在本节结论处着重讨论)。

除去以上六点,私营化最大的优点在于拓宽了融资渠道,不再局限于受限的商业融资,只要有利可图,私营资本所有者必然会想方设法地寻找资金进行市场的扩展。但私营资本同样存在资金约束条件:为了掌握控制权,私营资本通常倾向于债权融资,股权融资不会超过自有资本量(绝对控股假定以简化分析);同时研发投入必须由自有资金承担,在自有资金量不低于项目投资总量 20% 的政策前提下,假设私营资本的自有资金为 I_E,通过股权融资最大额设为 $0.99I_E$(讨论中系数近似为 1),在 $I_C = n(I_E - I_{R\&D})$ 中代入 $n \sim 1$ 及 $I_{R\&D} = 4\% I_C$,可得到 $I_C = 8.3I_E$,$I_{R\&D} \sim 0.33I_E$,即股权融资量 I_E,商业贷款量为 $6.3I_E$。另外,私营资本可以通过民间借贷获取剩余的资金,但需要付出更高的利率(很明显,民间借贷资金一般不会用于研发)。

此时,电网企业的经济效率表现为:

$$P_1 = (p_0 - c_{N1})\theta(I_C - I_0) + P_S + P_I - C_{E1} - C_{M1} - C_{P1} - 0.33I_E - 6.3rI_E - r_S(I_C - 8.3I_E) \tag{4-8}$$

上式中 I_C 表示电网项目全部资金量,即自有资金量、股权融资资金量、商业贷款资金量和民间借贷资金量的总和。

由于供电规模的最优特征点是由经济社会发展水平确定的(假设高污染的火电厂不在本地),因此 X_{op} 的取值不受电网企业的决策和运营影响,X 与 I_C 之间表现为 X 因—I_C 果关系。此状态下的社会效益为:

$$V_1 = V - c_W X - C_I - iR_I \tag{4-9}$$

由于民间借贷的存在,私营化企业最终的工程投资 I_C 与自有资金量 I_E

无直接关系,此时电网企业经济效率、社会福利和自有资金量的关系为:

$$P = \begin{cases} 0 & I_C \leq I_0 & V_- - C_I \\ (p_0-c_{N1})\theta(I_C-I_0)+P_I & I_0 < I_C \leq I_0-(V_--C_I)/\theta(k_1-c_W) & V_--C_I+(k_1-c_W)\theta(I_C-I_0) \\ +P_S-C_{E1,M1,P1}(I_C)-6.3rI_E & I_0-(V_--C_I)/\theta(k_1-c_W) < I_C < I_0+X_{op}/\theta & (k_2-c_W)\theta((I_C-I_0)-(C_I-V_-)/(k_1-c_W))-iRI_I \\ -0.33I_E-r_S(I_C-8.3I_E) & I_C = I_0+X_{op}/\theta & V_+ = (k_2-c_W)(X_{op}-(C_I-V_-)/(k_1-c_W)) \\ & I_C > I_0+X_{op}/\theta & V_+-(k_3-c_W)(\theta(I_C-I_0)-X_{op}) \end{cases}$$

$$= V \tag{4-10}$$

对于电网私营企业来讲,商业借贷使经济效率对于投资 I_C 的曲线下移了 $6.3rI_E/((p_0-c_{N1})\theta+C'_{E1,M1,P1})$,而民间借贷使经济效率对于投资 I_C 的曲线上移了 $8.3r_SI_E/((p_0-c_{N1})\theta+C'_{E1,M1,P1})$,斜率下降 r_S。由于私营企业的一切出发点仅为经济效率,因此:

(1) 若电网企业的收益率大于融资回报率和民间借贷利率,则私营企业的决策者有足够的动力将电网规模扩至最大。由于通常来说 $r_S \gg r$,因此当 $(p_0-c_{N1})\theta-C'_{E1,M1,P1} > r_S$ 时,该电网企业会通过一切手段进行融资以达成该地电网的最高密度 $X_{\max}$,从而实现区域垄断经营,此时社会效益为0。此时,只能通过政府的管制手段对其进行约束,如电价管制,以避免因垄断经营导致效率和社会福利下降。

(2) 当电网企业的收益率小于民间借贷率而自有资金量又不足以通过股权融资和债权融资实现地区最优密度全覆盖时,电网企业以最大可能的资金总量进行电网建设,不考虑政府对电力行业的优惠政策和转移支付等手段,此时在无外部干预时可能出现两种情况:一是电网企业以降低电网密度和工程质量为代价先行覆盖整个地区以实现垄断,但代价是维护损耗成本提高和断电情况更为频繁;二是电网企业主动缩小经营业务范围,以最优密度和质量在一个更小的区域内经营。当政府对供电质量进行干预(例如阿根廷政府针对供电企业的配电服务实行全责任断电处罚)增大了电网企业的断电处罚成本时,电网企业会选择第二种路径,此时为了满足该地区电网全覆盖,政府势必引入其他的电网企业进入当地并实行分区供电服务;而当政府不因供电质量而进行管制时,电网企业选择第一种路径的可能性大增,此时由于电网的供电能力不足以满足生产生活的基本需求,电网企业社会效益为负值。

(3) 在一个竞争的电力市场中,当电网企业的收支不能平衡,即 $(p_0-c_{N1})\theta < C'_{E1,M1,P1}$ 时,私营电网企业只能宣布破产,其业务由其他的电网企

4 我国电网体制改革路径选择的理论分析

接管。由于不同的管理决策和运营造成的 $C_{E1,M1,P1}$ 成本是截然不同的,因此只有运营管理创新最佳,组织成本、维护成本及可靠性成本最低的企业才能生存并得以发展。但若电网的入网价和零售价设置不合理,无论如何进行管理创新和优化决策都无法实现收支平衡时,地区电网便完全无法依赖私营企业进行运营和发展。因此,一个竞争性电力市场健康发展的关键是科学合理的电价机制。

4.2.3.3 对两种安排的比较

本节通过对式 4-7 和式 4-10 的对比分析来比较国有独资和私营化两种制度安排的经济效率和社会效益。

经济效率:

(1) 在电网收益不能满足商业还贷要求时,私营企业可以通过股权融资使得投资量近似翻倍,并在发电侧按最低电价购入,并由于合理的管理层激励避免了交易成本;假设服务收入两者一致,产出端有:

$$(p_0 - c_{N1})\theta(2I_E - I_0) + P_I + P_S > (p_0 - c_N - c_T)\theta(I_E - I_0) + P_S$$

考虑企业组织成本的规模效应,当 $2I_E$ 还未达到最优点且按假设条件 $C'_{E1,M1,P1} \ll C'_{E,M,P}$, $C_{E,M,P}(I_E) > C_{E1,M1,P1}(2I_E)$。此时,只要在整个电网生命周期中的回报率大于 0.08,可以认为私营企业效率远高于国营企业。

(2) 在电网收益率满足商业还贷要求时,私营企业可以通过股权和债权融资使投资量达到 8.3 倍自有资金量,同样组织、维护和惩罚成本将小于国有企业,规避了交易成本,单就成本和产出方面私营企业效率高于国有企业。但私营企业较国有企业多承担了 $2.3rI_E$ 的贷款利息及 $0.33I_E$ 的技术支出,在某些情况下这部分支出可能会使私营企业的效率小于国有企业。

(3) 当电网投资规模较大而电网收益率甚至能够满足民间借贷利率时,私营企业可以通过民间借贷使电网投资达到经济最优的密度。此时私营企业的经济效率明显高于有明显资金约束的国有企业。但这需要就现实情况对假设条件进行界定。

社会效益:社会效益的分析范式和经济效益有所不同,主要讨论电网企业的外部性影响,而这种影响在现实中很难将外部因素与电网企业行为独立开来。单就从电网企业的市场行为来看,若国有企业和私营企业均无资金约束,由于国有企业不会执着的追求入网—零售的电价差,更易受政府环境政策驱使选择价高的清洁能源迫使发电厂减少环境污染,不会为提高经济效益而偷税漏税,也可以因为路径依赖而减少短期内的制度成本,使社会效益整体上优于私营企业;但一旦将资金约束问题纳入考量范畴,私营企业因其更优的融资策略(单一企业投资规模大于国有企业)和运营选择(同一地区由多家电网企业分区负责),在供电规模、供电质量及服务水平可能会优于国有企业。

因此,从企业微观出发,由于更优的企业治理(企业规模适中保证组织成本较优、管理层与企业目标一致降低了交易成本并优化了决策),私营企业的经济效率高于国有企业;而从整体出发,更加灵活的融资策略和市场策略使私营企业能够通过保证区域的供电规模和服务质量来提高经济效益和社会效益,这一优势在资金约束条件下更为明显。如果分析于此结束,中国电网体制改革参照英国路径应该是一个较优的选择。然而,在私营化一节中,我们提及电网企业完全私有化不仅会产生一个制度成本,还伴随着一个制度风险,即式 4-10 中的 $-iR_I$。这一制度风险具有政治成本的特征,其中特别会涉及利益集团重新谈判和利益分配问题。从旧有制度均衡到新的制度均衡,不同利益集团将进行多次博弈;并由此产生谈判和协议达成费用。

另外,从国际经验可以发现,即使是在完全的私有化改革中,政府依然发挥着至关重要的管制作用;奉行"自由主义""无为而治"的美国加州政府则品尝了 2001 年加州电力危机的苦果。本节的分析也一再强调,部分变量在私营和国有两端的优劣是随着外部政策环境、区域供电需求、电网项目生命周期等假设条件的改变而改变的。公私合作(PPP)是国有独资和完全私有化之间的一种制度,以谋求经济效率、社会效益和制度风险规避的三方共赢。

4.2.4 电网公私合作:控制权国有,运营权和收益权共有

电网企业公私合作,即约定由国有电网企业和社会资本(在此仅考虑一家社会资本)共同承担一个独立核算自负盈亏的电网建设与运营项目总投资,并吸纳双方的优点,克服各自的缺点,以达到一个效率和公平的新高点。

第一,通过成立新电网项目公司并由私营资本方组成占有控制局面的管理层,精简企业员工、辅助人员和外包人员,以避免国有电网企业庞大的组织结构所带来的额外组织成本;管理层采取私营企业的经济激励方式(以工资、股权、期权为主),确保管理层目标与企业目标一致,使企业有动力进行全面创新、提高质量和管理创新并对工程建设进行效率优化,确保组织

4 我国电网体制改革路径选择的理论分析

成本、维护成本和可靠性水平保持在私营企业水平 $C'_{E2,M2,P2} \sim C'_{E1,M1,P1}$，产生设施预算节约 P_I，尽量保证交易成本最小化 $C_T = 0$。

第二，国有电网企业在管理层拥有必要席位以明确企业社会责任，协调国家电网发展规划与地方电网发展规划，确保项目公司和国有电网企业在信息、技术和优惠政策上向国有电网企业靠齐，保证企业的 $c_{W2} < c_W$，享受国家电网电力科技的共享，$I_{R\&D2} < I_{R\&D}$（降低技术搜寻成本、以成本价购买专利、享受低价的技术支持等）。

第三，$c_{W2} < c_W$ 的另一方面表现在发电侧竞争性电价上，项目公司在追求更低批发电价的同时应注意选择清洁能源和新能源的电源，并通过新的配输电价机制保证合理的利润空间，向下引导公众的电力消费倾向，向上争取国家电网公司和政府的相关配套政策，表现为 $c_{N1} < c_{N2} \sim c_N, p_2 > p_0, p_2 - c_{N2} \sim p_0 - c_{N1}$。若电网企业以按比例收取过网服务费的经营模式替代现行的批发—零售模式，则在费率上应倾向于环保能源的电厂。

第四，确保电网行业在战略层面上依然为国家主导，支付必要的制度成本 $C_{I2} \rightarrow C_I|_{\min}$，规避制度风险 R_I。

第五，参考现行公共服务行业的 PPP 项目，一旦特许经营期满项目公司收归国有，则私营资本存在通过"以旧换新""以次换新"等投机手段来克扣设施投入的动机，因此一个合理的选择是上属企业或部门对私营资本采取监督策略（见第六章关于监管体制的博弈分析），对该区域来讲，在经济效率上存在一个概率 i 的经济收益 $P_I'(P_I' > P_I)$ 和一个概率 $1-i$ 的处罚成本 kP_I'；而在社会总效益上则会造成一个设施风险损失 ihP_I'。h 为大于 1 的正数，k 视监督政策内容为一个大于 0 的正数。

由此，我们得到电网公私合作的经济效率为：

$$P_2 = (p_2 - c_{N2})\theta(I_C - I_0) + P_I + P_S + iP_I' - (1-i)kP_I' - C_{E2,M2,P2}(I_C) - r(I_C - I_E) - I_{R\&D2} \quad (4-11)$$

社会效益有：

$$V_2 = V - c_{W2}X - C_{I2} - ihP_I' \quad (4-12)$$

其中，通过对监管体制合适的设置，我们可以将电网 PPP 项目公司的投机动机消除掉，此时 4-11 变为：

$$P_2 = (p_2 - c_{N2})\theta(I_C - I_0) + P_I + P_S - C_{E2,M2,P2}(I_C) - r(I_C - I_E) - I_{R\&D2} \quad (4-13)$$

式 4-12 变为：

$$V_2 = V - c_{W2}X - C_{I2} \quad (4-14)$$

特别需要注意 4-13 中的 I_C 项：由于在公私合作中，国有电网公司可以通过技术和设备入股，在账目上扩大了自有资金的范围；同时，在电网收益率较为可观的情况下，出于经济效益最大化的目的，私有资本在保证控制权的同时，可以选择认购更多的股份以扩大收益，因此最终 I_C 的大小将会大于"电网私营化"小节中为保证绝对控股权 $I_C = 8.3I_E$ 的计算结果。另外，4-13 中并没有考虑私营资本进行民间借贷的因素，这是由于在现实经济中，电网收益率胜在稳定，由于其较大的投资额、较长的回收期以及我国电价相对较低，其收益率远远无法与部分行业（在我国特别是房地产业）的收益率相提并论，因此在非特殊情况下（例如资金周转困难时期）民间借贷利率不是电网行业所能长期承担的。

很明显，只要能够控制监督成本（或者以非货币成本的形式实施监督），式 4-13 较式 4-10 的经济效率部分更具有优势，集中体现在更大的投资规模和更低的研发投入上。式 4-14 较式 4-9 更优，尽管其社会效益在整体上表现为小于国有企业社会效益 V，但公私合作较国有独资有更宽松的资金约束条件，这使得式 4-14 的结点值必然更高，即：

$$V_2(I_C|_{I_E}) > V(I_E)$$

因此，只要营造一个合适的外部监管环境和有效竞争性的电力市场，从我国公有制为基础的现实国情出发，电网的公私合作项目无论从效率的角度还是公平的角度都较单纯的国有独资和完全私营化更优。由此，本书认为电网项目的公私合作模式在理论上是更优的。

电网体制改革涉及的内容极多；通过以上分析，本书认为在进行公私合作的体制改革时，其核心和难点集中在如何吸引社会资本进入、如何通过监管保证新成立的电网 PPP 公司运营的负外部性消除和战略导向的一致性、如何确保从效率上 PPP 公司优于传统国有企业三个方面，并以此为基础进行下文的分析。

4.3 公私合作视角下电网体制改革重点框架构建

如今，电力体制开始了第四轮改革，其重点在于售电侧的改革和电价机制的完善。由此可见，这一轮改革将以电网体制改革为核心。我国应在充分吸取国内外经验教训的基础上，正视前阶段电网改革中的成效与不足，科学

4 我国电网体制改革路径选择的理论分析

制定我国新的电网体制改革总体目标及重点。

从国际国内电力体制改革中电网部分的经验教训可以看出,下一个阶段的改革应更多侧重于调整完善现有管理模式,加强市场机制建设,引入并完善有效的竞争机制和风险分布机制。简单来讲,即我国电网体制改革目标是从图4-1向图4-4调整。主要包括:(1)大力推动电网建设,转变电网发展方式,加强建设智能电网,满足我国国民经济发展的需求[①];(2)完善电力法律制度体系的构建,建立市场—行政—司法三位一体的电力监管体系,促进电网发展与管制的规范化、法治化;(3)加快电网经营主体结构转型,破除发电侧电网垄断势力,完善竞争机制;(4)加快构建跨区域的特高压和智能电网,完善需求侧响应机制;(5)提高产业效率,优化电价机制,发挥好价格在电力市场中的杠杆机制;(6)优化电网资源配置,促进各区域电网建设和电力发展的合理格局形成。通过深化电网体制改革,达到促进有效竞争、改进管理和服务,提高电力产业整体效率,服务经济社会发展和国家能源安全的目的。

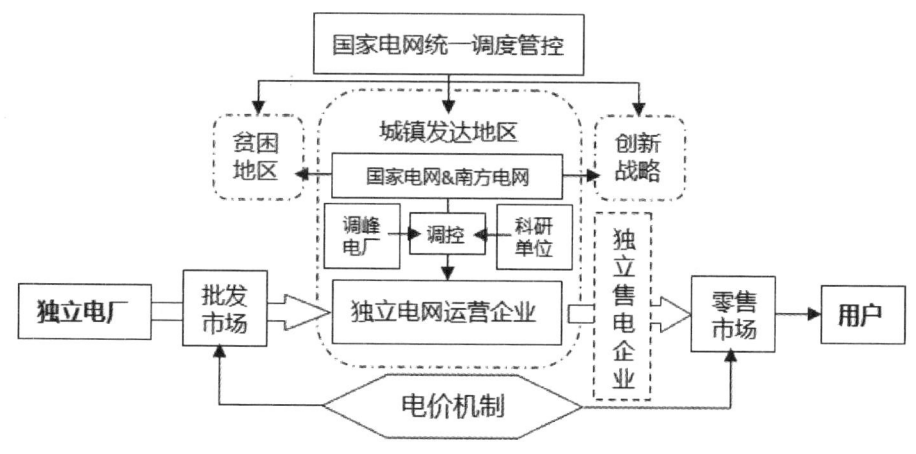

图4-4 我国电网体制改革目标结构示意图

---

① 这主要因为我国发电能源(煤、天然气、水力等)集中在经济欠发达、电能需求较弱的中西部的资源禀赋与较长时期内电能生产必须依赖煤炭的现实,迫切需要转变我国电网发展方式,推动特高压电网和智能电网建设的加快,加快构建安全、可靠、高效的现代电网体系,解决特高压和配电网"两头薄弱"的问题,提高电网大规模、跨区域电力优化配置能力。要提高电网发展质量,推行资产全寿命周期管理,统筹电网安全、经济效益、技术装备等要求,强化全过程质量管控,提升国家电网整体功能、建设质量和运行效率。要集成最新电力科技成果和物联网、云计算等先进技术,加快电网智能升级,提高电网的安全性、经济性和适应性。引自:陈磊.电力产业管制改革的国际比较研究[D].福建师范大学.2012.

可以看出，广义的电网体制改革是一个结合了科学技术、法律建设、市场建设、区域优化等各个学科领域的复杂系统工程。在我国，它包含了除发电侧主体内部改革之外电力体制改革的所有内容，其中任何一个要点均可以构成一个复杂的研究课题。基于上节分析，笔者认为公私合作是当前电网体制改革一个较优的选择，并以此为基础分析改革中亟待解决的三个最基本的问题——资金、监督和新型组织效率。至于电力的市场化改革、相关法律建设等内容，在诸多学者的研究中已有较详细的论述，本书不作重点阐述。

（1）电网建设的资金瓶颈。前文对电力产品的属性分析以及当前中国电力行业发展的阐述已经指出，当前电力行业一个亟待解决的问题是我国电源建设和电网建设不匹配，高质量的电网供能水平和跨区域输配电网络的滞后在一定程度上限制了地区经济的进一步发展，并开始对人民生活水平的提高造成了一定影响。正如上节所分析的，在不考虑完全电网私营化这一途径时，在当前的商业融资政策框架和电网收益率与商业平均利润率持平的假设下，通过公私合作的方式引入社会资本，即使国家电网为保证绝对控股的控制权，股权融资也能够使一个电网企业的投资达到8.3倍自有资金的规模，是国有独资企业投资规模4倍自有资金的两倍以上；而若采用特许经营模式或电网收益率高于商业投资平均利润时，这一比例将会极大的提高，将有效解决电网建设的资金瓶颈。制约电网领域通过公私合作引入社会资本的决定性因素在于私营资本在电网运营中的收益率问题。对于社会资本来讲，电网体制公私合作在某种意义上已经是国家基本体制层面的改革，由于投资回收的长期性，相当大的风险来自于政府，这在其他公共服务领域的PPP项目中已有充分体现；因此为规避风险，其必然要求对投资—收益进行完全合约约定。这也是电网多元化投融资体制构建的分析前提。

（2）电网中的新型监管体制。在传统的电网体制中，由于"政企"不分，电网监管体制中电力委员会未能完全发挥其监督仲裁作用，主要还是由上级部门，即电网总公司及地方分公司进行内部监管。尽管我国在第二轮电力体制改革中也进行了相应的改革措施，并以现代企业制度建立了国家电网和南方电网两大集团公司，但监管方式并未有效转变。一旦采用公私合作方式建立电网运营公司，不可能再沿用原有的内部监管结构，正确处理政府、国家电网和PPP运营公司之间的关系，把握电网这一自然垄断行业集中和分散的适度性，必然要求建立一个新型的监管体制来保证电网PPP公司在社会责任、社会福利以及国家能源战略上的一致性。

4 我国电网体制改革路径选择的理论分析

（3）电网微观主体的效率问题。除了解决资金瓶颈问题之外，公私合作引入的另一个原因在于理论上私营企业较国有企业的经济效率更高。在电网这一特殊行业中的突出表现在于，通过工程质量创新和企业管理创新来降低公司组织成本和生产性运营成本。从组织管理角度，这对电网 PPP 企业的公司治理提出了更高的要求，其中较为关键的是股东治理和管理层治理机制的建设。

因此，一个公私合作视角下的电网体制改革重点框架如图 4-5 所示。

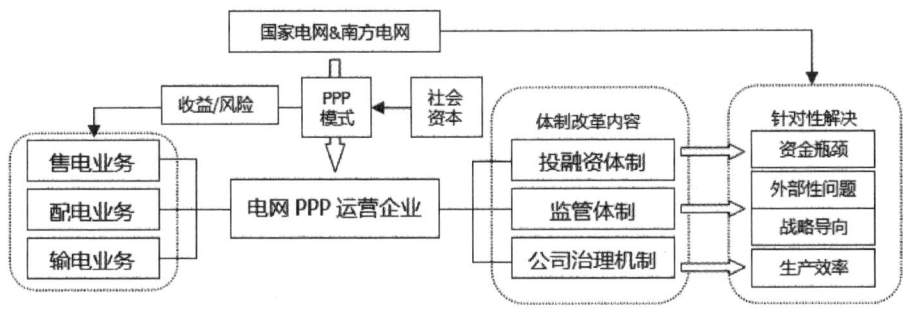

图 4-5　公私合作视角下电网体制改革重点框架

4.4　本章小结

本章从我国前三轮电力体制改革中电网环节改革内容、电网体制问题分析出发，通过建立一个公平与效率视角下的不同模式的电网运营的比较分析，得出在我国特殊国情下，公私合作是较国有独资和完全私营更优的一种选择，其体制改革的核心和难点集中在如何吸引社会资本进入、如何通过监管保证新成立的电网 PPP 公司运营的负外部性消除和战略导向的一致性、如何确保从效率上 PPP 公司优于传统国有企业三个方面，并在电网体制改革目标解析的前提下建立了公私合作的分析框架。

5 公私合作视角下我国电网投融资体制多元化改革

企业的融资结构是指企业在生产经营活动中多方筹集资金时,由不同融资渠道取得的资金之间的有机构成及其比重关系。一方面,由于我国电网迄今为止属于国家垄断行业,传统的国有电网项目融资仅仅依靠内源融资和银行信贷,这完全不能满足日益增长的电网投资建设和营运的需要。另外,在市场经济条件下,任何资本都是追求利润最大化的,在电网 PPP 模式下,我们要探索在营利性相对较弱的电网基础设施建设和营运中能够吸引社会资本参与建设和营运,首要的问题是社会资本进入该行业如何得到合理的利润问题。这在电网 PPP 项目中是一个两难问题,因为一方面要引入社会资本必须要保持电网 PPP 项目具有较高的投资回报率,否则,逐利性的社会资本不会参与。另外,电网属于国家垄断,垄断的最主要目的就是电网所涉及的电力安全问题和强公益性问题。两难的结果是电网项目的投资收益率肯定不能过高。一般来说,电网项目由于其投资较大,投资回收期较长,因而电网引入 PPP 进行建设可能形成的负债也会很高。因此,在电网 PPP 项目中,一个明确收益的投资及分配合约、融资渠道的多方选择,以及融资的成本和便利等就成为电网 PPP 项目成功的关键。

5.1 电网公私合作改革的投资及分配合约分析

从制度经济学的角度,电网 PPP 项目同企业一样是可以被视作合约关系的集合。如果基于以开放市场作为媒介,在以各式合约作为资源配置方式的市场环境中,电网 PPP 项目的合约主体大体上可以考虑(只考虑一级合约主体)包括国有电网企业(包括国家电网企业和南方电网公司等)、政府部门（涉及特许经营权和外部监管）、社会资本、项目公司等。电网 PPP 项目合约缔结及执行的根源在于合作博弈能够从效率和公平的综合视角比国有独资实现更高的效益，其合作的基本表现形式为不同主体在项目中的投入，而核心在于这种更高效益的创造和分配。投资和分配合约可以视为一种完全合约，其内容不应该存在不确定因素。在上一节的效率讨论中，我们引入了 V_-、V_+ 来衡量电网的外部性（社会效益），但在实际拟定合约时，无法计量的社会效益明显不能纳入合约的规定内容，因此在本节的讨论中，仅针对电网企业的经济效益进行收益分配的讨论。

5.1.1 电网 PPP 项目合约性质

5.1.1.1 我国电网 PPP 项目合约的本质是计划与市场的产物

早期的微观经济学讨论中，企业更多地被视作一个市场参与的微观主体，学者们主要关注的是其成本与产出之间的一个被"技术水平"所决定的函数关系。而随着研究的深入，学者们越来越重视技术之外的因素，如激励、约束、组织方式等。科斯在《企业的性质》一文中将企业视作合约关系的连接，企业行为则被视为在利益主体间形成的均衡结果[1]。之后发展出的交易成本理论、团队生产理论、委托代理理论、不完全合约和产权理论等现代企业理论分支[2][3][4]，进一步阐述并深化了现代企业性质，无论是从理论上还是实践中，企业的本质在于它是一组合约关系的联结。

尽管我国的国有电网企业是以现代企业理论为架构进行组建的，但依然应被视作是一组计划合约而非市场合约的缔结。从以科斯为首的新制度经济学角度来看，这种"计划合约"的内容和各类条款是各级政府单方强行规定的合约，它体现为合约的全部内容，包括国有企业出资人的股权合约、企业的劳动合约、企业经营控制权合约、债券合约以及市场营销合约等，都必须遵循各级政府的规定。由此，在向市场经济转型的过程中，由一组计划合约形成的国有企业中的委托—代理导致了国有企业生产要素配置的低效率。基于委托—代理理论的解释，引发这种低效率的主要原因在于政府、国有企

---

[1] Ronald Coase. The Nature of the Firm [J]. Economica, 1937, 4 (16)：386-405.
[2] 科斯，阿尔钦，诺斯. 财产权利与制度变迁 [M]. 上海三联书店，上海人民出版社，1996.
[3] 巴泽尔. 产权的经济分析 [M]. 上海三联书店，上海人民出版社，2004.
[4] Michael Jensen and W. Meekling. Theory of the firm：managerial of behavior, agency cost, and capital structure [J]. Journal of Financial Economies, 1976：305-360.

业、市场三者的目标需求有所不同。所以，即便是在市场经济条件下，我国电网国有企业要想完全引入以追求利润为目标的私人投资进入原来已经封闭和形成惯性依赖的电网投资的国有企业是很难实现的（除非从法律角度来对国有企业进行彻底的私有化改革）。在此条件下，由国有电网企业与其他社会合作者遵循市场规则，缔结真正的市场（偏向）合约就成为电网投资PPP模式的首选。

另外，由于当前我国电力市场在旺盛的消费需求情况下也具有市场竞争性，所以对基于边际需求递增（达到竞争性需求）的一般企业的市场合约本质可扩展至电网建设的PPP项目。在PPP模式下，国有电网企业可以将某一区域的电网建设（特别是可将其视作某一电网工程从立项论证到建设经营终结）视为各个利益相关者通过要素交易市场缔结合约，并形成的一个具有团队生产性质的组织系统。即在一定约束条件下（包括公共利益目标和政府的外部监管），电网项目的合约主体通过市场交易形成了一组具有一定寿命的合约关系，以完成一次工程和运营为目标，以比较优势为基础进行分工，合约组织内部形成特定的组织治理结构来配置要素资源。具体来说，一般可以由合作多方共同通过组建相应的项目运营公司进行项目运营最终达成各主体目标。

由此可见，可将电网PPP项目视作一种具有约定寿命的合约组织，电网工程项目的建设和运营过程就是项目的各合约主体（各类资源要素所有者）在预期收益下的"缔结合约—结成营运公司—项目运营管理—各方收益分配"的过程。和其他公共服务PPP项目不同的是，国有电网企业作为能源领域的大型基础国有独资企业，尽管在战略层面和政府保持高度一致的目标函数，但是作为一个自负盈亏的企业法人实体，国有电网企业所面临的资金约束是其打破路径依赖选择公私合作的重要前提之一。

5.1.1.2 电网PPP项目合约的特点

企业合约尽管具有行政性，但与前文所述的"计划合约"不同，其合约关系是内生而非外源的，支配合约目标函数的唯一判断标准是经济价值的创造，而"计划合约"目标函数中的判断标准受政府多目标导向的影响而难以确定，经济价值仅仅是其中一个（甚至不是最重要的一个）。电网PPP项目合约缔结的最大作用，便是要通过市场经济人的参与，将"计划合约"中不明确的目标导向和判断标准向企业合约转变，但又保留了企业行为外部性的考量。

从全过程来看，电网 PPP 项目合约兼具企业合约和市场合约的性质。作为一个整体，它在开放市场上通过一系列的市场合约完成资源配置、价值创造与分配等核心内容；作为一个联合，它通过企业合约完成项目组织内部各利益主体之间的合作与协调。但是与单纯的市场合约和企业合约不同的是，尽管电网 PPP 项目在开放市场上需要遵循市场规律，合约应具有多方博弈、进入和退出自由、权利均等等性质，但由于政府与国有独资企业在我国经济中的特殊地位，电网 PPP 项目依然具有浓厚的计划色彩。

另外，由于电网 PPP 项目一般投资额庞大、技术复杂、涉及专业面宽、建设周期长，在市场经济条件下，国有电网企业为了分散技术、资金、管理以及市场等风险，往往会通过市场机制来吸引其他相关利益主体参与，进而以开放的金融、建筑市场为载体，通过企业合约来配置项目资源。尽管项目实施的 PPP 模式不同会使国有电网企业的参与度不尽相同，但由于电网运营和收益权利（特许经营权）的让渡涉及国家职能部门的行政审批，因此势必会出现国有企业垂直委托代理关系链条的低效率。

因此，电网 PPP 项目表现为企业合约、市场合约和计划合约的一个契合点。从合约维度[①]来讲，电网 PPP 项目又具有以下特点：

（1）合约持续时间：电网 PPP 项目合约时间包括建设和特许运营期两个阶段，与市场合约相比，它具有较长的生命周期，需要充分发挥主体间的信任和协作机制；与企业合约相比，由于特许运营期结束后项目应移交回国有电网企业，因此具有明显的短期性特点，不过这种短期性可以通过长期稳定的合作关系来长期化[②]。

（2）合约完全程度：较长的合约持续时间使得生命周期内不确定性增加，合约主体出现机会主义行为的概率也明显提高。以电网运营为例，由于收入完全取决于电网覆盖范围内客户的用电量，而电网铺设往往是区域开发的前期基础建设，未来地区经济发展的水平可能会与预期有较大出入，此时电网运营就可能出现中长期风险，因此电网 PPP 合约的收益分配部分就不能如传统的承包制一般以定额制定，而是要考虑到风险和成本的关系，以比

---

① 克劳德认为，一般的合约维度至少包括合约持续时间、合约完全程度、合约激励机制、合约实施程序四个方面的内容。Claude Menard and StePhane Saussier. Contractual choice and Performance：the case of water supply in France. 转引自：陈凡. 基于合约关系的 PPP 项目治理机制研究 [D]. 中南大学，2011.

② Winch G. M. Governing the Project Process, a conceptual framework [J]. Construction Management and Economics, 2001, (19)：799-808.

例形式出现。

（3）合约激励机制：一个正式的电网 PPP 项目合约在缔约阶段需要通过招投标等方式寻找合作伙伴，此时受到市场强激励的影响；而当项目开始正式建设并投入运营后，长期合约关系下的主体便介于市场（横向）和组织（纵向）之间，激励水平有所下降，随着行政关系出现的控制力和官僚主义成本便有所上升[①]。如特许经营下的公共服务 PPP 项目，签约时遵循招投标流程，其公司运作方式与民营企业一致，但政府扶持管控力度明显强于普通企业，同时还会受到额外的法律法规的约束。可想而知，同样属于基础设施的电网 PPP 项目组织模式兼具两者的优势和劣势。

（4）合约实施机制：实施机制与激励机制是相对应的；由于兼具企业合约、市场合约和计划合约的特点，使电网 PPP 项目是一种混合的实施机制：出于对效率特别是经济效率的追求，PPP 项目公司以企业内部制度调解内部合约关系；同时作为独立经营自负盈亏的市场主体，项目公司与其他市场主体发生交互时，需要第三方的仲裁和执行机制；而且必须注意到，由于电网的庞大投资额及准公共品性质，使项目公司的目标函数和风险函数不再单纯，参与的社会资本也会倾向于更保守的风险规避，此时，可能还需要政府介入协调机制，比如事后补贴、优惠政策、配套措施等作为补充。

5.1.1.3　电网 PPP 项目的合约主体分析

图 5-1 为电网 PPP 项目的合约关系，整个项目建设与运营的资源配置是以项目运营公司为中心、由相互合约构成的一张关系网来实现的。理想状态中，在合约达成前，博弈的参与方机会平等；但由于各种现实因素，最终各个参与者会处于项目组织中不同重要性的位置——项目公司作为项目的实际支配者享有整个项目合约中最主要的权利。

（1）项目投资人。《中华人民共和国企业国有资产管理法（2009）》规定："国务院确定的关系国民经济命脉和国家安全的大型国家出资企业，重要基础设施和重要自然资源等领域的国有出资企业，由国务院代表国家履行出资人职责"[②]。可见，中国现有电网投资模式是缺乏竞争性电力市场支撑

---

① 陈凡. 基于合约关系的 PPP 项目治理机制研究 [D]. 中南大学，2011.
② 中华人民共和国企业国有资产法（主席令第五号），中华人民共和国中央人民政府网站 [EB/OL]. http://www.gov.cn/flfg/2008-10/28/content_ 1134207.htm，[2008-10-28].

5 公私合作视角下我国电网投融资体制多元化改革

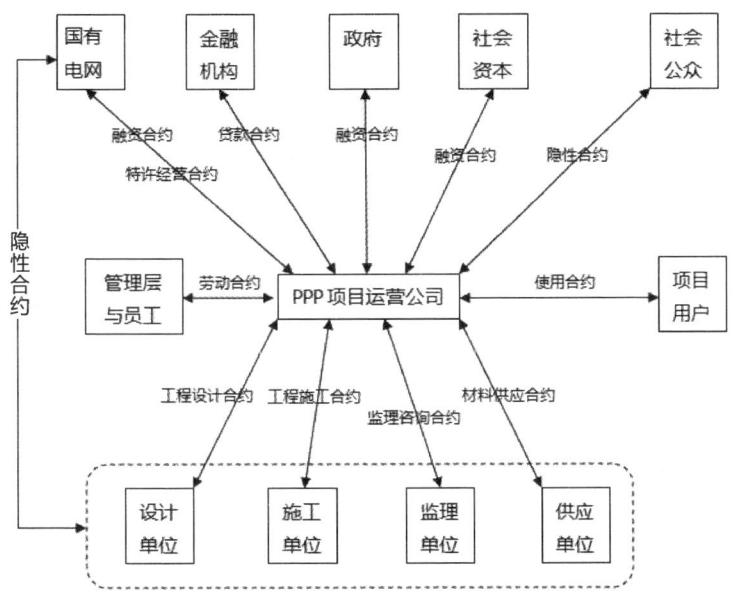

图 5-1 电网 PPP 项目的合约关系

的垄断加行政干预模式①。在 PPP 模式下，一般可以采取商业投资模式与规制投资模式。从前面的分析来看，规制投资模式是一种合作契约性质的投资模式。所以，在该模式下，电网 PPP 项目的主要投资人包括国有电网企业、社会资本及可能的地方政府投资平台公司，而银行等金融机构为了收回投资和获得预期的收益，同样也可能要间接地参与到项目监管中。由于资本准入壁垒较高，参与 PPP 项目的投资人往往为了规避各种风险（特别是政府的信用风险），会尽可能选择特许经营模式并主动参与到建设与经营过程中，因此较一般公司的股东更为关键。

（2）项目公司及管理层。项目公司是 PPP 项目利润创造的主体，也是各个投资者合作与协调的载体，通过对整个项目的直接管理拥有着最及时、完整的信息，因此在电网 PPP 项目治理中发挥着极为重要的作用。管理层是电网 PPP 项目公司的直接运行者，是电网 PPP 项目全生命周期的负责人，与各类投资人形成了委托—代理关系。管理层与投资者之间的信息交互和合作协调是电网 PPP 项目能否成功创造效益的主要问题。从电网

---

① 冯永晟. 新规制视角下的电网投资与治理理论——兼论对中国电力体制改革的启示 [J]. 当代财经，2015，(10)：3-14.

PPP 项目的建设运营等过程来看，项目公司管理层的决策和行为关系着电网 PPP 项目的成败。随着电网市场化改革的进展，在社会经济快速发展对电力资源旺盛的市场需求下，人力资本在大型复杂电网工程建设和运营中的重要地位不断提高，管理层在项目中的地位和作用还将有可预见的提升。

（3）政府。不考虑地方政府投资平台公司这一具有中国特色的企业，政府在电网 PPP 项目合约中也扮演着重要的角色。一方面，电网体制改革本身是由上而下推进的一项改革，由中央政府对整个制度改革的目标、内容、方法等进行论证、倡导、决策，处理协调其中的利益关系和矛盾冲突，监管政策执行的流程，根据政策实施的阶段性效果进行修正与改进。同时，根据国际经验，通过法律确保制度改革的合法性是电力市场化改革的一项重要举措。因此，中央政府的态度是电网 PPP 项目合约能否顺利推行的制度基础。在上一节已经指出，地方政府对地区经济社会发展的规划决定了电网建设的最优规模和社会效益的最大值，因此，地方政府作为区域基础设施建设的规划者、经济发展的负责人、电网建设最直接的受益者，又提供了具体项目的激励和约束指标。

（4）其他合约主体。包括承包商（施工、设计、监理、材料等直接负责电网基础设施建设工程的企业）、使用电网的发电企业、电网覆盖区域范围内的用户。承包商与项目公司签订的工程建设合同可以说是整个电网项目中最具有竞争力的环节，是设施建设和质量创新的执行层。由于电网建设的长期性和复杂性，以上承包商的确定往往会延续国有电网传统建设项目的选择方式，例如设计工作通常由国有电网下辖的相关设计单位完成。施工、监理和材料供应工作更倾向于长期合作的企业，进而减少工程建设阶段的交易成本，因此对新企业来说，该市场的进入门槛很高。同时，由于承包商在电网项目中的不同阶段均可以介入，因此如何改善承包合约短期性问题所带来的各种弊端，这也是电网 PPP 项目，特别是公司必须面对的问题。

本节探讨公私合作中最为关键的投资和收益分配合约，因此集中讨论项目真实利益相关者，即投资人、项目公司与管理层、政府。

5.1.2 电网 PPP 项目投资和收益分配合约的博弈分析

电网 PPP 项目组织是资本、劳动、技术和管理等要素所有者形成的联

5 公私合作视角下我国电网投融资体制多元化改革

盟,由电网企业、政府[①]、社会资本、运营公司、承包商等共同组成,项目收益经电网行业垄断及成员的协调合作最大化后,通过事先谈判拟定的收益分配合约进行分配,进而达到某种组织均衡。本节对电网企业效率和公平的分析模型进行了简化,并引入了政府这一主体(政府的目标函数为社会效益最大化),探讨电网PPP项目的投资和收益分配合约。

5.1.2.1 电网PPP项目分配的影响因素

市场规律指出,电网PPP项目参与主体的最终目的是自身利益最大化,因此,无论是国有电网企业、社会资本还是政府,对项目的最终落脚点都集中在如何分配项目收益上。但是分配始终来源于创造,这两者并不是相互独立而是统一的。一方面,价值创造的效率越高,可供分配的总量也就越多;另一方面,分配的合理性可以激励参与者的事前投入和事后努力,也决定了社会资本是否参与,是项目合约内部各相关者能否达成统一的基础。主要影响因素包括参与人的要素贡献、谈判实力和制度环境等[②]。

(1) 要素贡献。第一,基于显性生产要素贡献分配。如前所述,电网PPP项目成员投入了资本、劳动、技术等显性生产要素,并以此贡献要求合理比例的收益分配。在市场经济条件下,项目组织效率也要求按照"要素贡献"进行利润的分配作为对参与者的正向激励。从电网PPP项目的效率创造来看,如果不考虑隐性要素在电网PPP项目中所发挥的作用,资本的贡献度最大,应该是分配的主要依据。第二,基于隐性要素贡献分配。由于电力行业的国家垄断性特点,在政府和国有电网企业的干预下,电网PPP项目中掺杂了太多的计划色彩,纯市场的要素分配模式并不适用于电网利润的分配。一方面,由于国家为确保能源安全而对电力行业进行了国有垄断经营,使私人资本无法通过市场竞争的方式进入电网项目的建设和与运营市场,形成了所谓的"一级市场进入壁垒",同时大量涉及能源安全的专有/专用性资产不允许转让,形成了所谓的"二级市场进入壁垒",使显性生产要素的贡献总额受到抑制;另一方面,项目信息的不完全(包括人力资本的变动性、未来活动和收益预期的不确定、投入和运营的财务信息难以准确

[①] 在我国,当政府与电网企业有纵向行政关系时(如中央政府对国家电网公司、地方政府对地方电网公司),电网企业与政府的目标函数可视为一致,其关系属于内部博弈关系;但当电网企业与政府处于横向行政关系时(如跨区域大型电网工程中国家电网公司与项目区所属地方政府),电网企业与政府可视为独立主体,属于外部博弈关系,此时不能将两者混为一谈。

[②] 陈帆. 基于契约关系的PPP项目治理机制研究 [D]. 中南大学, 2010.

监控等方面),导致难以在事前合约中对显性生产要素的投入进行精确约定并核算各成员的真实贡献,进而无法作为分配依据。电网 PPP 项目的"市场进入壁垒"和"不完全信息"给予项目主体展开讨价还价的博弈空间。

(2) 谈判实力。电网 PPP 项目成员的谈判实力由以下几个因素确定:政府权力垄断、市场谈判实力①、博弈策略选择。

第一,政府权力垄断。它主要包括国家能源安全战略及公权力异化。国家能源安全战略即上文"隐性要素贡献分配"中电网行业的"市场进入壁垒",是政府通过人民赋予的公权力所强行设置的制度障碍。公权力异化则主要包括权力缺位、权力越位和权力滥用。其中,权力缺位表现为各级政府不履行法定职责,比如缩减电网项目立项的正常审批程序,致使电网企业处于自身经济利益最大化,导致供能规模和设施标准与区域发展不匹配;权力越位,其表现为各级政府强制干涉行业的正常运转,比如城市发展规划不科学,导致电网供能规模过大,大量设施闲置,增大了电网企业的成本;权力滥用,表现为各级政府的权力寻租,以公权力谋取自身或小团体利益,比如操纵电网项目建设的招投标过程,将合同转移给有利益交换的无资质承包商。

第二,市场谈判实力。它主要包括资产专有性、资产专用性及要素市场竞争情况三个方面的内容。资产专有性可表述为所有者对某种要素的独占性,进而构成了近似卖方垄断的地位,表现为对谈判实力有着质的提高并享有较大的分配份额。例如,如果某个参与者掌握了智能电网核心技术专利,那么他在谈判中势必占据主动,会要求较大份额的收益,并很难对此进行让步。资产专用性可表述为某种要素对该项目的作用远高于对其他项目的作用,或其项目效率远高于其他要素。专用性具有两面性:一方面效率越高贡献越大;另一方面依赖性和风险也就越大。这使得专用性资产在投入前和投入后具有截然不同的谈判实力,针对专用性资产的投资往往会要求制定额外的合约或权力赋予来规避投资风险,因此对制度的要求更高。要素市场竞争状况,即该要素的市场替代弹性。若要素替代弹性越高,就意味着该要素的拥有者的谈判实力越弱。例如,在现实的公共服务 PPP 项目市场中,由于公共服务受城市规划布局决定具有非竞争性(以电网为例,不可能在同一

---

① 钟正生,饶晓辉.论企业利润差额的分配——基于要素谈判力的分析 [J]. 求索, 2006, (10): 25-27.

地区存在两个供电网络），与之相比，资本市场的竞争更加充分，因此，在电网企业与社会资本的谈判过程中，社会资本往往处于劣势。

第三，博弈策略选择。项目主体的博弈策略选择主要由项目主体的风险效用函数决定。经济学将市场参与者的风险倾向分为风险规避、风险偏好和风险中性，如图 5-2 所示。不同风险倾向的参与者在面对随机收益时，所愿意承担的风险不同，导致其策略选择不同。在纯策略博弈中，风险规避的参与者会选择更安全的策略，而风险偏好的参与者会选择更冒进的策略；在混合策略博弈中，风险规避的参与者选择安全策略的概率更大，而风险偏好的参与者会将更大的概率投向冒进策略。

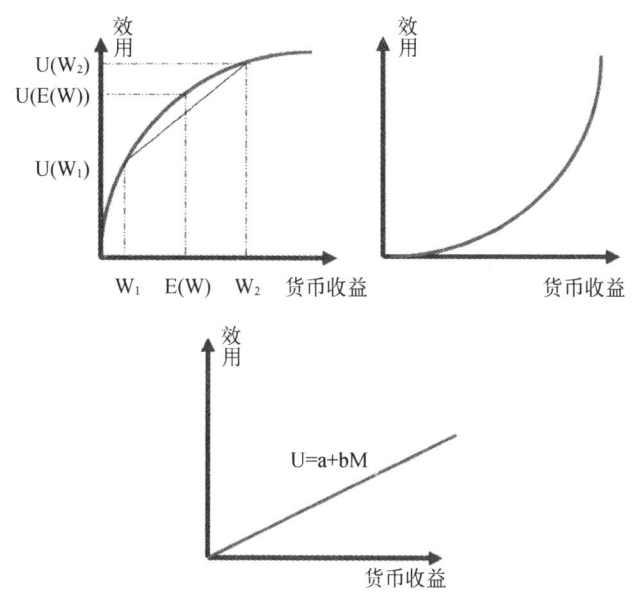

图 5-2　风险效用函数

（左上：风险规避；右上：风险偏好；下：风险中性）

博弈策略选择对电网 PPP 项目影响很大。通常认为，由于电网项目的投资巨大且退出性不足，对于资金量有限的社会资本来讲应倾向于风险规避；电网公私合作改革作为我国一项还未有实践的政策，第一批进入的人势必会冒较大的风险，从这个角度来讲，进入的社会资本又有风险偏好的倾向。而两大国有电网公司作为国有独资企业，以及电力领域的国有资产代理人，尽管名义上自负盈亏，但其战略部署无不依从于国家能源战略（以2015 年为例，国家发改委发布《关于加快配电网建设改造的指导意见》和

《配电网建设改造行动计划（2015－2020年）》，当年全国安排城网建设改造专项建设基金130亿元，安排农网改造资金1628亿元，包括中央预算内资金282亿元）。因此，电网企业的策略安排可视为和政府一致，策略选择倾向于风险中性。因此，在本书的讨论中，社会资本、电网企业和政府均假定为风险中性。

（3）制度环境。所有合约关系都存在于一个特定的制度之下，制度对合约的影响主要体现在参与者策略空间的制约上，越是严格的制度环境越限制合约的价值实现。以电网运营为例，由于电网自身并不具有生产功能，它起到的是发电端和用电端之间的桥接作用，其价值实现同时受制于多层因素。从外部环境来看，上游有发电企业的产出水平，对应国家对电力生产的制度安排，下游有区域经济社会发展水平，对应国家和地方的多种规划和管理。在内部，电网又由专门的组织进行建设、运营和管理，必然涉及不同的组织制度。内外制度环境都可能对电网项目的谈判造成影响：比如当全国电力生产不足时，国家必然将重心放在发电端而非电网上，此时供电规模受制于发电总量，电网企业自有资金已经足以支持项目建设，不需要进行融资谈判；当国家设置电网行业的进入壁垒时，电网行业只能通过债权融资和自有资金两种渠道来发展；等等。可想而知，电网PPP项目组织内部的制度、惯例、文化以及与工程建设相关的国家政策、法律法规等外部影响因素都会影响项目成员对利润的分享。

5.1.2.2 一般性项目合作的效率障碍

PPP项目以合作博弈而非非合作博弈缔结合约的前提之一是所有项目主体均能获取正的利润分配，因此提高合作效率的途径是研究其最优分配方式。项目利润是全体成员共同努力的结果，而这一结果又约束了每个成员努力的边际产出。假设单个努力具有观测的不可独立性，在确定性环境下，考察n成员的合作博弈，有：

$$a^* = \arg\max_a (x(a) - \sum_1^n c_i(a_i)) \tag{5-1}$$

$a*$为该博弈的帕累托最优条件，有：

$$x_i' = c_i'(a_i), \quad i = 1, 2, \cdots, n \tag{5-2}$$

a_i为成员i的努力水平，$a_i \in A_i = (0, \infty)$；$x(a)$为总产出，$c_i(a_i)$为成员i的努力成本，假定$x(a)$和$c_i(a_i)$都是严格增的可微凸函数，且有$x(0) = 0$，$c_i(0) = 0$。

假定收益分配权利平等，所有成员倾向于风险中性，令 $u_i(x)$ 为成员 i 的所得，其收益函数为 $p_i = u_i(x) - c_i(a_i)$。预算平衡可得：

$$\sum_i^n u_i(x) = x \qquad (5-3)$$

该项目合作的纳什均衡：

$$\sum_i^n u_i{}'(x) = 1 \qquad (5-4)$$

此时，一阶条件为：

$$u_i{}'(x) x_i{}' = c_i{}'(a_i) \qquad (5-5)$$

其中：

$$u_i{}' = \frac{\partial u_i}{\partial x},\quad x_i{}' = \frac{\partial x}{\partial a_i},\quad c_i{}' = \frac{\partial c_i}{\partial a_i} \qquad (5-6)$$

按式 5-2 和式 5-6，该博弈的纳什均衡满足帕累托最优的条件为 $u_i{}' = 1$，与式 5-4 矛盾。因此，该项目采取合作博弈时纳什均衡不可能达到帕累托最优，各参与者都会选择个人利益最大化的行动而非合作行动，表现在实践中，便是合约中个体"搭便车"现象的产生[①]。

但是电网项目存在其特殊性。效率分析中已经说明，由于电网的区域唯一性，只要控制供电规模与区域密度匹配，区域发展规划合理，来自市场需求方的风险极小；电网项目技术已相当成熟，其收益主要受制于收益率（售电与发电间差价 p、线损率、企业组织与人力成本）以及供电规模。当电网企业自有资金量不足，社会资本的介入不仅可以提高收益率，还可以极大地增加供电规模，使得合作博弈中帕累托最优"所有方的收益都有所增长"的前提成为可能。

5.1.2.3 电网 PPP 项目投资与收益分配合约模型构建

上述博弈模型表明合作博弈的团体帕累托最优很难与个体理性的纳什均衡达到统一。事实上，缺乏外界约束力量的合作博弈是极为不稳定的，因此撇开政府的协调力量，仅仅考虑作为平等市场主体的电网企业和社会资本是不够的。现在根据效率障碍博弈模型重新对电网 PPP 项目进行构建。

由于电网收益与售电量成正比，而后者有着发电端和需求端的双重计量，因此很难出现信息不完全的情况，电网的投资和收益分配合约可视为完

---

① Bengt Holmstrom. Moral Hazard inTeams [J]. The Bell Journal of Economics. 1982, 13 (2): 324-340.

全合约。此时我们考虑一个由国有企业 E、社会资本 P 和政府 G 组成的最小规模的 PPP 项目组织。其中，作为项目利润差额的生产者有两个成员，即电网企业与社会资本，它们不仅是唯二的投资者，也根据合约成为项目的管理者和执行者。在缔结 PPP 项目合约时，投资合约 $\Psi = [I_P, I_E] = [\alpha I, (1-\alpha)I]$。其效用函数分别为：

$$u_E = y_E - c(a_E) = y_E - \frac{Aa_E^2}{2};$$

$$u_P = y_P - c(a_P) = y_P - \frac{Ba_P^2}{2}, 且 u_P \geq u_P(0), a_i \in [0,1] \quad (5-7)$$

其中 y 为收入，$c(a)$ 为努力成本，$A, B > 0$ 分别为电网企业和社会资本的努力成本系数。政府 G 并不直接参与项目生产，但是它凭借公权力获取部分收益 V_G 来保证社会利益的实现。电网项目产生收益为 P，社会资本根据收益分配合约取得 $R(P)$ 的收益。我们已经指出，在达到最优规模之前，电网的主要收益与供电规模（进而与投资规模）成正比，在此我们进一步简化为电网综合效益与投资规模线性相关，$P = c(I - I_0)$。

社会资本股权比例 $\alpha = 1 - I_E/I$。为了处理的简便，假设 α 在社会资本投资定义域范围内能保证 $\alpha \geq \alpha_0$，使得电网项目的运营权掌握在社会资本手中，令社会资本的努力主要集中在筹资方面，有 $a_P = \alpha$。由于新的运营方式对电网企业产生了额外的制度适应成本，因此电网企业的努力采取被动方式，即 $a_E = 1 - a_P$，电网的综合效益：

$$P = c\left(\frac{I_E}{1-a_P} - I_0\right), 满足 1 - \frac{I_E}{I_{min}} \leq a_P \leq 1 - \frac{I_E}{I_{max}} \quad (5-8)$$

假定电网 PPP 项目的收益分配合约如下拟定：

（1）国有企业 E 和社会资本 P 的总收入包括正常投资回报和利润差额的获取。令正常投资回报分别为 $v_E = r_0 I_E = r_0(1-\alpha)I$ 和 $v_P = r_0 I_P = r_0 \alpha I$，$r_0$ 为项目的正常回报率。

（2）利润差额为电网 PPP 项目较传统 PPP 项目更高的利润，记为 $Y - v_E - v_P$。取 $\beta \in [0,1]$，$V_G = \beta(P - v_E - v_P)$ 为政府通过税费形式享有的份额，其主要用于社会效益的保证。$V_G \subset V$ 且正相关。国有企业和社会资本的差额获取 $v = (1-\beta)(P - v_E - v_P)$。

（3）为了保证公平和效率，差额获取同样根据努力水平进行分配，国有企业和社会资本在 $v = (1-\beta)(P - v_E - v_P)$ 中的收益额度为：

5 公私合作视角下我国电网投融资体制多元化改革

$$y_E = a_E(1-\beta)(P - v_E - v_P) \tag{5-9}$$

$$y_P = a_P(1-\beta)(P - v_E - v_P) \tag{5-10}$$

由于是否监管属于项目过程中的隐性合约,所以在讨论投资和收益分配这一显性合约时,我们不考虑政府、电网企业和社会资本之间的监督问题,合作完全依靠成员自身的努力。由于电网项目的主导者为社会资本,因此其效用函数为:

$$\begin{aligned} u_P &= v_P + a_P(1-\beta)\left(c\left(\frac{I_E}{1-a_P} - I_0\right) - \frac{r_0 I_E}{1-a_P}\right) - B a_P^2/2 \\ &= \frac{I_E}{1-a_P}[r_0 + (1-\beta)(c-r_0)] - (1-\beta)(c-r_0)I_E - cI_0(1-\beta)a_P - \frac{B}{2}a_P^2 \end{aligned}$$
$$\tag{5-11}$$

当 $\partial u_P/\partial a_P = 0$,该效用函数有最大值。

由于在博弈中引入了政府这一参与者,并假定社会效益是政府考量的主要内容,因此国有企业的权衡集中在经济效益上,由于作为次席股东,电网企业的努力 $a_E = 1 - a_P$,电网企业的效用函数为:

$$\begin{aligned} u_E &= v_E + a_E(1-\beta)\left(c\left(\frac{I_E}{a_E} - I_0\right) - \frac{r_0 I_E}{a_E}\right) - A a_E^2/2 \\ &= -\frac{A}{2}a_E^2 - (1-\beta)cI_0 a_E + [r_0 + (1-\beta)(c-r_0)]I_E \end{aligned}$$
$$\tag{5-12}$$

在电网企业的最大化函数中,$\partial u_E/\partial a_E$ 恒小于0,$a_E = -(1-\beta)I_0/A$ 效用最大,落在定义域左侧,u_E 是 a_E 的减函数,即 a_P 的增函数,因此电网功能规模最大时,电网企业效用最大,即:

$$\max(u_E) = [r_0 + (1-\beta)(c-r_0)]I_E - (1-\beta)I_0 \frac{I_E}{I_{\max}} - \frac{A}{2}\left(\frac{I_E}{I_{\max}}\right)^2 \tag{5-13}$$

式 5-13 中有一个约束条件,即当 $\max(u_E) < 0$ 时(此时电网企业成本系数 A 很大,满足 $A > \{[r_0 + (1-\beta)(c-r_0)]I_{\max} - (1-\beta)I_0\} \cdot I_{\max}/I_E$),对于电网企业而言,其经济效益为负,此时电网企业倾向于让社会资本承担全部投资,使 $a_P = \alpha = 1$。此时社会资本的最优投资规模为 $I_{\max}$,收益为:

$$u_P = r_0 I_{\max} + (1-\beta)[c(I_{\max} - I_0) - r_0 I_{\max}] - B/2 \tag{5-14}$$

此时政府的收益为 $\beta[c(I_{\max} - I_0) - r_0 I_{\max}]$。

从直观上,参与约束条件表明,如果合约中社会资本不能得到大于1的投资回报率时,社会资本会选择不参与投资。

由于 c 表现为电网项目的投资收益率,假定 I_0 足够小可以忽略,努力成本不超过固定投资回报,则 c 的取值不同代表了电网项目营利性带来的激励效应:$c > r_0$,代表在社会资本主导下的电网项目表现出了较社会其他部门高的收益率,社会资本有强烈的进入意愿和努力的热情,政府可以从电网运营收入中提取一部分作为制度成本及公共利益;$c = r_0$,此时电网收益率与社会平均利润率持平,社会资本进入电网行业的激励主要源自电网行业的低风险性;$c < r_0$,代表电网具有营利性,但是处于混合公共品领域的电网即使在社会资本主导下,其收益率依然低于社会平均利润率,此时社会资本进入激励不足,政府必须提供额外的补贴(式 5-14 中政府提取 $\beta[(c-r_0)I_{max} - cI_0]$ 为负值)。此时,电网企业是否与社会资本联合已不是关键;按照前文的讨论,如果政府进行补贴,国有企业完全可以通过银行融资或引入社会资本进行电网项目,电网企业达到收支平衡,投资规模由政府的区域发展规划确定,$I \in [I_{min}, I_{max}]$。如果政府不进行补贴,国有企业只能通过融资达到 I_{min},并产生亏损。

结论:由于电网行业收益可缔约,所以当国有企业自有资金越有限且 $c \geq r_0$ 时,最优合约的 I_P 也就越大,以保证电网的经济收益最优。此时若国有企业努力成本系数 A 越大(即原有组织和运营结构与社会资本差异越大)并导致效用函数为负,国有企业越倾向于缩小自有资本投入,极端时其最优决策是让社会资本承担所有投资(此时对国有企业的策略是将自有资本 I_E 投入收益率较高的项目;若自有资本以专用性资产存在,则应以市场合约的形式向社会资本转让);此时,政府可以以税率 β 对电网的利润差额进行调整,用以改善区域的社会效益。当 $1 < c < r_0$ 时,电网企业并没有激励开展项目建设,只能通过政府行政指令让电网企业进行项目,无论是融资还是其他渠道,政府补贴则收支平衡,政府不补贴则产生亏损。

5.1.3 电网 PPP 项目的模式选择

前文我们已对不同条件下的国有企业、社会资本及政府策略进行了分析。由于电网建设是国家重大基础设施建设项目的内容,为了保证其进程与区域经济发展水平相协调,在电网不能实现社会正收益时,政府有动力及义务通过转移支付来调节投资规模;而若电网不能实现经济正收益时,政府同样有义务利用财政政策和产业政策来调解国有电网企业和社会资本之间的收益和风险比例。在不同条件下,PPP 项目需要选择不同的实现形式。

5 公私合作视角下我国电网投融资体制多元化改革

电网项目的经济风险表现为：

$$P_2 - P_0 \sim P_I + c_T(I_C) + C_{E,M,P}(I_C) - C_{E2,M2,P2}(I_C) - I_{R\&D2} \qquad (5-15)$$

上式中，P_I 凸显在电网设施标准选择优化空间；$c_T(I_C) + C_{E,M,P}(I_C) - C_{E2,M2,P2}(I_C)$ 凸显在工程质量创新、组织管理创新、管理层策略一致性上进行的改进；$I_{R\&D2}$ 凸显电网建设的技术支持成本，在项目运营时间内进行分摊。该风险表达式说明，以国有电网企业的建设和组织管理为标杆，社会资本项目创新改进的空间越大，以及投资规模越大，运营期越短，电网项目的收益风险越大。其中前两项都与社会资本的投资规模正相关。

5.1.3.1 特许经营

本书假设一个全新的电网 PPP 项目不会在短期内陷于规模不经济的处境。首先假设专有/专用性资产可以转让（市场进入壁垒可以忽略），国有企业不会因固定资产投入而必须在项目公司中占有一定的股份以保证固定资产折旧能够收回。若经营风险集中在 $c_T(I_C) + C_{E,M,P}(I_C) - C_{E2,M2,P2}(I_C)$ 部分，即（1）电网理论收益率为正常利润水平，但由于工程质量、组织成本和交易成本问题，国有企业运营下电网企业为亏损；（2）国有电网企业自有资金极度匮乏，难以达到 I_C 的需求规模。

此时为了合约能够缔结，最优决策是将尽可能多的项目投资交给社会资本完成（即项目必需的专用性及专有性资产和技术也通过与 PPP 合约关联的一份市场合约转让给社会资本而非以入股的形式参与投资，国有电网企业进而获得市场合约收益 v_c）；尽管风险也随着收益完全转移给了社会资本，但也使其愿意付出的努力 a 达到最大值；特许经营时期越长，技术投入风险也就越低。在最优解的情况下，PPP 采用特许经营的模式，电网总收益的预期达到峰值，即政府获得了非货币表达的社会正效应 B_0 和税收、电网企业获得了货币表达的技术、资产转让收入 v_c，社会资本获得了电网项目特许经营期内的全部收入 v。当特许经营期结束项目企业是收归国有还是通过再次缔约确定运营和收益分配方式，视当时的政策环境、市场环境及企业运营效率情况而定。

推论 1：当投资与收益分配合约完全（即市场进入壁垒可以忽略）时，对有资金约束的国有电网企业来说，最有利的 PPP 模式为特许经营，此时通过签订两份关联合约——事前由社会资本进行全额投资并获取全额经营收益的 PPP 合约以及专有性、专用性资产转让的市场合约，该合约能在保证合约双方都享有合作剩余、社会效应为正的同时，使社会资本愿意付出的努

力 a 最大，因此能够实现合约主体最优激励及项目最优效率的双重目标。

5.1.3.2 部分私有化

在特许经营的讨论前提下，如果电网项目的专用/专有性资产不可转让（市场进入壁垒不可忽略）、计划投资规模极为巨大、长期利润率高于正常投资回报时，拥有一部分自有资金的电网企业需要通过在新成立的PPP项目公司中拥有相当份额的股权来实现收益权和监管权，保证区域电网社会效益最大化及国有资产效益最大化，同时承担巨额投资给社会资本带来的风险。此时，由于区域发展需要电网运营的社会效益趋于最优，国有企业必须掌握部分决策权，采取部分私有化的形式，政府获得了非货币表达的社会正效应 B_0 和税收、国有电网企业获得了股权收益，与社会资本共同负责区域电网的运营及服务，承担相应的义务及风险，社会资本按股份获取整个电网项目生命周期的收入 v。

推论2：当市场进入壁垒不可忽略、改革后的电网项目经济收益很高且具有增长性时，对有资金约束的国有电网企业最有利的PPP模式为部分私有化，此时通过与社会资本签订的PPP项目公司（资金和专有/专用性资产）入股合约，保证社会资本付出的努力 a 最大的同时，分享高额合作剩余、分担投资风险，保证社会效益最大化，进而实现合约主体最优激励及项目最优效率的双重目标。

5.1.3.3 外包

在电网经营不能自负盈亏（即社会效益份额太大，经济效益不足以支付投资和运营成本）、电网存在经营风险（即项目生命周期内区域发展速度达不到政府预期水平）、政府必须通过事后转移支付确保电网项目顺利实施的情况下（以高原地区特种电网建设为例，恶劣的自然条件一方面驱使电网覆盖的质量标准远高于平原地区，另一方面又导致用户数量上限极低，用电客户集中于公共事业单位），国有电网企业即使让渡全部收益权也无法达成社会资本进入的前提条件，但由于项目的社会正外部性很大，电网企业可以通过与地方政府的谈判获得事后转移支付来保证公司收支平衡，进而减少企业资金约束。此时，国有电网企业可以通过外包的方式引入有技术优势的社会资本完成项目建设工程，避免企业自身的技术研发成本和时间成本。

推论3：当项目质量要求较高（高社会正外部性及成本）且单纯经济收益难以收回投资、必须通过谈判获得地方政府转移支付时，对有资金约束的国有电网企业最有利的PPP模式为外包，此时通过与地方政府签订的事后转移支付合约、与拥有技术优势的社会资本签订高质量标准的电网工程合约，实现技术革新。但是外包模式不会改善国有企业的运营成本，并且存在地方政府"打白条"的风险。

5.1.4 电网 PPP 项目投资合约和收益分配合约的制度因素

以上分析建立在内外制度完备的条件约束下，使国有电网企业、政府部门及社会资本可以视作最大化目标函数的单一主体参与项目合约，而忽视了合约缔结和履行过程中非生产性的交易成本。考察我国实践可发现，由于国家的制度约束，国有电网 PPP 项目的形成需要政府批准特许经营的可能，同时国有电网企业与中央政府、中央政府与地方政府、各组织内部均存在委托—代理关系，政府行政权力过大等问题的存在，都使项目经济成果有遭到攫取的可能。图 5-1 在此种情况下，异化为图 5-3 所示。

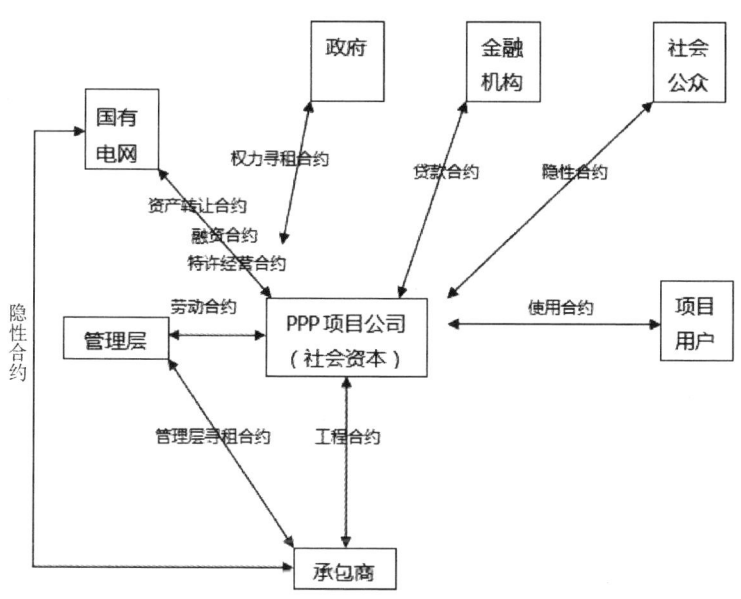

图 5-3 实践中异化的电网 PPP 项目合约关系

5.1.4.1 外部制度缺陷引致的交易成本

现有关于 PPP 合约的研究已经考虑到政府事后掠夺项目经济成果的激励动机[①]。与由政府主导下 PPP 项目中行政权力构成最重要的谈判实力不

---

① 赖丹馨. 基于合约理论的公司合作制（PPP）研究 [D]. 上海交通大学, 2011.

同,由于国有电网企业的存在,使得市场机制在电网 PPP 项目合约形成时起到基础作用,削弱了现有制度框架中政府的行政权力影响,将政府排除在电网 PPP 项目合约的直接参与人之外。然而必须看到,尽管社会资本进入电网建设领域所需的特许经营合约是与国有电网企业签订的,但后者是中央政府在电网建设领域的代理人,这一合约需要经过中央政府的审批。由于工程建设对土地、交通、能源等具有地域性资源的需求,电网项目所在地方政府同样拥有相当的话语权。因此,政府可以通过对特许经营合约的审批权(官员的私人收益)及地域性资源的所有权(地方财政收入最大化及官员私人收益),攫取项目收益的一部分,并表现为电网 PPP 项目合约形成的非生产性交易成本。

5.1.4.2 内部制度缺陷引致的交易成本

电网 PPP 项目合约的直接缔结者,国有电网企业、社会资本及项目公司,均以企业的形式存在,因此适用于企业合约的范式。正如科斯在《企业的性质中》所述:"市场的运行是有成本的,通过形成一个组织,并允许某个权威(一个"企业家")来支配资源,就能节约某些市场运行成本。""当企业扩大时,对企业家的功能来说,收益可能会减少,也就是说,在企业内部组织追加交易的成本可能会上升。[①]"尽管企业在理论上是能够通过内部的行政配置途径来减少市场交易成本,但越过"理想规模"的临界点后,组织成本对于企业规模呈边际递增,这也是国有电网企业选择电网 PPP 模式而非传统建设模式的原因之一。因此,在实践模型中,我们还必须考虑国有电网企业及电网 PPP 项目公司股东治理结构和运营机制不完善导致的非生产性组织成本。

5.1.4.3 电网 PPP 项目的政治风险

我国其他类型的 PPP 项目实践表明,电网 PPP 项目庞大的资金规模、复杂的利益链、网络状的合约关系,参与者包括国有电网企业这类行业巨头,其实施的基础关系到国家对电网领域垄断权力的让渡,因此电网 PPP 项目推行的障碍往往与政府或官员行为有关。从宏观层面出发,由于电网 PPP 项目的长期性和资本密集性,社会资本进入与否必然会将政府政策的持续性和稳定性纳入考虑范畴。电网 PPP 模式改革路径的可持续性有赖于坚实的政治承诺,缺乏连贯性的政府政策容易导致 PPP 的再谈判或提前终

---

① [美]温特. 企业的性质[M]. 姚海鑫, 邢源源译. 商务印书馆, 2010.

结[①]。如匈牙利高速公路的 PPP 项目实践反映出频繁的政策变化成为 PPP 连贯发展的最大障碍[②]。从微观出发，作为电网 PPP 合约缔结的权威方，地方政府能否正确处理自身位置，不以行政权力直接干预项目合约中的资源配置，保证中央政府积极政策能够顺利执行；国有电网企业能否公正对待社会资本，保证合约所作出的承诺如实完成，将决定社会资本是否愿意与国有电网企业进行合作。由于电网项目涉及"公共领域"的产权配置，能否遏制公共部门的腐败现象是电网 PPP 项目能否成功的关键。

5.2 我国电网投融资现状及问题分析

5.2.1 我国电网企业融资现状评析

2002 年，我国电力市场化改革启动。至今，发电端投资态势已形成多元化融资的态势，外资和民营资本都已参与到电力设施特别是电源建设领域中，发电企业的资金来源渠道相较改革前有了极大的扩展和改善。在此过程中，虽然电网企业的融资领域和渠道也得以不断拓宽，但是无论从外部环境（国家政策开发不够）还是内部意愿（电网企业出于垄断考虑的自身利益最大化），电网投资主体极其有限，融资渠道仍然狭窄，其融资水平受到了极大限制。

5.2.1.1 内源融资主要包括折旧积累和留存利润，投资规模极其有限

内源融资是指企业将自身在经营过程中所产生的一部分收益通过采用内部留存和企业折旧的方式保留下来，进而转化为资本金的一种融资方式，实质是电网企业将一部分自身收益转化为资本的过程。一般来说，通过这种方式筹集到的资本具有原始、自主、灵活以及低成本、低风险的特点。根据国家《企业会计准则》中关于折旧的规定可知，企业的营利状况和成长前景是影响企业折旧而产生的积累留存利润的大小的重要因素。因此，电网企业利用内源融资能力的大小主要受到企业的营利情况和发展水平等因素的影

[①] 赖丹馨. 基于合约理论的公司合作制（PPP）研究 [D]. 上海交通大学, 2011.
[②] Brench, A., T. Beckers, M. Heinrich, and C. von Hirschhausen. Public – Private Partnerships in New EU Member Countries of Central and Eastern Europe. European Investment Bank. 2005.

响。目前,电网收费改革已经拉开序幕,"电网企业按照政府核定的输配电价收取过网费,不再以上网电价和销售电价的价差作为主要收入来源"[1] 等一系列电网体制改革措施的落实,电网企业的营业收入乃至利润可能要大幅度减少[2]。而衡量电网企业内源融资水平的关键方式是新建项目所需要的资金是否能够被企业自身的自有资金完全满足。根据国家项目投资的资本金构成要求,企业新投资一个项目,自有资金必须占到项目资金的20%,其余部分才可向金融机构进行借贷。随着我国电量需求的进一步扩张,电网投资的项目规模将会越来越大,电网企业的经营将会因运营维护费用增加、财务费用提高等压力增大,按现有投资收益率以及折旧率所产生的内部资金将难以满足市场对电网企业进行投资和建设的巨大需要。

5.2.1.2 债务融资是外源融资的主要渠道,凸显融资渠道狭窄

外源融资是指企业借助一定的金融工具或手段来与企业外部的资金所有者进行联系并开展融资的一种方式。一般包含向各级金融机构贷款筹集,在资本市场上发行股票筹集,当然也可以通过发行企业债券等筹集。在政府的管制调控下,企业的外源融资受到内源融资的影响,内源融资的规模越大,外源融资的规模也就越大。目前,由于我国电网投资受到国家的垄断,债务融资成为电网企业开展外源融资的主要渠道。它包括以下渠道:一是商业银行贷款。商业银行的贷款属于债务融资,它是最传统也是企业最常用的一种融资方式。长期以来,我国电网企业采取的融资方式基本上属于银行信贷。但是,由于金融机构对企业的贷款特别是中长期贷款规定了若干较为烦琐和严格的条件,加之电网企业的投资规模大,投资平均收益率并不高,随着国家对电网企业的营业收入来源渠道进行改革,电网企业的整体收入和利润将大幅度地下降,在银行贷款较为严格的条件限制下,以银行贷款为主的融资就很难满足日益增长的电网投资需求。二是发行企业债券。企业债券是指由企业发行的,承诺在一定时期内还本付息的债务凭证。作为国有企业的电网企业,一般来说其经营水平相对稳定,经营能力较好,因此抗风险能力相对较高,自有资产充足,具备了通过发行债券进行融资的能力。但是电网公司发行企业债券的规模等受到多方面的因素影响。其一是发行规模受到企业本

---

[1] 国家发改委《加快推进输配电价改革的通知》发改价格〔2015〕742号,http://www.sdpc.gov.cn/fzggz/jggl/zcfg/201504/t20150416_688234.html.

[2] 2013年国有电网企业实现营业收入20498亿元,净利润517.3亿元。而此次改革后,电网公司营业总收入很有可能直线下降。http://www.askci.com/news/chanye/2015/12/02/1448550xrh.shtml.

身的财务状况和信用评级;其二是我国电网行业由于受到国家垄断,国有电网企业发行企业债券必须经过国家相关部门审批。例如,国家发改委以发改财金〔2014〕2634号文批准了国有电网企业发行企业债券不超过300亿元的批复。这就极大地影响了电网企业发行企业债券的规模,导致无法满足电网日益增长的市场投资需求。

5.2.2 目前我国电网企业融资存在的问题

经过数十年的实践,目前电网企业在融资过程中存在的问题主要有:电网建设中的资金结构不合理,主要是自有资金所占的比例较低;融资的渠道不够宽阔,难以满足企业的融资需求;企业投资项目的回报率较低,吸引社会投资较为困难等。以上这些问题的存在,将会在很大程度上限制建设电网所需要的资金的持续投入,电网发展面临的融资形式将会更为严峻。

5.2.2.1 政府高度垄断,投资主体单一

电网投资指的是与电网基本建设有关的投资。自2002年电力体制改革伊始,电网企业尽管开始引进现代企业制度,但国有独资的属性始终没有变化,政府作为唯一融资主体,使电网产业的投融资行为受到极大的行政管控。一方面,所有大型电网项目投资始终沿袭计划经济的审批制度,其权力由国家发改委实际掌控而产生极高的"资本准入壁垒",难以通过市场的竞争机制优化资源配置效率;另一方面,在这种市场垄断中获利的国有企业也逐步形成一个封闭稳定的利益集团,为巩固自身利益,排斥拒绝任何想要进入的民营企业。

5.2.2.2 政府行政审批,融资渠道狭窄

目前,企业经营利润、折旧和负债等内源融资和银行贷款以及发行债券是我国电网投资建设项目资金的主要来源,过于狭窄的融资渠道使得企业的融资难度日益提高。一方面,电网投资规模的扩大,使得企业运营成本和财务费用不断上升,企业经营管理的资金压力也在不断增大,仅仅依靠现有的经营获利和折旧积累等资金难以满足大量投资项目的资金需要。另一方面,也由于目前我国电网企业的外部融资过度依赖银行贷款,债券、股票等融资方式的使用相对较少,而银行贷款的增加会使得企业的负债率提高,使得企业财务状况恶化,经营风险提高[①]。

---

① 张年松. 电网企业融资现状分析与创新措施 [J]. 中国市场,2014,(44) 49-51.

5.2.2.3 投资回收期较长

根据项目投资的资本金构成要求,电网企业新投资一个项目,其自有资金必须占到项目资金的 20%。而电网工程项目的特点决定了投资回收期长,投资收益等受到国家政府的垄断限制,例如,国家近期发布的将电网企业的营业收入从原来的买电卖电改为收取过网费,这就使得电网项目的投资收益受到国家的限制。首先,一般来说,电网工程投资建设周期较长,短则数月,长则数年,这使得电网投资的成本回收期与盈利周期较长。其次,电网投资小则几百万,多则上亿,项目实施后,短期内成本较难回收。这些原因使得电网投资的成本回收期与盈利周期较长,投资效果仍不尽如人意。

5.3 探索电网 PPP 模式下多元化投融资体制的项目融资体制

5.3.1 构建电网 PPP 项目融资体制

5.3.1.1 项目融资的概念及作用

目前,国有电网企业的投融资方式主要有内源融资和仅仅限于银行信贷和发行债券等方式的外源融资,从现有的数据和公开的资料可查,国有电网企业中权益融资数量很少。依据美国电网等公共产品投融资的经验,项目融资是解决公共基础设施等公共产品投资不足的又一重要渠道。项目融资可以分为广义的和狭义的[1],其中狭义的项目融资可以视为更充分地吸引社会资本加入电网这类准公共产品的建设。从电网投资企业来看,由于电网投资的需求大,资金紧缺,通过项目融资引入社会各类资本参与,不仅可以满足日益增长的电网投资需要,也可以给企业减轻内源投资压力。从市场中的融资来看,企业向金融机构融资有信用融资,现在就可以增加一个融资渠道;在 PPP 模式下,各级国有电网企业可以在某一符合电网规划和国家政府特许的前提下成立电网 PPP 项目的 SPV(Special Purpose Vehicle)[2]。首先,该电网项目的营运公司依据国家《公司法》承担有限责任,这就建起了电网项目

---

[1] 注释:从广义上讲,为了建设一个新项目或者收购一个现有项目,或者对已有项目进行债务重组所进行的一切融资活动都可以被称为项目融资。从狭义上讲,项目融资(Project Finance)是指以项目的资产、预期收益或权益作抵押取得的一种无追索权或有限追索权的融资或贷款活动。

[2] 武若思,王春成. PPP 模式与公共项目财政投资的转型 [J]. 中国财政,2014,(3):44-46.

投资风险与和国家各级电网公司投资主体风险的防火墙。其次,电网PPP模式是以市场机制为前提,依靠多方投资者签订的市场契约,并遵循国家相关的法律法规等来约束和控制各投资方,这种合作就可以为实现电网PPP项目利润创造最大化的前提条件,也可以在协商的前提下依据市场合约合理地进行分配。再次,由于电网项目融资的还贷路径有别于信用融资还贷路径,项目融资的还贷方式主要是电网项目未来的预期收益,这就可以将电网项目存在的风险迅速合理地分散。基于上述我们可以预测,电网投资选择和构建项目融资体制是未来电网建设和营运发展的趋势和选择。

5.3.1.2 电网项目融资体制的构建要点

由于项目融资是在完善的市场经济体制中出现的,所以,项目融资与国有企业通常的债务融资和权益融资等有较大的区别。其融资的结构和程序也比较复杂,概括起来,电网项目融资体制构建必须保证以下几个主要方面:一是必须要有电网项目的发起方。一旦政府同意通过外包、特许以及私有化等PPP的多种形式参与电网项目建设和经营,就可以通过电网PPP项目形成项目发起人,它既可以是国有电网企业,也可以是各种社会的私人投资者,还可以是与电网项目相关的各种公司(如项目承建商、上游供应商)等,也可以是电网使用者(例如,包括发电企业和配电企业)等。二是成立电网PPP项目公司。一般来说,政府通过PPP模式建设电网项目,发起人就可以根据《公司法》来组建相应的电网项目公司。当然,它必须是一个能够自主经营、自负盈亏,能够履行法律规定的责任和义务的独立经营实体。在资本金方面,它除了发起人的自有资金以外,还可以通过项目融资。三是选择合适的项目贷款机构。这里一般贷款机构包括国内的各类金融机构,但项目融资更多的是依靠各种类型的投资基金,还有各个国家的信贷机构等等。四是组建电网项目的承包人,包括电网建设营运需要的各类承包商等。五是确定电网建设项目的上游企业,包括设备和材料供应商等。六是要与电网项目的上游发电企业和下游的配电企业等相互协调。七是必依照市场规则聘请相应的融资顾问。八是保险公司等。

5.3.1.3 探索建立电网BOT项目融资

从20世纪80年代以来,世界各国利用BOT模式在电网投资领域做出了许多尝试。在BOT模式下,社会资本投资者负责电网建设项目的全部投入,并依据以政府委托的国有电网企业签订的市场合约条款,在建成之后拥有一段时期的占有经营特许权利,营运至合约规定的期限收回相应的成本和投资回报后向政府或者国有电网企业移交电网项目。目前在我国基础设施建设中还出现了 BT 模式，它实际上是 BOT 模式的变异形式。在该种模式下，社会投资者负责公共基础设施的全过程建设。上述分析可见，无论是 BOT 还是 BT 模式，他们在电网投资项目的建设和营运中都具有重要的作用。首先，这些电网 PPP 模式以政府通过其代理人国有电网企业与社会投资者之间的特许协议为前提，政府的代理企业国有电网企业基于政府特许下的安排，可以完全从市场合约和监管等方面控制电网建设项目。其次，在电网项目的建设和营运过程中，这种模式还可以充分借助社会投资者拥有的核心竞争力提升电网建设的数量和质量以及电网营运的优质服务等等。再次，更为重要的是这种模式可以将电网建设中可能出现的各类风险特别是市场风险向社会投资者分散。当然，这种分散也是以付出电网项目利润为代价。由于在 BOT、BT 模式下的社会投资者全过程参与了电网项目的投资和营运，他们的成本和投资收益当然可以通过电网相应的营运或者其他特许权利获得。由此可见，电网"PPP 模式有效解决了财政直接投资在效率方面的固有顽疾，同时在公、私两部门间建立紧密的利益联系，规避私人部门道德风险。[①]"另外，也可以探索采用电源公司、配电公司等使用电网线路组成的"设施使用协议"为基础的电网建设项目融资[②]。

5.3.2 探索成立政府主导的电网产业投资基金

产业投资基金[③]与其他融资特别是与银行贷款等融资方式相比，其中一个最为显著的特点就是产业投资基金属于权益性融资，其营利基本模式并不是依靠融资主体原有的资产进行生产经营营利来获得，而是依靠投资该产业的未来预期前景或者投资该产业使得其资产增值等来获得利润。产业投资基

---

① 武若思，王春成. PPP 模式与公共项目财政投资的转型 [J]. 中国财政，2014，(3)：44-46.
② 王剑辉等提出，可以探索在项目融资体制下的'设施使用协议'，它是指在某种工业设施或服务性设施的提供者和这种设施的使用者之间达成的具有'无论提货与否均需付款'性质的协议。王剑辉. 电力市场环境下电网建设投融资体制的创新 [J]. 电力建设，2004，(12)：64-66.
③ 注释：产业投资基金在国外通常称为风险投资基金（Venture Capital）和私募股权投资基金，一般是指向具有高增长潜力的未上市企业进行股权或准股权投资，并参与被投资企业的经营管理，以期所投资企业发育成熟后通过股权转让实现资本增值。而美国联邦银行业监管条例将产业投资基金定义为：业务方向限于投资于金融/非金融公司的股权，资产或者其他所有者权益，并且将在未来将之出售或以其他方式处置；不直接经营任何商业/工业业务；任何一家金融控股公司、董事、经理、雇员或者其他股东所持有的股份都不超过 25%；最长持续期限不超过 15 年。

金已成为市场经济条件下各类产业发展的重要融资渠道,当然也是我国发展各种带有较强预期的创新性产品以及稳定性增值产品的融资模式的创新。之所以产业投资基金得到快速发展,其中最为重要的原因是产业投资基金融资非常便利,相对其他金融机构的融资过程来说,产业基金较为合理的组织架构、通过预期的灵活分散风险的设计机制以及较好的利润分配结构等吸引了广泛的不同风险偏好的社会资本投资者来参与。但是,在电网项目建设和营运领域,一方面由于电网项目的自然垄断性特别是需要考虑社会的公益性因而其投资收益相对较低,一般的产业投资基金为追求利润的最大化均不愿意投入电网项目;另外一方面,也由于电网项目的建设对资金需求规模大、投资建设回收期长,而风险投资也是不愿意投入这样的项目。基于上述分析,我们认为,政府主导先期投入种子基金并放开电网领域的特许经营,用较为优惠的条件引入社会资本形成的产业投资基金在一定程度上可以减缓社会投资者对于电网领域的上述担忧。

5.3.2.1 产业投资基金概述

目前,产业投资基金在国外特别是发达国家的发展历史长,对社会经济发展的支持和融入程度已经很深,其品种也非常繁多。从国内产业投资基金的发展来看,我国产业投资基金从改革开放就已经形成,但是,初期发展非常缓慢,进入20世纪90年代我国制定了《公司法》以后开始得到较为快速的发展。"2006年国家发改委批复成立了第一家渤海产业投资基金,之后,相继批复成立了广东核电新能源、上海金融、山西能源、四川绵阳高科、中新高科等5家产业投资基金,总金额达到760亿元人民币"[①]。目前,从国家批复的情况来看,我国产业投资基金大体上可以分为高科技产业投资基金、传统产业投资基金、能源产业投资基金、金融产业投资基金以及其他类型的产业投资基金。从其组成结构来看,我国产业投资基金主要的投资主体为企业、政府、金融机构、外商投资、相关的事业单位等等。在各类型产业投资基金所占比例中,政府机构投入的资金比例较高。

5.3.2.2 探索成立电网产业投资基金

要明确电网产业投资基金的主要资金来源和市场定位。电网产业投资基金可以由政府(或者相应的政府代理机构)通过财政拨款成为种子基金,

---

① 王丹青等. 我国产业投资基金的发展概述 [EB/OL]. http://www.glzy8.com/ceo/18177_2.html,[2015-12-02].

然后在依据市场惯例引入相应的在产业投资基金行业具有丰富运作经验的职业经理人进行管理,依法成立相应的电网投资基金并进行市场化运作,并通过制定放开电网特许经营等条件引入各类社会资本共同形成电网产业投资基金。当然,由于在国家特许经营下的电网项目盈利一般、投资回收周期较长等特点会造成对社会资本的激励不足,所以,政府如何制定相应的激励政策来吸引社会资本进入电网领域,就成了政府必须重点解决的问题。一般来说,电网产业投资基金对于政府(或者代理国有企业)的重要作用在于:一是政府可以适当参与该基金的股权比例,政府通过种子基金介入,使社会资本看到了政府介入该行业的决心;更为重要的是种子基金的介入表明了政府放开了电网垄断的特许权,这样就给社会资本进入该行业建立了稳定的信心,也充分发挥了政府种子资金的连锁反应作用;二是,电网产业投资基金中的政府投资与社会资本投入者共同分担了电网项目的投资风险,这也化解了一般全部由各类社会资本承担风险的担忧;三是,由于政府(或者代理国有企业)可以通过市场竞争规则在众多的社会资本投资者中引入具有建设、营运以及创新方面具有核心竞争优势的社会资本投资者,这样在电网项目投融资规模、电网项目建设和电网项目的运营等多方面通过提高管理效率和服务效率等来创造更多的电网利润差额。当然,鉴于各类社会资本对于电网产业投资的经济性激励不足,初期政府可以设立部分银行资金(主要由国家主导的政策性银行承担),也可以让那些以追求长期稳健收益和低风险为目的的保险资金、社保基金等进入,还可以寻找社会上那些追求适当的经济收益回报率而很注重社会效益回报的带有慈善性的社会资本进入。实行政府主导,通过放开电网特许经营,引入各类社会资本建设电网项目,条件成熟还可以将部分电网资产捆绑引入社会资本企业进行营运,这里的前提条件是政府必须制定一系列能够让社会资本对电网产业的发展有稳定和增值的预期,并让社会资本投资者可以在遵守国家法律法规的基础上进行市场化运作并获得资本的投资收益。

5.3.2.3 电网产业投资基金的品种

根据我国的实际情况,电网产业投资基金的品种可以考虑设置直接性的电网股权投资、间接性的电网股权投资和一般性的基金投资。直接性的电网股权投资可以有三种:第一,电网产业普通股权投资,投资标的为国内电网行业内未上市的公司,例如,可以投资国家电网公司、南方电网公司、区域电网公司以及地方电网公司等未上市公司的股权,也可以根据项目的实际情况投资那些已经上市但以收购电网建设和营运为目的的上市公司股权。第二，可以设立少量的杠杆基金投资，即电网产业投资基金利用各种财务效应杠杆来进行的各类涉及电网领域的股权投资。第三，电网承建商、上游设施和设备供应的企业创业投资。此时的电网产业投资基金应投向电网高新技术及其电网设施，相应设备的研发，进一步促进电网及其相关领域的高新技术成果产业化。例如，目前国外已经涌现出了非接触式充电装置，这种利用电磁感应进行充电的技术在电网领域将有重要的应用意义和广阔的发展前景。对于间接性的电网股权投资，间接性的电网股权投资一般可分为优先股、可转换优先股和可转换债券等多种类型，并依据国家《公司法》对上述三种间接性的电网股权进行投资。最后是一般性的基金投资。电网产业投资基金还可以与其他涉及电网相关的领域的基金进行合作，比如说与电源产业基金以及供电和配电产业基金等合作投资，以便共同支持电力产业链的建设和完善。

5.3.2.4 电网产业投资基金的投资策略

该基金的主要投资领域应为电力特别是电网及相关产业。一般以电网项目的方式进行投资。一是为配合国务院（国发〔2014〕60号）提出的：将社会资本引入"跨区输电通道、区域主干电网完善工程和大中城市配电网工程。将海南联网Ⅱ回线路和滇西北送广东特高压直流输电工程等项目作为试点，引入社会资本"以及"鼓励社会资本投资建设分布式电源并网工程、储能装置和电动汽车充换电设施"等，可以将电网产业投资基金从上述项目开始试点，探索引入PPP来促进我国电网产业的快速和健康发展。二是支持做强各级类型的国有电网企业。目前国家电网公司、南方电网公司、各区域电网公司以及地方电网公司等电网行业需要投资的领域包括项目投资以及相应的改造投资等。该产业投资基金可以对上述电网公司投资拥有较强竞争力的各类大型电网新建项目投资，也可以适当投资一些电网改造项目。支持这些国有电网企业做强是实现电网产业投资基金的首要任务和主要载体。通过电网产业投资基金的支持，使这些公司不仅在规模上做大，同时争取实现在电网的应用研究、开发研究以及项目建设和营运等方面形成纵向一体化且在该领域具有国际声望的现代化大公司。促进各级国有电网企业实现多种形式的创新，成为通过创新驱动电网产业发展的重要生力军。具体来说，可以对诸如国家电网、南方电网等具有较扎实的创新能力的大型电网企业进行投资；也可以对地方电网中有一定创新基础且市场营运绩效良好的成长性电网企业进行投资。通过产业基金的投入促进国有电网企业自主创新，加快电网产业承接国际新型电网发展技术并在中国实现产业化。三是通过电网产业投资基金投资优化我国电力纵向产业链。其主要投资对象产品包括电网设施的研发、生产以及电网设施的安装和维修等方面的设备以及各类配套设施，具体可以针对电网领域的各类生产电网设备的具有纵向和横向协作配套并具备高成长性的各类电网设施生产的中小企业、承建商以及相应的上游电网设施、设备供应商等。尤其要对电网研究的各类科研机构以及研发性电网企业进行追踪，考察他们在电网领域的创新能力并给予相应的投资支持。具体来说，电网产业投资基金通过追踪考察和评估对在电网建设、营运以及相应的设施、设备生产等等方面有潜在重大技术创新的外围企业进行提前性的投资支持；还要考虑对拥有创新成果的各类电网研发机构进行支持。综合起来，其投资策略可以归纳为：一是通过投入国家试点的电网项目，加快我国电网的规模性建设和营运；二是投资先进的各种以新能源应用的智能电网建设项目；三是以优化电力纵向产业链、促进电力产业的自主创新等的投资；四是与其他相应的基金进行合作，并依据市场化的方式扩大电网产业投资基金。

5.3.3 探索构建电网 PPP 项目的其他融资机制

5.3.3.1 通过资产证券化等方式融资

电网 PPP 项目资产证券化是指以项目未来收益权或特许经营权为保证的一种融资方式，也是一种非常适合电网 PPP 项目的融资。由于电网 PPP 项目属于政府垄断下的具有公益性的基础设施项目，又由于电力市场是面向全国的生产和生活领域，其市场的需求弹性相对稳定，价格受到国家的控制，加上近期国家对电网营业收入的改革（只收取过境费）等等，因此电网 PPP 项目可以给各类社会投资者带来较为稳定的现金流；另外，由于电网收费制度改革后电网 PPP 项目是通过收取电流过网费的方式来收回电网项目建设的投资，这样在电网项目建设在进行可行性研究之时就可以对电网项目进行充分的、有针对性的和让投资者信服的论证。且由于电网的营业收入相对稳定，所以，在可行性研究中的财务风险分析中很容易就能清晰地计算出未来电网项目建设和营运期的现金流。

5.3.3.2 银行理财借道投资电网 PPP 项目

银监会 2014 年 12 月下发的《商业银行理财业务监督管理办法（征求意

见稿)》已经表达出国家在一定层面上鼓励银行理财资金通过一定的渠道进入或者扩大向各类实体经济投资和服务。当然,国家管理部门为了规范银行的投资行为,防止金融风险的产生和失控,明确规定了商业银行不得通过多层的嵌套通道来对企业进行项目投资,但是该办法还是允许各类商业银行通过多种形式的信托渠道参与各类产业项目投资,也为电网PPP项目的融资拓宽了相应的渠道。一般来说,商业银行的理财产品参与电网PPP项目可以通过与国内各种类型的信托公司合作,由各类商业银行募集电网建设和营运所需资金,各类信托公司就可以负责在遵守国家管制的前提条件下具体投资电网PPP项目。这里,由于银行理财资金通过信托公司等金融机构进入电网PPP项目主要是通过电网PPP项目公司内部增资扩股或者外部收购其他投资人的股权,具有了权益融资的性质,各类银行及金融机构在此作为电网PPP项目公司的股东来获得相应的固定回报,由于银行等金融机构通过此方式进行电网项目投资实质上没有承担项目风险(金融机构实质上只是名义上的股东),所以金融机构在退出电网PPP项目公司时,就可以选择股权转让和直接减资等。在银行理财借道投资电网PPP项目的建设和营运中,电网项目的风险控制也是金融机构主要考虑的因素,这里主要是包括电网项目特许经营中的政府信用风险,各种自然灾害造成电网项目失败等不可预测的风险等。在这种风险出现的情况下,银行理财借道也会受到相应的损失。所以,一般金融机构通过理财借道投资电网PPP项目也会慎重进行论证的。

5.4 加快政府电网投融资管理体制改革

总的来说,在PPP模式下的项目融资体制中,政府的角色应从"主导者"向"引导者"转变。未来十年,我国的电网产业发展将迎来高峰期,庞大的资金需求使得仅靠电网企业自有资金乃至政府财政难以支撑。所以,政府不得不引进社会资金,转变角色,从以国有投资为主转变到政府引导民间资本投资。这不仅是解决资金需求不足问题的关键,更有利于提高电网产业的经济效益,促进其市场化程度的提高。

(1)电力产业融资改革的过程中,要遵循渐进性的原则,放松政府对电网领域的管制。国有企业最终必须建立"归属清晰、权责明确、保护严格、流转顺畅的现代产权制度"。在改革的过程中，政府应逐步让国有电网企业取得经营主导权，最终将经营权完全转让给企业，从而使企业自主决策、自主经营和自负盈亏，自己承担融资的收益和后果。在此过程中，政府需要做的就是维护电力市场运行秩序，对其进行科学合理的监管。此外，在资金方面，由于电网产业建设所需资金日益庞大，仅靠政府很难满足其需求，因此迫切需要拓宽融资渠道，丰富投资主体。由于电网产业具有较大的正外部性，加之短期内资金很难得到回报，就目前的投资渠道而言难以解决电网产业所需的巨额资金。所以，引进社会民间资本、金融资本等政府资本之外的其他资本，让电网产业融资更有效率，从而最大限度地满足其日益增长的庞大资金需求。

（2）国有电网企业在政府特许的条件下放开对电网经营权的垄断。可以选择在适当的时机以多种形式出让电网经营权，从而吸引社会资金流向电网产业建设领域。例如，当庞大的资金缺口日益增加，而政府资金又难以满足其需求时，政府可以允许电网企业把一定年份的电网经营权当作抵押品或者以其他保证来向社会筹集私人资本，引导社会资金进入电网改建，从而提高其负荷能力。社会投资者可以通过售电或收取过网费的形式获利。

（3）通过上下游电力企业以及与社会投资者的合作，尽快推出电网上市公司，发挥市场权益融资的作用。到目前为止，我国有许多电力企业（发电企业）成功上市，并从市场上募集了公司发展所需的资金。由于种种原因，至今我国仍然没有电网公司上市。所以，尽快通过引入广义的电网PPP模式，将电网公司与使用电网的电源企业以及配电企业联合组成相应的电网项目公司，通过培育和发展，推动此类电网公司上市，获得社会资本的进入。

（4）支持国际资本进入电网产业。为了满足我国快速发展的电网建设所需的庞大资金，政府应该适当地放宽投资限制，在一定程度上允许社会资本和国际资本进入一些电网产业的细分领域。同时，在形式方面我们可以借鉴发达国家的做法并进行适当的创新。通过放开限制从而提高民间资本以及国际资本的积极性，这样既可以满足电力产业建设日益庞大的资金需求，还可以吸收国外的先进经验和技术从而提高我国整体的电力产业生产运行效率。

5.5 本章小结

本章着重探讨 PPP 模式下电网多元化投融资体制的建设。首先，本章分析了当前电网投融资的现状和问题。其次，从理论上对电网公私合作投资和收益分配合约进行了理论分析，并区分了不同 PPP 模式的适用范围。最后，根据电网 PPP 项目的特点提出了探索构建电网 PPP 项目融资和政府主导的电网产业投资基金，并进一步分析了资产证券化方式融资以及银行理财借道等融资渠道。

6 公私合作视角下电网 PPP 项目监管体制构建

6.1 我国电网（电力）监管现状及原因分析

由于电力系统是由发电、送变电线路、供配电和用电等四个环节组成的电能生产与消费系统，上述四个子系统之间必须具有高度的统一协调性和整体的系统性才能保证其正常的运转。从电力系统的组成来看，电网是整个电力系统的重要组成部分，由于各类新能源在实践中的广泛应用，电网发展出现多样化的趋势，其投资比例从 2014 年开始超过电源投资。此外，我国长期以来一直采取的是对整个电力产业的监管，并没有单独分开监管。基于电网系统在电力系统的重要性和上述其他原因，以及电网行业的监管属于国家电力监管的重要领域，为了统一叙述，下文中除了特殊情况，一般就不区分电网监管和电力监管。

我国于 2003 年 3 月 20 日成立国家电力监管委员会（2013 年归并入国家能源局），实行新的电力行业监管体制，至今已经运行十多年。这一体制不仅推动了电力市场化改革，还提升了监管的实效性、科学性及规范性，推动政府在电力行业管理方式和理念上的变化。特别是在我国"厂网分开"、各利益集团关系急剧调整等形势下，既实现了电力工业高速发展，也保证了电力工业安全稳定运行和改革的平稳推进。但是，新体制多年来的实际运行情况和效果与预期目标相比还是有较大的差距，主要表现在两个方面：一是政府电力管理方式没有根本性转变，职能交叉、责权脱节问题没有根本解决，导致管理效率低下，管理效果不佳；二是新设立的电力监管机构缺乏有效的监管手段和监管工具，履行职责受到诸多制约与束缚，难以发挥应有的作用。目前的电力监管体系无法真正从根本上改变我国电力行业监管生态。

6.1.1 对电力市场监管认识的局限影响到监管活动与监管成效

由于我国电力市场监管体系是在计划经济条件下形成的,在改革的方案设计以及改革的对策措施等方面对我国电力市场监管的认识存在局限,各相关部门没有形成共识,这直接影响了市场经济转型中电力监管的定位、体制机制设计、制度安排和职能配置,并进而影响到监管活动与监管成效。对电力这一国民经济基础产业的监管在我国还是个新生事物,因此人们对监管的认识必然要经过个从不了解到逐步了解、从了解不多到了解较多的过程。多年来,随着监管实践的不断深入,各方面对电力监管的认识也在不断深化,对于什么是监管以及在中国国情条件下监管什么都有了更加深入、完整的认识与理解。现在看来,以前对于电力监管的一些重要问题的看法有失全面、准确,存在一些局限。而这种认识上的局限,直接影响了电力监管的定位、体制设计、制度安排和职能配置,并进而影响到监管活动与监管成效。其中几个有代表性的问题如下。

6.1.1.1 对电力监管体制的含义认知不足或者在理解上有些偏差

过去多年间我国实行计划经济,即使在今天,计划经济还拥有强大的影响力,在计划经济体制下很难有效的实施经济性监督。但是在市场经济条件下,政府的监管就显得十分必要,市场经济条件下的监督管理体制是政府对市场管理的重要举措,有其特定的含义,一般特指政府依法依规对企业的市场进入、价格决定、产品质量和服务条件、安全、环境、普遍服务等实施的直接的外部干预行为。围绕电力监管改革,一直存在两种认识上的误区:首先,把监管的概念简单理解为传统行政管理中的监督和管理,将监管体制改革理解为传统意义上的产业管理权限在不同部门之间的简单再分配和再调整,没有认识到现代监管制度是一种新的体制形态和管理方式,是政府经济管理方式的一种制度创新,实际上是用市场经济体制下的政府监管代替原来的计划管理。由于概念理解上的偏差,使得在实际工作中没有跳出原有的思维方式,把监管体制改革简单化,在改革方案设计上没有严格按照监管制度的要求设计体制,配置职能。其次,把电力监管等同于一般竞争性行业的市场监管,导致一开始对电力监管的定位就不准确,把电力监管仅仅定位在监管狭义的电力市场竞争行为这个层面上。实际上,电力等带有自然垄断特征的基础产业的监管,与一般竞争性行业的市场监管相比,在监管的范围、内容和方式上都有着本质的区别。电力监管本质上源于电力产业的公用事业和自然垄断的特性。电力行业的垄断属性就意味着其脱离不了政府的监管，需要政府严格的监管，而对电力市场竞争行为的监管，只是电力监管诸多内容中的一项内容。美国成立电力监管机构已有80多年的历史，但其建立电力竞争性市场、实行电力市场化改革只是近二十多年的事。在这一点上，电力监管与以市场为先决条件的证券等非自然垄断产业的监管有着很大的区别。将电力监管仅仅定位于狭义的市场竞争行为监管，必然束缚和限制电力监管工作的开展和作用的发挥。

6.1.1.2 对体制转轨时期电力监管外部环境的认识不充分

任何制度，都必然依附于一定的环境条件而存在和作用，电力监管体制也不例外。西方国家的电力工业一般都经历过一段从由自由竞争到垄断的过程，而我国目前的垄断，是由计划经济、全国高度垄断的国家垄断体制直接转化而来的。电力产业目前正处于从计划到市场、从垄断到竞争、从行政管理到依法监管的转变时期，即半计划半市场的转型过渡时期。这一时期的典型特点是：旧体制已经打破，但还没有完全退出；新体制已经开始建立，但还很不完善；新旧体制同时存在，共同作用。在经济领域，市场正在发育，但计划经济的残留和余威还在；在行政领域，政府职能转变刚刚开始，传统行政管理方式仍然居于主导地位；在法制建设上，调整和规范市场经济条件下政府、企业和个人行为的法律还不完善，被监管企业习惯于行政命令式管理，依法接受监管的意识不强。这种制度特征，要求电力监管既不能简单沿用原有计划经济下的管理手段和方式，也不能照搬国外成熟市场经济条件下的管理手段和管理方式，而是需要考虑现阶段我国特殊的国情因素，将行业管理和市场监管两种职能有机结合起来。但在实际操作中，对这种半计划半市场的体制特征显然考虑不够，绝对化地理解政监分离，没有将行业管理职能与监管职能有机结合起来，使得监管机构既没有足够的权威，也缺少有效的监管手段。这是导致电力监管部分失效的重要根源。

6.1.1.3 对主动型机构设置方式的重要意义认识不够

"大改革"往往是"大危机"的产物。我国以往的机构产生方式中，危机型、被动型的较多。在实际工作中，往往是等到一个行业出现市场混乱，安全事故频发之时，才匆忙升级和加强相关管理机构。考察我国煤炭安全监管、工商管理、环保、质量监督、金融监管等机构的产生和演变历史，无不如此。这种危机型、被动型的机构产生方式在所有的改革方式中，改革动力最大，也最容易见到成效。我国基础产业管理体制和机构安排，一般都是传统体制和机构的自然顺承与沿袭（如铁道部、民航总局），或在传统体制和管理方式范围内进行调整和变更（如信息产业部、国家邮政局）。这种体制和机构的产生方式，一方面，由于体制模式和管理方式基本未发生变化，体制运转和机构工作已经有了一套较为成熟的工作方法和工作模式，因而可以按部就班，容易走上轨道，实现正常运转。一般不会产生干什么、怎么干的问题，不会出现工作找不到感觉，不知道如何发力的现象，通常也不会出现缺位问题（倒是容易出现越位问题）。另一方面，由于这些机构存在时间较长，工作范围和职责分工基本明确，因此，也容易为社会公众熟悉和了解，社会公众对这些机构的作为和作用容易形成概念。此外，还有一类机构，如证监会的设立，是先有证券市场，而后在证券市场运行出现危机的情况下，作为事后应对危机，加强监管的一项制度安排而成立的。证监会的这种生成方式，是典型的危机式改革，从而使证监会设立的必要性容易为社会和公众理解。加上由于有证券市场运作几年得来的经验和教训，使得它在成立以后再开展工作时工作方向很清楚，容易找到着力点，工作的成效和作用也容易显现，地位作用容易为业内和社会认可和接受。

而与其他基础产业部门及证监会的管理体制和机构安排方式都不同，电力监管体制和监管机构是事先设计出来的，机构本身又是外生的，不是原有电力行业某个部门的简单演化或转变，同时在市场经济条件下，对电力行业实行有效的监管是政府管理电力行业的一种重要方式，在我国是没有先例可以参考借鉴的。这种制度设计，最大的特点是功能的预防性、工作的创新性和机构的中立性。但同时也给体制和机构的运作带来一些困难。首先，机构设立的必要性不容易为业内和社会理解。其次，体制运作的效果更多的是隐性的。由于采取了有效的预防性措施，因此，可以防患于未然，将一些隐患和问题消灭在萌芽状态。从实际效果来讲，这是社会效益最大化的一种制度设计，但也正是因为监管效果的这种隐性特征，使电力监管机构的工作成效不易为业界和社会公众认识和了解，限制了电力监管机构的影响。再次，由于电力是我国基础产业领域第一家引入监管的部门，没有先例可循，工作需要摸索，因此在一段时间内电力监管干什么、怎么干等问题都需要在实践中探索，有时难免出现一些问题，从而影响电力监管工作的成效，使业界和社会对电力监管工作价值和作用地位的认识产生偏差，甚至质疑；此外，电力监管机构外生式的生成方式，虽然对于保证监管中立具有良好作用，但由于机构以前与监管行业没有联系,在客观上会对监管进入行业、发挥作用产生一些不利影响,制约监管工作的顺利开展。最后,对省间壁垒的认识存在误区,把省间壁垒的影响扩大化。省间壁垒严重是原有电力体制的主要弊端,也是电力体制改革着力要解决的重要问题。所谓省间壁垒主要表现在两个方面:一是优先购买本省电厂发的电,控制外省低价电的输入;二是在缺电时,各省自发自用,即使外省出高价来购电,也不准卖出。这种双向壁垒的弊端:一是阻碍资源优化配置;二是不利于降低电价,损害了电力消费者的利益;三是保护了高煤耗的小火电,不利于电源结构的优化。因此,当然需要打破。但对采取什么措施打破省间壁垒,认识上存在着误区,有观点认为"打破省间壁垒必须撤销省电力公司的法人地位,不能按省设立监管机构"。这种观点不符合我国电力工业发展的历史阶段和实际情况。分析省间壁垒的成因,一是体制原因,网厂未分开,电网公司可以利用垄断优势为自己拥有股权的电厂牟利;二是市场原因,区域市场不完善,尚未建立打破省间壁垒的市场规则。为打破省间壁垒,可以采取以下措施:一是实行厂网分开,这一点已初步实现。二是建立公平开放的电力批发市场,鼓励省间直接"自由采购"。三是将打破省间壁垒、鼓励省间直接自由采购以及省电力公司必须优先购买低价电的原则转化为市场规则的具体条文,并据此编制市场竞价、交易、结算等计算机软件,以市场规则和市场技术支持系统来保障市场公平竞争,排除人为干扰。四是加强市场监督,保障市场交易的公平和透明,维护交易各方的合法权益。采取上述措施,必能打破省间壁垒。可见,省公司作为子公司以及按省设立监管机构本身并不是产生省间壁垒的根本原因,也不会必然导致省间壁垒。那种把按省设立监管机构与打破省间壁垒联系起来的观点是没有道理的。相反,由于把省间壁垒的影响扩大化,使得在监管组织体系设计上不符合实际情况,反对按省设立机构的结果是大部分省份都没有一线监管机构,一线监管严重缺位,实际上架空了监管机构。

6.1.2　电力监管体制设计存在先天的不足并降低了监管的效率

由于我国电力监管体制设计存在先天的不足,既没有与实际的电力市场结构相一致,也没有克服原有管理体制多头、分散监管的弊端,割裂了监管工作的完整性,降低了监管的效率。2002年的电力体制改革,在改革传统政府管电方式、建立现代电力监管制度方面,应该说向前迈出了实质性的一步。但囿于当时的历史条件,这次改革在建立现代电力监管体制方面是不彻底的，没有完全到位，局限性十分明显，存在着重大的体制缺陷。

6.1.2.1 在横向职能配置上沿袭了原有利益格局下的监管体制

在横向职能配置上，没有克服传统体制多头、分散管理的弊端，而是采取了妥协，沿袭原有利益格局下的监管体制。目前，多个部门，如财政部、发改委、能源局、国资委等依然承担经济性监管职能，而社会性监管职能基本维持了原来的部门分工格局。从积极意义上来讲，这种"沿袭"能够保证改革初期稳定性和连续性，防止过大震荡的产生，也可以避免骤然变制导致的监管能力下降和空白领域的出现；但不得不承认，妥协会产生更严重的弊端：首先，本应完整的电力监管工作遭到人为割裂，分散的电力监管执行权直接影响了其有效性的发挥。电力生产具有发、输、供、用几个生产环节同时完成、瞬时平衡的特征，每个企业都是电力系统的一个有机组成部分，任一环节生产者的效率和安全都决定了或依赖于整个电力系统的效率和安全。电力行业这种紧密的内在联系，决定了电力监管必须职能统一。从世界经验来讲，无论是独立还是政府内设，电力监管部门都拥有统一的职能，由一个机构负责对电力行业的市场准入、市场运行及价格、成本、质量等主要内容进行监管。而我们现在的情况是，监管职能分割、交叉、多头管理，管电价的管不了成本及服务质量，管市场的管不了电价，出现问题，谁也不承担责任，也追究不了谁的责任。这种责权不统一、由各平行部门分头负责的监管职能配置格局，必然形成"大家都在管，但都管不了"的局面，造成部门间的职能重叠和效率低下，相互掣肘，形成监管"缺位"与"越位"并存的局面[①]。其次，在当前的监管框架中，发改委掌握着市场准入权和价格监管权两种主要权力。一旦没有了这两个最重要的监管工具，加之传统体制的强大惯性和传统行政管理方式对资源配置的直接控制，必然会限制电力监管机构权力的实行，监管行为的约束力大受影响，监管权威受到严峻挑战，容易使监管机构的监管流于形式，使监管变得有名无实，有形无体，严重影响了监管的有效性。

6.1.2.2 新的监管体制没有充分考虑到实际的市场结构

在纵向监管体系设计上，新的监管体制没有充分考虑到实际的市场结构，也与传统的行政区划相背离。按照国发〔2002〕5号文件的规定："电力监管委员会按垂直管理体系设置，向区域电网公司电力调度交易中心派驻

---

① 刘树杰，刘晓军."十二五"深化电价改革研究［J］.宏观经济研究，2011，(12).

代表机构。"监管体系的这一安排与早期电力体制改革方案设想的市场结构是一致的。

在电力体制改革方案的征求意见稿中,设想的市场结构是:打破省为实体的市场结构,设立华北、东北、西北、华东、华中、南方电网六个区域电网有限责任公司或股份有限公司,在国家计划中实行单列。区域电网公司根据电力市场发展的具体情况以及合理的企业法人治理结构,将区域内的现省级电力公司改组为分公司或子公司,负责经营当地相应的输配电业务。

然而,电力体制改革方案在各方的博弈过程中,设想的市场结构并没有实现,区域电网的法人实体地位并没有落实,反而在实际操作中区域电网的功能被不断削弱。但监管体制设计并没有随着市场结构的变化而作出相应调整,这就使得监管体系和实际的市场结构发生了错位。而有什么样的市场结构,对应的就需要什么样的监管体系(这是监管体制设计中应遵循的基本原则)。加上纵向体制设计主要以履行市场监管职能为依据,不仅在地(市)、县(市)等基层行政范围没有分支机构,而且在大多数省(市、区)也没有分支机构。电力监管机构的这种体制设计在很大程度上制约了监管工作的开展,降低了监管效率,尤其是电力行政执法主体不明,力量不足,在许多地方存在管理真空,难以作为,监管难以到位。

此外,由于电力产业无论经济效益还是社会效益都扎根于一个特定区域,具有极强的地域性特点。在电力产业中依然按照我国传统的行政管理体制那种绕开省一级政府,直接设立大区机构管辖的方式[①],很明显严重脱离了产业实际情况,不符合中国国情。

6.1.3 电力监管体制的配套改革措施严重限制了新体制的实施

电力监管体制的配套改革措施滞后,法律法规和市场机制未能如期建设,政府职能转变及国企改革效果不佳,严重限制了新体制的实施。监管体制作为市场制度的一个重要组成部分,其效用的正常发挥必然不能脱离其设计的客观环境。当前电力监管体制是按照市场化改革的目标及设想所设计的,自然就要求一个与市场经济协调的外部环境。根据萨缪尔森的分析层次,它需要整个社会公众要具备契约精神,形成公共监督的自觉;政府要制

---

① 苏苗罕. 能源监管机构的权力边界问题研究 [C].《生态文明与环境资源法——2009年全国环境资源法学研讨会(年会)论文集》, 2009.

定健全的法律体系以及独立有效的司法系统；要建立一整套完善的市场规则；要构建独立的市场主体并转换政府角色。但是我国的环境并未能达到这一水平，所以超前的电力监管改革自然无法发挥其应有的作用。

6.1.3.1 电力市场建设进展缓慢，使电力监管缺乏实施对象

按照国发5号文件的设想，到"十五"期末，区域电力市场基本建立，大多数发电企业都要通过区域电力市场，实行竞价上网①。然而，2002年6月以后，面对国民经济的持续快速增长，一度比较宽裕的电力供需形势再度全面紧张，全国大部分地区出现拉闸限电现象。这种情况的出现，使政府和社会各方对改革的注意力更多地转移到保障电力的短期供应上，包括区域电力市场建设在内的许多改革措施难以按计划顺利实施，改革任务不能如期完成。区域电力市场至今依然处于试点和模拟阶段，远未能达到市场交易的地步，因此完全无法通过市场监管来实现其影响作用。

6.1.3.2 政府电力行政管理职能转变滞后，制约电力监管作用的发挥

任何国家的电力监管都绕不开政府公权力的实施，而我国作为能源领域国家垄断的社会主义国家，整个电力产业都建于传统行政管理体制之中，因此这一情况尤为严重，要想进行电力监管改革，必须先从政府职能转变做起。电力监管体制发挥作用的前提便是政府退出电力资源配置领域，因此要保证监管改革取得成效，就必须为监管工作提供所需的配套条件，明确电力监管中宏观调控和微观监管的职能分配，实现真正的政监分离，形成行政体制改革与电力监管体制改革的良性互动过程。但实际情况恰恰与之相反。在电力产业引入政府监管体制的同时，相关政府综合经济管理部门不仅没有按照行政管理体制改革方向，相应转变职能，还以强化监管约束的名义，保留了主要的价格监管职能和项目准入职能，不仅制定政策，而且开展微观监管业务，形成新的政监不分的情况，人为分割了监管职能，削弱了监管机构监管能力，影响了监管机构监管权威，降低了监管约束力。现在的问题不是监管权力过大，而是监管权力不足；不是监管过度，而是监管不足；不是监管俘获，而是监管架空。电力监管体制运行多年来的实践表明，当对一个行业的管理同时存在传统的政府管理和市场化的政府监管两种管理方式时，行政管理的强势必然削弱监管的有效性；在缺乏相关行政改革措施配套支持的情

---

① 中国电监会，俞燕山，李创军. 电监五年：方向正确，体制待改，洋为中用 [N]. 中国经济时报，2008-4-14.

况下，仅靠电力监管改革单兵突进、孤军深入，将严重影响电力监管工作的成效。

6.1.3.3 国有企业改革不到位，极大地增加了监管的难度

从理论上讲，垄断经营企业是完整意义上的独立利益主体，有自己独立的利益追求，地位独立，完全按自己的意愿行事，政府就需管制。如果垄断企业不是独立的利益主体，只是政府的一个附属部门，政府完全可以按自己的意愿行事，无须管制，直接指挥就可以了。与西方市场经济国家电力工业基本以私营企业为主不同，我国电力行业中的国有企业规模庞大，长期实行政企合一的经营体制，使得这些企业还没有成为真正意义上的独立市场主体。不少企业和企业经营者至今还有行政级别，一些还属于中管干部。这种特殊情况，增加了我国电力监管工作的难度，影响了电力监管功能的发挥。一是在国有企业占主导地位情况下，监管对象特别是主导企业反监管能力十分强大，对政府监管阳奉阴违甚至直接抵触，难以将监管工作落实。例如，这几年，国家能源局在要求监管对象报送信息上就遇到了类似问题。二是在现行体制条件下，电力企业可以直接与监管机构所辖的政府部门联系，进而对监管机构形成双重压力，甚至能够反过来压制监管机构，使监管失效。三是目前国务院实际上是我国垄断产业（包括电力行业）的最大管制机构，享有最终管制权。这一方面可以促使监管机构公正执法，对监管机构开展监管工作形成有效约束，但同时也在一定程度上影响了监管权威，使得一些监管企业可以通过自身的特殊渠道和关系，直接从国务院寻求对其市场行为的支持。

6.1.4 计划经济惯性下形成的传统管理观念导致了监管体制失灵

电力监管业务量增加和监管范围的扩大，我国传统的管理理念和观念以及监管机构自身经验的缺乏等，也导致了监管体制失灵。现行电力监管机构设置和人员配备是按照当初电力改革文件赋予的职能设计的。多年来，由于客观形势的需要，电力监管的范围由当初监管省调范围内的电力企业扩大到监管中华人民共和国境内的所有电力企业，电力监管职能增多但组织机构和人员规模并没有随之变化，导致一线监管力量严重不足，制约了监管作用的发挥。

我国是个传统历史文化底蕴十分丰厚的国家。传统的政府管理理念和观念对监管制度实际作用的发挥发生着重要的影响。比如，中国有几千年的人

治传统。思想深处重权轻法、权大于法，人治、权治色彩浓，没有法制传统。在这种文化背景下，监管作为一种区别于传统政府行政管理的政府管理经济的全新方式，效力在初期肯定会受到一定影响，感觉没有行政管理方式好用。从这个意义上看，监管效力的提高，还有赖于社会法律意识的养成与健全。再比如，中国文化讲究道德治国，又是一个典型的人情社会，许多事情习惯依靠关系通融处理，从而使监管法律法规的执行效果打了折扣，形成有法不依。再比如中国文化中的一些潜规则会在监管工作中发挥作用，如对一些影响自身利益的问题，口头上都赞同，但实际上却消极抵抗。一些相关部门对于监管，因为知道这是垄断行业改革的方向，不赞同就是反改革，因此在表态上都是拥护、赞成、支持的，但涉及实质问题时，就会以各种冠冕堂皇的理由推诿、扯皮，反映在电力监管上，就是要其名，不给其实；要其形，不予其体。一些法律法规，平时都说已经过时，应该修正，但在一些时候又被拿来作为维护部门利益的护身符。再比如，按照中国文化假设，人都是讲道德，守纪律，维护集体利益的，而且常以此作为制度设计的出发点。但实际上当真正涉及多部门协调时，往往出现争权夺利，推诿扯皮。此外，中国传统没有精确化管理，数字化管理，而是基于道德的情理管理，监管更多是处理合理性问题，弹性大。国外监管解决科学性问题，而不是合理性问题，要求有一系列指标体系跟进，这就使监管方法在与中国文化结合上需要克服一些障碍。

6.2 电网PPP项目的监管博弈及风险分析

与投资和收益分配合约不同，电网PPP项目的监管合约是一种隐性合约，并非在事前缔约，其前提在于电网企业与电网PPP项目公司之间的委托代理关系，通过非合作博弈最终达成。无论是效率分析还是投资与收益分配合约分析中，本书采用的都是合作博弈的分析范式，即参与者遵循合约的要求，在一个"合规"的范围内实现自身利益最大化。但是在实际过程中，作为代理者的PPP项目公司及其社会经营者还可以通过违约来实现自己的经济效益更大化——电网建设中最常见的"以次充好"便是其最好的例证，由于电网设施通常是耐用品，当设施正常寿命大于项目合约周期时，项目公司完全可以采购价格更低的"旧货"，在其负责期间内完全不影响电网运行效率，而合约期外的任何损坏都可以以"概率"的借口推脱责任。因此，电网企业（政府）需要就项目中是否采取监督手段、惩罚力度的强弱等与PPP项目公司展开进一步的非合作博弈，最终形成电网PPP项目的外部监管合约。

6.2.1 电网企业与PPP项目公司的静态博弈分析

6.2.1.1 静态博弈模型描述

电网企业与社会资本的目标函数并不一致。在PPP模式中，外包模式中电网企业与承建商缔结的是延期支付的市场合约，其委托代理关系需要通过质量监管来控制承建商工程满足质量要求；特许经营模式中，电网企业作为国家利益的行业代言人，要求PPP项目公司的建设与运营达到基本的社会效益，通过行业监管来实现；私有化模式中，作为少数股东的国有电网企业与社会资本控股的电网PPP项目公司之间存在少数股东与经营者之间的委托代理关系。无论PPP项目采取哪一种模式，由于双方信息不对称，电网企业的策略集为｛监督，不监督｝，参数主要为监督成本；电网PPP项目公司的策略集为｛违约（无视公共利益以确保经济利益最大化），履约（确保公共利益得到实现的情况下最大化自身利益）｝，参数主要为增加利润、惩罚力度及造成的损害。本节以监管合约最严密的私有化模式作为分析对象，构建监管合约中的委托代理博弈模型。

表 6-1 中，设 U_0 为项目公司以履约确保公共利益实现为目标，在合约期内创造的总收益，但其包括社会效益 U_{0E} 和经济效益 U_{0I}；U_0' 为项目公司以不惜违约也要实现自身利益最大化为目标，在合约期内为创造的总收益，由于电网的社会效益 U_{0E} 无法量化和准确预期，所以有 $U_0 > U_0' \geqslant U_{0I}$；项目公司根据合约安排，可以获得 $D(U)$ 的收益，其中 U 为可量化的经济收益，不同策略对应值分别为 U_{0I} 和 U_0'，为了凸显合约中对项目公司改进技术完善管理创新的激励，$\partial D(U)/\partial U > 0$；$\alpha$ 为国有电网企业的监督成本；但同时为惩罚项目公司罔顾公共利益的行为，国有电网企业依约对其进行惩罚 β；另外，项目公司取得代理成本 γ，但同时会对国有电网企业（包括社会）造成 $\vartheta\gamma$ 的经济总损失（$\vartheta > 1$）。由于监管方难以确定 $\vartheta\gamma$ 和 γ 的具体额度，因此 β 是一个和 γ 无关的常数。

在这个博弈矩阵中，$[D(U_{0I}), U_0 - D(U_{0I}) - \alpha]$ 是策略组合［履约，监督］情况下项目公司和国有电网企业各自的总收益；$[D(U_{0I}), U_0 - D$

(U_{0I})]是策略组合[履约,不监督]情况下项目公司和国有电网企业各自的总收益;[$D(U'_0) + \gamma - \beta$, $U'_0 - D(U'_0) - \alpha + \beta - \vartheta\gamma$]为策略组合[违约,监督]时项目公司和国有电网企业各自的总收益;[$D(U'_0) + \gamma$, $U'_0 - D(U'_0) - \vartheta\gamma$]为策略组合[违约,不监督]下双方各自的总收益。

表6-1　　　　国有电网企业与电网PPP项目公司静态博弈模型

电网PPP项目公司 \ 国有电网企业	φ 监督	$1-\varphi$ 不监督
η 履约,确保公共利益实现	$D(U_{0I})$, $U_0 - D(U_{0I}) - \alpha$	$D(U_{0I})$, $U_0 - D(U_{0I})$
$1-\eta$ 违约,自身利益最大化	$D(U'_0) + \gamma - \beta$, $U'_0 - D(U'_0) - \alpha + \beta - \vartheta\gamma$	$D(U'_0) + \gamma$, $U'_0 - D(U'_0) - \vartheta\gamma$

在该模型中,如果项目公司履约确保公共利益实现的基础上来使利益最大化,由于$U_0 - D(U_{0I}) - \alpha < U_0 - D(U_{0I})$,国有电网企业会选择不监督的策略;当国有电网企业选择不监督的策略时;$D(U_{0I}) < D(U'_0) + \gamma$,项目公司会选择违约的策略;如果项目公司选择违约的策略时,只要$\beta > \alpha$,$U'_0 - D(U'_0) - \alpha + \beta - \vartheta\gamma > U'_0 - D(U'_0) - \vartheta\gamma$,国有电网企业必然会选择监督的策略;当国有电网企业选择监督的策略时,只要$\beta > \gamma + D(U'_0) - D(U_{0I})$,则项目公司会选择履约的策略。因此不存在纯策略的纳什均衡,但可以存在一个混合策略的纳什均衡。

假设国有电网企业[监督,不监督]的概率组合为[$\varphi, 1-\varphi$],项目公司[履约,违约]的概率组合为[$\eta, 1-\eta$]。理论上,国有电网企业选择监督的概率一定要使项目公司选择违约和履约的期望收益相等,即:

$$\varphi D(U_{0I}) + (1-\varphi)D(U_{0I}) = \varphi[D(U'_0) + \gamma - \beta] + (1-\varphi)[D(U'_0) + \gamma] \quad (6-1)$$

项目公司选择履约的概率要确保电网企业策略选择的期望一致,即:

$$\eta[U_0 - D(U_{0I}) - \alpha] + (1-\eta)[U'_0 - D(U'_0) - \alpha + \beta - \vartheta\gamma] \\ = \eta[U_0 - D(U_{0I})] + (1-\eta)[U'_0 - D(U'_0) - \vartheta\gamma] \quad (6-2)$$

由(6-1)和(6-2)可以得出:

$$\varphi^* = \frac{D(U'_0) + \gamma - D(U_{0I})}{\beta}$$

$$\eta^* = \frac{\beta - \alpha}{\beta}$$

6.2.1.2 博弈结果分析

上述博弈的混合策略纳什均衡是电网企业以 $\varphi^* = D(U'_0) + \gamma - D(U_{0I})/\beta$ 选择监督，项目公司以 $\eta^* = (\beta - \alpha)/\beta$ 的概率选择履约。国有电网企业选择监督的概率受到违约惩罚 β、代理成本 γ 以及项目公司履约的经济收益减少额度 $D(U'_0) - D(U_{0I})$ 的影响，如果 β 越小，$D(U'_0) - D(U_{0I}) + \gamma$ 越大，即收益远大于处罚，那么项目公司违约的概率越大，致使国有电网企业采取监督策略；如果 β 越大，$D(U'_0) - D(U_{0I}) + \gamma$ 越小，即处罚远高于收益，此时项目公司自然不会选择投机行为，则国有电网企业将降低监督概率以节约监督成本。项目公司选择履约的概率受到违约惩罚 β 和监督成本 α 影响，如果 β 越大，α 越小，即对于国有电网企业来讲，监督成本越小越倾向于监督，而此时处罚力度又大，自然项目公司会增大履约的概率；但是如果 β 减小，而 α 增大的话，项目公司选择履约的概率便会降低。

如果国有电网企业的监督概率 $\varphi < \varphi^*$，项目公司的最优选择即违约；如果 $\varphi > \varphi^*$，项目公司的最优选择是履约；如果 $\varphi = \varphi^*$，项目公司则可以任意选择策略。如果项目公司履约的概率 $\eta < \eta^*$，国有电网企业的最优策略是监督；如果 $\eta > \eta^*$，国有电网企业的最优策略是不监督；如果 $\eta = \eta^*$，国有电网企业可以任选策略。可见，在静态博弈中，国有电网企业与项目公司的委托代理关系受制于代理成本、违约效益、代理成本、监督成本、惩罚力度等因素。

需要说明的是，在静态博弈模型中所涉及的社会效益 U_{0E} 和违约的潜在经济损害 $\vartheta\gamma$ 看似对博弈结果并未影响，但 U_{0E} 的大小直接影响到 $D(U'_0) - D(U_{0I})$，而 $\vartheta\gamma$ 的大小又直接影响 γ 的大小（代理成本的大小实际上是受到潜在经济损害的大小决定而非表达式的直接表示）。

6.2.2 国有电网企业与电网 PPP 项目公司的多阶段博弈分析

6.2.2.1 多阶段博弈原理

多阶段博弈相较于静态博弈，从根本上解决了：

（1）参与者的信息掌握程度更完全，私人信息的比例大幅度降低；

（2）"以牙还牙"[①] 作为报复性策略出现在多阶段博弈之中。

---

① 以牙还牙是指这样一种策略：永远不先选择背叛，而且还会给前一轮合作回报；同样会采取背叛来惩罚对手的前一次背叛。

设有一个多阶段可观察行为博弈 G，意味着：①所有的参与人在阶段 k 选择行动时，都知道在以前所有阶段 $0,1,2,\cdots,k-1$ 所采取的行动；②所有参与人在阶段 k 时都是"同时"的，当不限次数时，记为 $G(\infty,\delta)$，其中 σ 是某一阶段各博弈方共同的贴现系数，$\delta<1$。参与方在 $G(\infty,\delta)$ 中的总收益 π 等于各阶段收益的现在值，即：

$$\pi = \pi_1 + \delta\pi_2 + \delta^2\pi_3 + \cdots = \sum_{t=1}^{\infty}\delta^{t-1}\pi_t \qquad (6-3)$$

π 为各博弈方在 G 中的总收益；$\pi_1,\pi_2\cdots$ 为博弈方在各阶段的收益。

在多阶段博弈 G 中，所有参与人 i 同时从策略集 A_i 中选择相应的行动，其中纯策略为 a^i，策略空间 A，令 $a_i \in B_i$ 为混合策略，g_i 为支付。在多阶段博弈中，$a^t = (a_1^t,\cdots,a_n^t)$ 表示阶段 t 时全体参与人的行动集合，$h^t = (a^1,\cdots,a^{t-1})$，阶段 $t-1$ 结束时的整个博弈的历史，即，全体参与人在以往时段中采取的一系列行动的结果，记 $H^t = (A)^t$。参与人的纯策略 s_i 可以表示为一组从 h^t 到 a^i 的映射 s_i^t，混合策略 σ_i 可以表示为一组从 h^t 到 a_i 的映射 σ_i^t。参与人 i 的目标函数为：

$$u_i = E_{\sigma}(1-\delta)\sum_{t=1}^{\infty}\delta^{t-1}g^i(\sigma^t(h^t)) \qquad (6-4)$$

其中，E_{σ} 表示概率分布上 σ 的期望，$(1-\delta)$ 有 $(1-\delta)\sum_{t=1}^{\infty}\delta^{t-1}=1$，即归一化因子。贴现因子反映了参与者的耐心程度，$\delta=0$ 即完全无耐心，若参与人为 $\delta=1$ 完全耐心，即：

$$u_i = E_{\sigma}\lim_{T\to\infty}[\frac{1}{T}\sum_{t=1}^{\infty}g^i(\sigma^t(h^t))] \qquad (6-5)$$

6.2.2.2　国有电网企业与电网 PPP 项目公司的多阶段博弈过程

表 6-1 所示的静态博弈矩阵最终结果为国有电网企业的最大可能收益难以实现。然而，在电网 PPP 项目生命周期中，由于相对于国有电网企业和项目公司的相互行动而言，其时间期间可视为足够长，因此从单次的静态博弈扩展到近似的无限期多阶段博弈。

假设国有电网企业和项目公司的各自贴现 $\delta\in[0,1]$，博弈收益为各自历史的现值。国有电网企业所进行的监督工作可以促进自身整体利益的增加（即该监督工作是从原本企业的内部监管衍生出来的），且有假设国有电网企业进行的监督有利于公司自身整体利益的增加，且大于监督支出的成本。在无限多阶段博弈中，因此可以认为，监督与否取决于策略选择的净收益。

若国有电网企业选择"不监督",则在每一阶段(财务结算季)的收益为 $U'_i - D(U'_i) - \vartheta\gamma_i$,全项目周期内的总收益为:

$$[U'_1 - D(U'_1) - \vartheta\gamma_1] + \delta[U'_2 - D(U'_2) - \vartheta\gamma_2] + \cdots = \sum_{t=1}^{T}\delta^{t-1}[U'_t - D(U'_t) - \vartheta\gamma_t]$$
(6-6)

为了推算简单,假设每一阶段的收益相等,且国有电网企业和电网 PPP 项目公司合作阶段足够长,式 6-6 可简化为 $[\overline{U'} - D(\overline{U_t}) - \overline{\vartheta\gamma}]\frac{1}{1-\delta}$。该假设在下面分析中均沿用。

如果国有电网企业选择"监督",项目公司有 [履约,违约] 两种策略可供选择:履约时,国有电网企业得到的收益为 $\overline{U} - D(\overline{U_t}) - \overline{\alpha}$,项目公司的收益为 $D(\overline{U_t})$;违约时,国有电网企业得到的收益为 $\overline{U'} - D(\overline{U'}) - \overline{\alpha} + \overline{\beta} - \overline{\vartheta\gamma}$,项目公司得到的收益为 $D(\overline{U'}) + \overline{\gamma} - \overline{\beta}$。国有电网企业为促使项目公司长期履约,必然会采用监督策略,其总收益为:

$$[\overline{U'} - D(\overline{U'}) - \overline{\alpha} + \overline{\beta} - \overline{\vartheta\gamma}] + [\overline{U} - D(\overline{U_t}) - \overline{\alpha}] + \delta[\overline{U} - D(\overline{U_t}) - \overline{\alpha}] + \cdots$$
$$= [\overline{U'} - D(\overline{U'}) + \overline{\beta} - \overline{\vartheta\gamma} - (\overline{U} - D(\overline{U_t}))] + [\overline{U} - D(\overline{U_t}) - \overline{\alpha}]\frac{1}{1-\delta}$$
(6-7)

对 6-6 和 6-7 进行比较,即:

$$[\overline{U} - D(\overline{U_t}) - \overline{\vartheta\gamma}]\frac{1}{1-\delta} \leq [\overline{U'} - D(\overline{U'}) + \overline{\beta} - \overline{\vartheta\gamma} - (\overline{U} - D(\overline{U_t}))] + [\overline{U} - D(\overline{U_t}) - \overline{\alpha}]\frac{1}{1-\delta}$$

记 $\Delta\overline{U} = \overline{U} - \overline{U'}$,$\Delta D(\overline{U}) = D(\overline{U'}) - D(\overline{U_t})$,可得

$$\delta \geq \frac{\Delta\overline{U} + \Delta D(\overline{U}) - (\overline{\beta} - \overline{\alpha})}{\Delta\overline{U} + \Delta D(\overline{U}) - (\overline{\beta} - \overline{\vartheta\gamma})}$$

国有电网企业选择监督策略为最优。

6.2.2.3 博弈结果分析

设 $\delta^* = \frac{\Delta\overline{U} + \Delta D(\overline{U}) - (\overline{\beta} - \overline{\alpha})}{\Delta\overline{U} + \Delta D(\overline{U}) - (\overline{\beta} - \overline{\vartheta\gamma})}$,$\delta^*$ 即国有电网企业临界耐心,δ 越大意味着国有电网企业越能保持耐心,使监督较不监督的策略收益现值越大,

国有电网企业更有激励和倾向选择"监督"。可以看出，δ^* 主要受到阶段性违约和履约的效益差 $\Delta \overline{U} + \Delta D(\overline{U})$、阶段监督均值成本 $\overline{\alpha}$、阶段违约均值惩罚强度 $\overline{\beta}$ 以及阶段经济潜在损益均值风险 $\overline{\vartheta \gamma}$ 的影响。在其他因素不变时，$\overline{\alpha}$ 与监督临界值成正比，与监督策略选择的可能性成反比。

在对 $\overline{\beta}$ 和 $\overline{\vartheta \gamma}$ 进行讨论时，我们必须首先认识到，在电网项目中，由于阶段性的社会效益 $\overline{U_{0E}}$ 和潜在经济风险 $\overline{\vartheta \gamma}$ 必须通过评估才能得到，因此需要对其进行讨论。$\overline{\beta}$ 的选择应该是国有电网企业基于最恶劣的评估结果做出的决策，即 $\overline{\beta}$ 的取值应该受到社会效益 $\overline{U_{0E}}$、潜在经济风险 $\overline{\vartheta \gamma}$ 及监督成本 $\overline{\alpha}$ 的直接影响。根据前面对各变量的定义及对当前基础设施电网 PPP 项目实践的考察，社会效益受损越严重，潜在经济风险越大，项目公司创造的经济收益及违约和履约之间的收益差便越大，因此我们可以有 $\Delta \overline{U} + \Delta D(\overline{U}) = \overline{f(U_{0E}, \vartheta \gamma)}$，

$\dfrac{\partial f}{\partial U_{0E}} > 0, \dfrac{\partial f}{\partial \vartheta \gamma} > 0$，进而使 $\delta^* = \dfrac{f(\overline{U_{0E}}, \overline{\vartheta \gamma}) + \overline{\alpha} - \overline{\beta}}{f(\overline{U_{0E}}, \overline{\vartheta \gamma}) + \overline{\vartheta \gamma} - \overline{\beta}}$。

为了讨论简便，假设社会效益 $\overline{U_{0E}}$ 为常数，而当监督成本和社会效益不变时，$\overline{\beta}$ 可视为与 $\overline{\vartheta \gamma}$ 正相关的函数，即 $\overline{\beta} = C + \theta \overline{\vartheta \gamma}, C > 0$，上式简化为：

$$\delta^* = \dfrac{f(\overline{\vartheta \gamma}) + \overline{\alpha} - C - \theta \overline{\vartheta \gamma}}{f(\overline{\vartheta \gamma}) + C + (1 - \theta) \overline{\vartheta \gamma}} \qquad (6-8)$$

式 6-8 中，分子的变化速度慢于分母，因此当 $\overline{\vartheta \gamma}$ 增大时，惩罚成本也随之增大，临界值 δ^* 降低，国有电网企业选择监督的动机和可能性增加；当 $\overline{\vartheta \gamma}$ 降低时，惩罚成本也随之降低，临界值 δ^* 增高，国有电网企业选择监督的动机和可能性降低。

社会效益 $\overline{U_{0E}}$ 与潜在经济风险 $\overline{\vartheta \gamma}$ 具有类似性质，同样适用于上述分析。

可以发现，由于项目周期时间长，参与双方相互行动次数很多，必然会出现一个短期和长期的利益权衡，即无限期多阶段博弈解决了有限次博弈当期支付优先考虑的缺陷，使博弈参与者为了选择长期利益而忍受短期利益的牺牲，并为了防止关系破裂带来的"两败俱伤"，通过实际行动来谋取对方

的信任和合作,进而最大化自己的效用,以达到"双赢"策略①。从长期来看,国有电网企业和项目公司将选择[监督,履约]的策略组合,此时监管合约达成。为了使国有电网企业和项目公司之间的委托代理走出困境,一个有效的办法是延长项目合约期或者拓展国有电网企业和社会资本之间的合作领域,建立一个持续性的声誉激励机制和合理的机会主义惩罚机制。

6.2.3 电网PPP项目政府监管可能出现的风险分析

在传统的PPP项目中,合约缔结双方为政府和社会资本,各国实践已经证明,社会资本进入政府垄断的公共基础设施行业会出现一系列由于政府信用危机带来的风险,这是社会投资者在PPP合约缔结与执行中的一个主要挑战。电网PPP项目尽管缔约于国有电网企业和社会资本之间,但是由于垄断性国有独资企业的特殊性及售电定价及分配的计划性,中央政府和地方政府在其中都扮演了超出监管者的角色,因此不能完全忽略电网PPP项目中的政治风险。

(1)在宏观层面上,电网PPP项目本身具有投资大、建设周期持续长的特点,而其合约成立的关键条件之一在于政府对电网领域垄断经营权和收益权的让渡,在法制建设尚在进程中的今天,能源领域多元化所有权结构的合法性未写入正式法律前,具有极大的政策依赖性。而即便建立了一定的法律法规为基础,由于行政权对立法权的影响,政府同样可以通过法律法规的修订和重新诠释,对电网PPP项目的市场需求和收费,乃至整个电网PPP合约的有效性造成影响。在中国PPP应用中这一问题已成为PPP项目失败的主要风险因素②,势必会对社会资本进入电网PPP项目的造成极为不利的负面影响。世界银行专家沃维克指出,当前由于中国PPP项目实践已经超出了制度建设,在法律法规缺失的情况下,作为长期行为的PPP项目存在较高的投资风险,特别是政府信用风险问题极为突出,很可能会出现持续性不足的问题,因此私营资本真正进入基础设施领域尚为时过早。

(2)在微观层面,基于上一节博弈分析的结果,由于合约的最优解使国有电网企业的收益仅有社会效益及市场合约的履行,未给国有电网企业、

---

① 李晓娣. 基于博弈分析的企业集团公司治理模式研究[D]. 哈尔滨工程大学,2006.
② 亓霞,柯永建,王守清. 基于案例的中国PPP项目的主要风险因素分析[J]. 中国软科学. 2009,(5):107-119.

政府及内部私人收益留下空间，同时作为权利让渡方，政府势必要承担合约中的相当义务，因此政府有不履行或违约的动机。在法律法规不完善的情况下，即使缔约者为国有电网企业而非政府，社会资本进入 PPP 项目也必然要将政府行为和信用纳入考量的范围。事实上，政府"公权力"带来的天然权威很容易导致"重承诺，轻践行"的状况。周耀东，余晖（2005）便认为在政府的权威性与监管约束缺位的综合作用下，官员违背责任和承诺的行为概率会大大增加，从而导致制度性的有效承诺缺位[①]。另外，由于公共部门容易发生腐败现象，作为市场主体的项目公司或私营资本必然需要增加其非生产性的关系成本即"贿赂"，在法律和党纪的双重要求下更增加了官员背诺的倾向。

根据风险配置的一般原则，若不能按照最优解将项目全部的经营权和收益权转移给社会资本，则国有电网企业乃至政府也应当承担相应的风险，即政府应承担其信用风险，这也是社会资本参与电网 PPP 项目合约的重要条件。由于政府本身是 PPP 规则的制定者、PPP 特许权利的让渡者、合约规制的主体，且不完全合约中的信息缺失，使政府信用风险防控成为 PPP 项目面临的一个重要挑战，也对项目监管和政府治理机制提出了要求。

6.3 加大电网行业政府监管的改革力度

6.3.1 准确界定电力监管的职能边界

政府监管该管哪些，哪些应交给市场和中介组织是完善电力监管体制的基础，其核心是要处理好政府与市场的关系。监管不能贪大求多，凡是市场能够解决的，就要毫不犹豫地交给市场解决。监管机构不应涉入企业正常的市场经营行为中。只有市场失灵时，政府才有必要通过监管的方式对市场进行干预，以矫正和改善市场机制存在的缺陷，干预资源配置。就电力产业而言，存在市场失灵、需要进行监管的领域主要是输配电等自然垄断环节、电力市场交易行为和电力安全、环保及普遍服务等问题。

---

① 周耀东，余晖．政府承诺缺失下的城市水务特许经营——成都、沈阳、上海等城市水务市场化案例研究．管理世界 [J]．2005，(8)：58-64.

电力监管职能与电力监管类似，包括经济性监管和社会性监管两大类。电网经济性监管主要有：（1）市场准入监管。包括是否许可市场主体从事特定的电力业务，电网的公平接入开放，监管产业链纵向与横向对接情况，审批电力投资项目等。（2）价格监管。主要是管制电网企业入网结构、过境费率及上网和出售价格等。（3）服务质量监管。主要是对电能质量和供电服务水平的监管，以维护用户合法权益和社会公众利益。（4）市场行为监管。主要是监督检查电力调度交易机构的"三公"调度行为，市场主体对法律政策执行情况。在现阶段，我国电力经济性监管还要承担市场培育和推进改革两项职责。这是因为：第一，电力产业打破垄断、引入竞争在很大程度上要靠监管实现。面对长期以来形成的强大的垂直一体化的市场结构和垄断经营体制，如果不实行监管，仅仅依靠市场自身的力量是很难打破垄断、引入竞争的。第二，培育电力市场也需要依靠监管。电力市场不同于一般的市场，技术复杂，门槛较高，市场建设难度较大。

电力社会性监管主要包括：（1）安全监管。负责电力安全生产的监督管理和电力可靠性管理等工作。（2）普遍服务监管。负责对电力企业履行普遍服务义务情况进行监管。（3）环境监管。负责对电力企业执行国家环境保护政策情况进行监管。（4）标准及定额管理。负责制定电力生产技术标准及定额并对其执行情况进行监督。（5）可再生能源监管。负责对电力企业收购可再生能源情况进行监管。

6.3.2 进一步完善电力监管立法，推进配套改革

电力监管改革既是电力市场化改革的重要组成部分，也是我国政府行政管理体制改革的重要内容。多年来的实践充分证明，电力监管改革，单兵突进、孤军深入是不行的，必须有相关的配套政策跟进。因此，完善电力监管体制，还有赖于以下几方面改革的深入和推进。

（1）健全电力监管的法律、法规和市场规则。明确规定电力市场主体的权利和义务，规定政府与市场的边界，规定不同政府机构在电力管理中的责权利。加快电力法等有关法律法规的修改步伐。

（2）要继续深化国有电力企业改革。目前，我国电网企业均为国有独资，而发电企业中国有资产占据绝大多数股份，少数股东完全影响不了企业决策；市场主体资格和法律地位集中在省电力公司这一层，下辖公司并不能称为真正的"企业"。建立规范的电力监管制度，必须不断深化电力国有企

业改革,使这些国有企业成为真正意义上的企业。深化国有电力企业改革,一是要实行政企分开,明确发电、输电、配电和售电的企业分类及其地位;二是要推进国有电力企业产权改造,建立归属清晰、责权明确、保护严格、流转顺畅的现代产权制度,打破一股独大或一股独占,引入多元投资主体,实行股份制;三是要在国有电力企业建立规范的法人治理结构,建设现代企业制度。

(3) 加快推进电力市场体系建设。电力市场既是电力监管的对象,也扩展了电力监管范围,丰富了电力监管内容。建设电力市场体系,可以充分利用市场的价格发现功能,发挥市场对电力资源的基础配置作用。电力产业市场化程度越高,电力监管重要性就越大,工作就越好开展。为此,要继续加快区域市场建设进度,提高市场交易电量在总电量中的比例。通过市场体系建设,促进政府管电方式转变,进一步减少政府对资源配置和价格形成的过度干预,切实建立起价格形成机制,为电力监管发挥作用开辟更大的空间。

(4) 切实转变政府职能。电力监管是政府行政管理体制改革的重要组成部分,其作用的真正发挥依赖于政府管电体制和管电方式的改变。政府退出电力资源行政性分配是监管体制发挥作用的前提。因此,要保证监管改革取得成效,政府就必须为监管工作提供必需的配套条件,尤其是与电力监管密切相关的政府综合管理部门要切实转变职能,真正把工作重点放到宏观调控和政策制定上来,不再直接干预微观经济活动,形成行政体制改革与电力监管体制改革的良性互动。

6.3.3 改革和完善现有的电力行业监管机构

前面我们已经分析,目前电力监管中新设立的监管机构缺乏有效的监管手段和监管工具,履行职责受到诸多制约与束缚,难以发挥应有的作用。所以我们必须尽快建立一个强有力的监管机构来克服上述监管中存在的问题。

(1) 电力监管机构应该主动与金融监管机构合作将电源电网建设中的融资等项目纳入监管范畴。在引入PPP模式以后,电力企业的融资监管出现了新的情况,这就要求原有的电力监管部门必须适应。我们认为,电力监管部门可以与金融监管部门进行通力合作,全过程了解和监管电力企业项目融资过程,做到互通有无,信息和监管手段共享。

(2) 建立多层次的电力行业监管体系。从我国目前的实际情况来看,电力监管体系可以包括国家层面的电力监管机构监管和行业的监管单位。国家层面的监管机构对电力企业的重大事项例如投资、电力系统的协调以及执行政府的管制方面进行监管；对于一般层面的在市场运行中的监管则让电力联合会等行业协会来进行监管。这样就可以建立起包括电力项目建设、运行等全过程的由国家层面的监管机构主要承担和以电力联合会等行业协会监管相辅助的监管体系。

6.4 创新和完善政府监管电力行业的体制机制

6.4.1 创新和完善电力监管体制的基本原则

既要遵循监管制度的一般理论，又要紧密结合我国国情，适应我国电力工业由计划经济向市场经济、由垄断向竞争、由传统政府管理向现代政府监管转变的过渡期特点。

(1) 坚持责权一致和满足履行职能的原则。电力监管机构履行的主要职能包括：电力产业的行政执法、监管、市场培育和改革实施等。完善电力监管体制，要从监管机构履行的上述职能出发，按照责权一致的原则，确定监管机构的机构设置和人员配备，实现政府监管的各项目标。

(2) 坚持有利于电力工业健康发展和消费者获益的原则。把促进我国电力发展，保证电力的安全、高效、可靠供应，以及消费者能够享受到电力发展的成果作为完善电力监管体制的重要原则和基本准则，并以此作为检验电力监管体制成效的重要标志。

(3) 坚持当前和长远兼顾发展的原则。既要与机构改革和行政体制的方向相衔接，又要有利于解决当前电力监管体制所出现的问题。

(4) 政监分离的原则。政监分离则是将两种职能从组织机构上加以分离，分别交由不同的政府机构行使。就我国实际情况而言，应该说两种模式都是可选方案。但相比较而言，采取政监分离模式，成立专业性的电力监管机构是更为合理的一种选择。即使今后成立综合性的能源管理机构，也没有必要和专业性的电力监管机构合并。

(5) 坚持符合中国国情的原则。电力监管在我国处于初级阶段。同样，和世界各国相比，我国的电力监管有其同性，也有其特性。国外的电力监管体制构建的经验和教训值得我们去学习。同时,又要兼顾我国的基本国情和基本条件,走中国特色的电力监管道路。

6.4.2 建立和健全社会资本准入的监管体制

鼓励社会资本进入电力产业及电网建设领域,需要打破进入壁垒,并在体制上提供其必要的支持和援助,引导其正确地投资。

(1) 探索制定将社会投资者引入电力行业的相关法律法规。虽然国家在2002年的5号文为电力产业投融资机制指明了道路,但是到目前为止,关于市场进入我国电力产业一直停留在政策层面,在法律层面始终没有一部规范的法案,这使得各个行业,各个地区的准入条件和标准存在较大差异,由于没有权威的法案,民间资本在进入电力产业时仍有诸多不便。虽然最终政策允许民间资本进入电力产业,但是由于利益集团明里暗里的阻挠,民间资本进入电力产业仍没有实质上的较大进展,庞大的民间资金只能游离于电力领域之外,无法促进电力市场效率的提高和为电力领域的投资主体多元化发挥作用。因此,民间资本进入电力市场以发展电力产业迫切的需要一部规范的、权威的、有效的法律法规。此外,一部规范的市场准入法案,还可以使电力市场投融资变得更为有序。一般情况下,发达国家都会以法律的形式确认民间资本的投资范围,使民间资本依法投资,如韩国的《基础设施吸引民间资本促进法》等,这些法律条文不仅有利于市场秩序的正常运行,而且从国家宏观规划的高度确认了民间投资,保证了民间投资的健康有序发展。中国应借鉴这些经验,出台类似民间投资保护法的法律,以保证民间投资者的利益。另外,引导社会资本进入电源和电网产业,政府必须坚持"服务性"的导向,对融资过程有一个承诺机制,务必消除社会资本进入的疑虑,保证其安全性,并降低社会资本进入的成本。同时,我们还应该认识到电力电网的投资巨大,并且是一个长期的过程,需要很长的时间才能得到相应的回报,面对这样的情况,政府应制定能够适应电源电网项目长期发展的监管程序,明确监管的细则,使之形成相应的法规体制。用制度去规范电力电网建设的全过程,既能够保持对电力电网企业恰当的监管,鼓励其生产和经营的可持续性,同时也能保证电源电网企业获得合理的利润收入。

(2) 要对民间资本进入电源电网产业领域进行正确的指导。首先,在环保层次,要引导民间资本向符合资源节约,环境友好的领域投资,增强其环保意识，以促进中国电源电网产业的长远发展，建立资源节约型，环境友好型社会。要保证电源电网产业的环保约束，一方面是要将资源、环保进行指数化以评估电源电网产业，以数据的形式为政府部门提供监管的依据。二是要健全电源电网产业激励政策，奖罚有度，对环境污染严重的电源电网企业进行相关的处罚，使得电源电网产业效益与环境密切相关。最后，通过法律手段，行政手段等多种方式来引导民间投资进入清洁能源发电项目，如水电、核电等，使民间资本进入电源电网产业的同时符合国家的宏观经济政策。与此同时，政府可以采取财政拨款、银行信贷等方式引导民间资本流向，推动电源电网产业向具有发展前景的，国家宏观规划的高技术、低能耗的方向发展。

6.4.3 加强电力行业特别是电网的统筹规划

2015年"9号文"特别指出："政府职能转变不到位，各类规划协调机制不完善，各类专项发展规划之间、电力规划的实际执行与规划偏差过大。"所以，在电力监管体系中要加强电力行业特别是电网的统筹规划。

首先，必须尽快理顺现有的电力规划体系。作为电网规划的一般内容[①]，应对电网发展总体规划以及各子规划进行科学的前期专题研究，建立相互协调一致的总体规划与各子规划，采用定量的方法对总体规划与子规划，子规划之间进行科学的协调性研究，使得各类子规划在执行的过程中不会出现偏差。

其次，电网规划应充分研究人口、资源环境的承载阈值，并考虑在不超过资源环境阈值的基础上进行统筹规划。同时，要依据国家的法律法规对电网规划进行包括社会经济在内的环境影响评价，全盘统筹电网产业建设使用与环境资源保护相互协调。

再次，电网规划要与电源、配电发展规划相互协调一致。电网规划在统筹内部子规划协调的基础上，还要考虑电网与发电、配电规划的协调性。这就要求电网规划必须将电源的需求与配电的需求进行综合考虑。由于电力发

---

① 国家电网工程《大规划》体系建设实施方案中指出：电网发展规划一般包括总体规划和主网架规划、配电网规划、通讯网规划、智能化规划等专项规划。在规划前期还要求对电力需求预测及负荷特性研究、能源电力流向研究、大型能源基地书店系统规划设计、特高压电网建设时序等进行专题研究。

展规划的内容较多,牵涉面大,是一个复杂系统问题①。所以,做好纵向规划的协调一致是电网规划必须考虑的。由于目前新能源的兴起,电网规划更要进行全面综合的考虑和平衡各种电源以及满足多种需求的配电侧的需要。

另外,还要加强电力规划管理体制机制建设、加强电力规划管理的协调职能以及探索出台能源规划管理办法等。

6.4.4 构建政府与社会资本风险分担机制

由于 PPP 电网项目的投资主体不仅有作为公共部门代表的政府,也有作为私人部门代表的个人和企业,由于二者所代表的利益不同,其经营目标也一定会存在冲突。由于政府投资的目标一是通过政府的示范效应来吸引私人资金进入这一领域,减少财政支出,减轻财政压力;二是将一部分电网企业的经营风险转移到具有较强风险掌控能力的私人部门,进而降低风险。总而言之,社会福利最大化是政府一切行为的出发点。反之,私人部门的目标是利润最大化,为了获取高额利润,私人企业可能会基于电网产业的垄断性质,通过利用制定垄断高价、价格歧视等方式来实现盈利目标,损害了社会福利,这就与政府的目标相背离。解决私营部门与公共部门的目标矛盾问题,需要采用以下几种方式。

首先,政府在融资过程中必须遵循公开公平公正的原则,使得投资招标透明化,尽可能避免暗箱操作、腐败等行为,选择最佳的私人投资合伙人,从而实现 PPP 模式融资的目的,即转移风险和社会福利最大化;其次,在签约过程中,不仅要明确双方的权利和义务,同时也要就电力价格进行详细的规定,包括电力产品的基础价格、价格浮动幅度、价格根据市场整体价格水平的联动情况等,使其既可以保证私人部门的收益,又可以实现社会福利的最大化,使得私人部门和公共部门均可以从中获益;再次,对于市场合约条款要严格执行,避免官商勾结现象在合同执行过程中发生。

6.4.5 设计合理的风险承担机制

公共部门和私人部门各自承担的风险合理与否主要依赖于是否建立了一

---

① 电力发展总体规划的子规划(或称专项规划)包括电源规划、电网规划、节能和需求侧管理规划、煤电运综合平衡规划、环境影响分析及保护规划、投融资规划等等。在电源规划中又有常规电源规划、新能源发电规划。各专项规划和电力发展总体规划共同组成了一个完整、科学的电力规划体系。

套风险与收益相匹配、风险与控制力相协调、风险与参与程度一致的风险承担机制。为此，有必要建立一套合理的风险承担机制，其建立主要分三步：首先是全面的识别风险，确定风险种类；其次，根据各主体收益大小来确定其所应承担的风险；最后，公共部门和私人部门根据各自所承担的风险来确定其工作目标，尽可能降低风险，保证PPP融资的顺利开展。

除此之外，在管理具体风险的过程中，要注重对合同风险和破产风险的管理。首先，由于PPP模式所涉及的融资主体较多，存在着各类合同，使得其合同违约风险与破产风险大大提高。因此，必须加强对合同风险的管理，尽可能减少合同违约带来的风险；其次，由于电力企业是国民经济的基础企业，如果PPP项目中的某一私人企业破产，将会给社会经济造成较大的冲击。为此，在风险管理中要制定可靠的破产解决方案，以保证电力企业的稳定运营。

6.5 本章小结

本章着重探索电网PPP项目下的监管体制。首先分析了当前电力监管体制的问题，然后通过非合作博弈分析了国有电网公司/政府和电网项目公司之间应建立长期的协调和监管机制来降低机会主义行为，改善委托代理困境，并着重探讨了电力行业政府监管体制机制的创新和完善。

7 公私合作视角下电网 PPP 项目治理和激励机制探索

7.1 电网 PPP 项目的治理目标与治理结构

7.1.1 电网 PPP 项目的治理问题

7.1.1.1 公司治理问题的产生

传统理论认为,公司治理结构主要解决的是所有权和经营权分离条件下的代理问题。通过建立一套分权且相互制衡的制度来降低代理的成本及风险,防止经营者背离所有者利益,从而达到保护所有者的目的[1]。青木昌彦、钱颖一(1995)提出"公司治理结构是一套制度安排"[2]。但是必须意识到,尽管公司治理结构的设计基础是分权与制衡,但其最终目的是决策的科学与合理以保证收益最大化,与公司的价值导向是一致的。从这一目标出发,仅仅局限于公司内部的结构是不足的,还必须有超越性的治理机制,特别是外部监控机制存在并发挥作用。例如在 OECD 制定的《公司治理原则》中便包括以下五个方面:股东的权力、对股东的平等待遇、利害相关者的作用、信息披露和透明度、董事会责任[3]。

---

[1] 王昌林. 基于公司治理机制的企业技术创新行为研究 [D]. 重庆大学, 2004.

[2] 注释:青木昌彦、钱颖一(1995)提出:"公司治理结构是一套制度安排,用来支配若干在企业中有重大利害关系的团体,包括投资者、经理、工人之间的关系,并从这种安排中实现各自的经济利益。公司治理结构应包括:如何配置和行使控制权;如何监督和评价董事会、经理人员和职工;如何设计和实施激励机制。青木昌彦,钱颖一. 转轨经济中的公司治理结构 [M]. 中国经济出版社, 1995.

[3] 转引自:彭晓燕,徐沈新. 美国公司治理原则和 OECD 公司治理原则的比较及其对我国的启示 [J]. 西部经济管理论坛, 2011, (3): 48 - 50、57.

然而，与欧美企业股权分散的资本结构的不同之处在于："我国企业股权相对集中或者高度集中，国有控股企业更为明显，使得控股型股东与小股东之间的代理问题更为严重。[①]"由于经营者和大股东之间往往存在超过委托代理关系之上的更紧密的直接联系，大小股东之间的矛盾在我国已逐渐上升为主要矛盾。同时，随着社会化分工和专业化程度的深入，人力资本的作用越来越凸显，物质资本的作用仅仅是人力资本生效的载体，企业已经逐步进入"掌握人力资本便掌握了企业"的阶段，进而人力资本所有者超越物质资本所有者成为企业的拥有者。此时，企业所有者和管理者均为企业家，通过让渡部分权利（主要是收益权、退出权和控制权的部分）获得外部投资并接受股东监督，因此委托代理关系不再存在。公司治理的重点目标从传统的结构问题扩展到了不同要素所有者之间的利益协调和冲突问题。

7.1.1.2 电网PPP项目治理问题

同公司治理的问题类似，电网PPP项目公司也由于与合约伴生的一系列委托—代理问题的存在，使利益冲突和协调合作问题广泛存在于电网PPP项目组织之中。

（1）投资者之间的利益冲突。电网PPP项目的主要投资者，国有电网企业和社会资本投资者两者追求的最大化目标是不同的。前者表达的是基于政府垄断下的电网覆盖带动的社会效益为主的综合效益目标；而后者则主要是经济利益驱动。因此，电网PPP项目治理首要解决的是投资者之间的利益矛盾。

（2）投资人与项目公司管理层之间的利益冲突及代理问题。电网PPP项目的主要特征是投资主体从传统的电网企业单一主体向多元化发展，且出于项目效率最大化的目标，将经营权和收益权交由具有专业管理经验的社会资本。但由于电网领域被国家长期垄断，尽管社会资本在企业管理上有丰富经验，依然需要电网企业提供技术和战略方面的管理者参与才能使项目公司正常运转，且随着电网规模的扩大，还需要更多的管理和技术人员的参与，这些都是独立的人力资本主体，进而凸显了由于委托—代理而产生的投资人与管理层、管理层之间由于目标不一致而导致的利益冲突，因此存在于电网PPP项目内部的各级委托—代理问题是项目治理首要面对的基本问题。

（3）各级政府内部及与投资者之间的利益冲突。尽管电网PPP项目的

---

① 孙永祥. 所有权、融资结构与公司治理机制[J]. 经济研究，2001，(1)：45–53.

缔约投资者为各级国有电网企业和社会资本投资机构,但是政府作为电网特许经营的监督者和管理者,各级国有电网企业的上级职能部门以及基础设施建设的共同承担者,同样也是电网 PPP 项目投资主体。从经济学的角度分析,与电网 PPP 项目相关的各级政府之间(例如跨区域电网)、各级政府与各类国有电网企业之间、政府与社会资本之间同样在不同程度上具有委托—代理关系,集中表现为各级政府的行政权力对电网 PPP 项目建设和运营的多种行政干预所带来的各种不确定性,这也需要从电网 PPP 项目治理层面加以解决。

同时还必须认识到,电网 PPP 项目合约中委托—代理关系的存在只是项目治理问题产生的条件之一,由于交易成本过高而导致的合约不完全,代理问题不能以合约的途径加以解决,使得电网 PPP 项目治理问题可能会凸显。

7.1.2 电网 PPP 项目的治理目标

以上分析可知,电网 PPP 项目治理是一种针对项目参与者之间利益协调的合约机制。

(1) 科学合理确定电网 PPP 项目的主体。在传统国家垄断下的电网项目建设和营运中引入 PPP,这就必须建立起相应的法律法规制度;评估 PPP 投资者进入电网领域的条件,以便确定电网 PPP 项目的各类投资主体。

(2) 创造电网公私合作的综合收益最大化。在电网领域 PPP 项目,一方面要满足政府在该领域实现的社会效益最大化,同时也要满足国家的代理者——国有电网企业的经济效益;另一方面,还要满足社会资本追逐的利益最大化和社会资本机构的发展要求等。这就要求电网 PPP 项目必须创造出剩余价值最大化,必须建立起一套严格的激励和运行及监督机制。

(3) 寻找电网 PPP 项目合作各方分配利益的最大化途径。在通过市场配置电网资源的条件下,获得利益最大化是电网 PPP 项目投资各方的目的。然而在电网具有自然垄断的领域内,一方面,政府以及政府委托下的国有电网企业追求的社会效益最大化和适当的经济利益;另一方面,社会资本投资者追求的是经济利益最大化。这就要求在电网 PPP 项目的建设和运营中建立起一组如何让双方都满意的最优解。作为政府来说,要满足社会效益的最大化,就必须对电网 PPP 项目进行合法合规的监管,既不能让电网 PPP 项目公司在项目的建设和营运中完全以追求企业的经济利益为目标,又不能过多地干涉企业的内部生产经营活动。处理好两者的关系，是电网PPP项目内外治理的关键。作为电网PPP项目的社会投资者来说，如何在符合国家的法律法规以及主管政府的监管下实现电网PPP项目的利益最大化，在满足政府和国有电网企业的社会效益和经济效益的前提下，实现社会投资者的利益最大化，找到这两者的最优解是电网PPP项目能否持续发展和取得成功的关键。

（4）如何建立起电网PPP项目在建设和运营过程中各方利益冲突的协调机制。传统的电网项目的建设和运营是在政府垄断下的一种基于社会效益的行为。一旦通过市场行为引入PPP后，其市场合约的不完善性和各种不确定性导致的与合约的不一致就会使电网PPP项目的合作各方产生利益冲突，这就要求在电网PPP项目治理中必须建立起处理各种利益冲突的协调机制。

由此可见，电网PPP项目的治理目标是项目合作价值（正常投资回报及利润差额）创造的最大化及项目成员合作效率的最大化，以及项目合作过程中出现的各种利益冲突机制的协调。因此，项目治理应为所有利益相关者服务，不仅应关注政府追求的社会效益。同时也要满足社会投资者和国有电网企业的经济效益。当然，在建设过程中也应关注承包商、项目涉及的各种利益主体，建立起处理这些利益冲突的协调机制。

7.1.3 探索构建电网PPP项目的治理结构

7.1.3.1 电网PPP项目治理结构的环境分析

从外部环境来看，由于电网PPP项目依然涉及国家的电力安全底线，所以电网PPP项目的外部治理结构即电网PPP项目公司在建设和运营过程必须接受国家依据法律法规以及主管部门的业务监管；从内部关系来看，电网PPP项目是通过各投资方在依据国家《公司法》等相关法律法规成立的电网PPP项目公司进行建设、管理和经营的电网项目。一般来说，电网PPP项目公司是由国有电网企业及社会资本投资者共同组建，必须建立符合国家组建现代企业制度要求的公司股东治理结构，在外部受到政府以及相关部门的监管（图7-1）。电网PPP项目合约应当约定新成立的项目公司管理层由国有电网企业、社会资本投资机构及新募成员构成，具体结构则由第五章所述的博弈结果来确定。尽管博弈分析中最优解是项目完全由社会资本注资，项目公司的决策权及收益权均由社会资本掌握，国有电网企业代表政府仅仅获取项目的社会效益及专有、专用性资产的转让收益,但由于电网项目的社会公益性及能源领域的基本国策约束,国有电网不可能通过"完全私有化"的方式完成电网PPP项目建设和营运,也不可能强制要求社会资本承担由制度因素所带来的全部非生产性成本及风险。另外,由于各区域电网建设和营运的差异性,电网PPP项目的建设和营运等并没有一个最佳的固定模式,一般来说应该根据各自的特点及参与者的资金、技术和管理实力,对所采取的PPP模式的股东治理结构进行优化调整,以实现经济效益和社会剩余最大化。

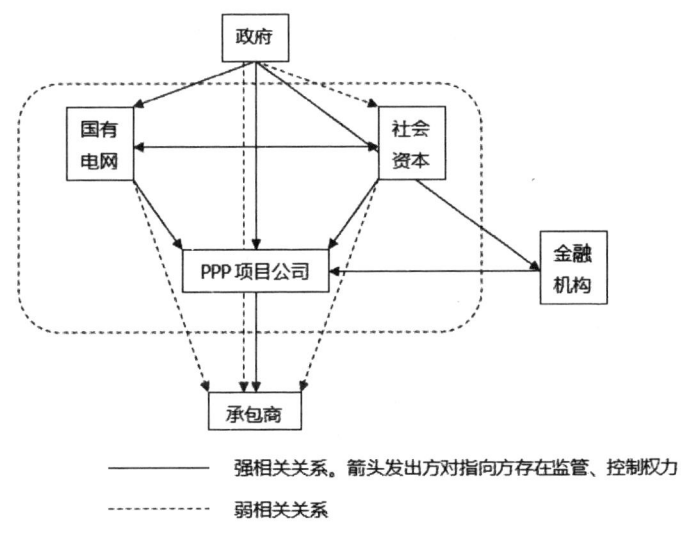

图 7-1 电网 PPP 项目的合约结构

7.1.3.2 电网 PPP 项目公司的治理结构

类似于公司治理结构,如图7-2所示,电网PPP项目公司的治理结构由股东、董事会、管理层构成,其中股东即项目投资人,包括国有电网企业、社会资本及政府(视合约内容,非必须),拥有项目的所有权;董事会是整个项目组织的决策者;管理层是项目的执行者,拥有项目的经营权;管理层与承包商之间是严格的委托代理关系,通常以市场合约的形式明确建设环节的实施主体,但可能会在运营期出现业务承包的情况,此时部分经营权和收益权归承包商所有。除了以上真实利益相关者之外,社会公众及项目用户也具有一定的治理功能。如何构建电网PPP项目中所有层、决策层和执行者之间的责权利框架体系,完善项目内外的合约关系,使得项目治理得以有效进行并实现治理目标,是电网PPP项目治理结构的主要内容。

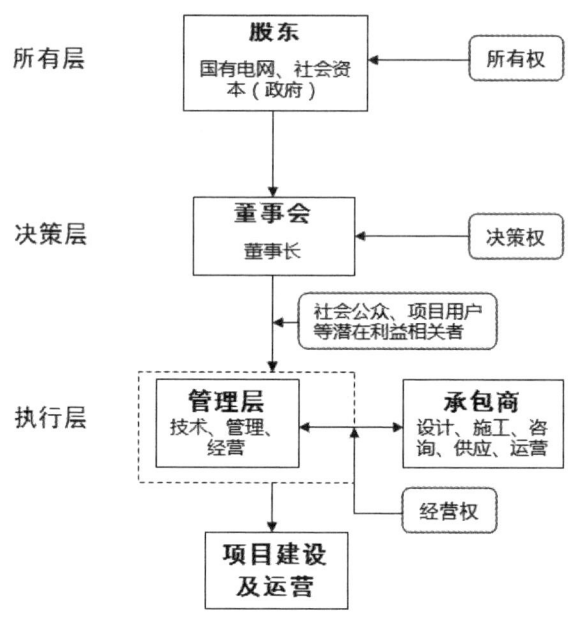

图 7-2 电网 PPP 项目治理结构

(1) 所有层：与传统基础设施建设项目最大的区别在于电网 PPP 项目所有者呈多元化态势，但考虑到国有电网企业作为国家独资企业并未上市的传统，电网 PPP 项目的所有层在较长的未来应局限在国有电网企业、社会资本和政府之间。

(2) 决策层：电网 PPP 项目的决策层是项目公司董事会，受限于股东数量，董事会是由股东委派（而非传统公司的股东大会选举）、掌管内部事务、对外代表公司的经营决策机构。电网 PPP 项目的董事会由于是委派而非选举产生，因此受到国有电网企业、社会资本和政府的较大影响，董事可能直接由所有层的成员兼任，并不是完整意义上的委托—代理关系。

(3) 执行层：电网 PPP 项目的执行层是项目公司的管理层，由于中国企业股权相对集中的特征，所有权与决策权和管理权并未完全分离，因此公司管理层是整个项目运行的核心，拥有对项目活动的决策权和管理权，同时受到利益相关者的多元化和全方位的激励与约束。管理层对项目剩余的创造和合作效率的提高具有决定性的影响。

7.1.4 探索电网 PPP 项目的融资结构与项目治理机制

相关研究成果表明，公司治理与融资结构存在有机的内在联系，相互影响，相互制约①。融资结构中，股权与债权均表现出对企业的控制权，但两者形式不同，作用机理和效果也各不相同。从学者研究来看，股权是公司治理机制的基础，股权控制类型的不同会直接作用于公司经营目标、决策准则及治理机制②；而债权则是公司治理机制的重要补充，在特殊情况下可以取代股权发挥主导作用③。因此，从融资结构来探索电网PPP项目的治理机制是必要的。

一个电网建设项目的融资过程不仅仅是筹资的过程，其核心的资金合约，如第五章所讨论的，从合约视角出发，其缔结本身便是一个多方利益协调的博弈过程，包含了主体之间的矛盾和解决途径。不同融资工具和方式都有特定的含义，根据融资结构、方式、工具的不同，电网PPP项目实质上就是在不同的治理机制之间进行选择。如果PPP项目的投资主体电网企业和社会资本均以自有资金入股，那么融资合约仅包括股权结构，此时为了避免勾结和权力寻租，需要引入第三方来协助监督、财务核算和仲裁；如果PPP项目的投资主体全部以债权融资入股，则项目资金实际上来源于银行和金融机构，那么PPP项目公司就有义务公开财务信息，融资份额的多少也影响着治理机制。融资合约本身的治理含义在于其表现为不同主体之间的利益冲突，又内含解决矛盾的途径。

电网PPP项目融资实际上是国有电网企业和社会资本共同投入和分享收益的过程。对电网PPP项目而言，负债融资合约仅仅是一种剩余索取权（因此在第四章和第五章的模型中将其略去）；而股权融资合约则更直接的表现为通过控制权的争取进而掌握剩余索取权，是两种本质上完全不同的治理工具。债权融资合约实际上已经广泛存在于现行电网建设项目之中，但在传统电网业务中，金融机构受制于政府行政权能，使债券融资合约的治理机制形同虚设。电网PPP项目的融资合约治理机制应该从根本上改变这一情况。事实上，基于债权和股权所有者的业务专精领域和主客观立场，应在项目治理机制中发挥不同的重要作用，如图7-3所示。正是考虑到目前我国公共基础设施建设领域的实际情况，债权融资治理机制必须建立在股权融资治理机制的变革之上，因此本书的整个研究框架中，主要研究PPP项目资

---

① 刘彤. 基于融资结构的公司治理模式研究 [D], 四川大学, 2005.
② 罗巧根. 股权结构与我国国有企业改革 [D], 西南财经大学, 2004.
③ 青木昌彦, 钱颖一. 转轨经济中的治理结构：内部人控制和银行的作用 [M]. 中国经济出版社, 1995.

金合约中的股权治理机制，对债权治理机制不做深入研究。

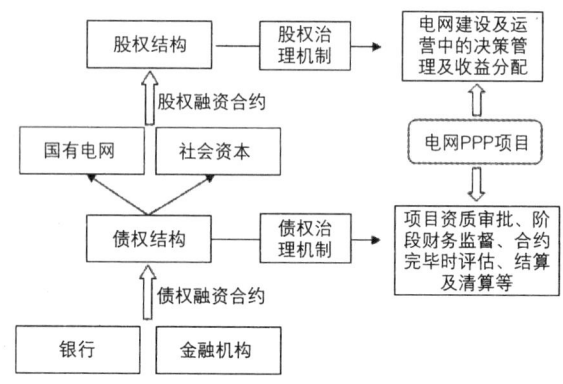

图 7-3　电网 PPP 项目融资合约治理机制

总之，融资合约的选择是影响 PPP 项目治理机制框架的决定性因素。作为一个经多方博弈后形成的合约结果，融资结构不仅反映了不同参与主体间的利益协调关系，同时也反映了各种委托代理关系。融资结构决定了治理模式的选择，因此是本书研究的重点。

7.2　探索构建电网 PPP 项目公司的股东治理机制

现代企业制度中"股权结构"的含义一般指"各类股东及其持股比例构成的企业或项目股权的分布状态，体现了企业或项目的所有权性质"，主要包括反映股权集中和分散程度的股权集中度和反映不同性质股东集团比例的股东结构，两者构成股东结构"量"和"质"的内容[①]。

从股权集中度的角度，即"量"的不同，可以将股权结构分为分散型、适度集中型、高度集中型三种。分散型，即使持股份额最大的股东也难以形成相对控股，公司的所有权与经营权基本完全分离，公司管理层享有高度的自治权力；高度集中型，是指超过 50% 持股比例的唯一控股股东对公司拥有绝对的控制权，此时往往公司的最高管理者便是唯一控股股东或其代表，很容易形成大股东忽略或侵犯小股东权益的问题；适度集中型，是指存在几

---

① 陈丹镝．基于一个三维视角的医院治理模式研究 [D]．四川大学，2006．

个相对控股股东，但也不能忽略其他大股东，可以认为此时股东和管理层的委托代理问题和股东内部利益协调问题并存。电网 PPP 项目股权结构应属于高度集中型或适度集中型。

从股东结构，即"质"的不同，按不同的划分方式可以将股东分为不同类型。如以主体性质为划分依据，有公共部门投资者、个人投资者、机构投资者，各自追求的利益明显不同；以持股比例划分，有控股股东、中小股东，其对董事会的影响作用有显著差别；从股东的法律属性来划分，有国家股东、法人股东、社会股东和海外投资者，又各自拥有着不同的治理作用和治理方式。电网 PPP 项目股东结构从主体性质来看，包括机构投资者和个人投资者；从持股比例来看，主要由数个相对控股股东构成；从股东法律属性来看，包括国家股东、法人股东，可能还存在海外投资者。

因此可以说，电网 PPP 项目并无一个统一的股权集中度标准或股东结构标准，根据融资合约不同，股权结构也有着多种变化，其治理机制也需要在具体案例中区别分析。

7.2.1 电网 PPP 项目公司股东治理的核心问题

根据以上对电网 PPP 项目股权结构的大致分析，可以从以下三个指标来判断电网 PPP 项目股权结构及其治理模式特征：国家股比例、第一大股东持股比例和 Z 指数（为简单起见，地方政府的融资平台公司不纳入考察范畴，地方政府仅作为公司运营的监管单位出现）。

第一，国家股比例。在电网 PPP 项目中，国家股的范畴包括国有电网企业持股、国家直接持股及其他国有法人持股三种情况。尽管三者的目标导向有所不同（主要表现在机构自身利益以及对社会福利的侧重），但其共同特征在于对社会效益的重视。因此，在忽略国企和政府之间复杂的利益关系后，将三者共同纳入国家股范畴，股东权益着重强调社会效益的实现。国家股比例反映了国家在 PPP 项目中的控制权大小。

第二，第一大股东持股比例，持股比例超过 50% 的第一大股东即为唯一控股股东，形成绝对控股，反映了第一大股东的控股程度。

第三，Z 指数，指第一大股东和其他拥有控制权的大股东之和的股权比例比值，Z 值越小表示其控股程度越小，受到其他大股东的制衡力度越大，Z 值趋于 1 表明第一大股东与其他大股东控制权力度相近，反映了股东之间制衡力度的大小。

根据上述三个主要指标的不同,我们集中分析 PPP 模式中特许经营和私有化两种模式的股权治理结构。该分析框架借鉴了陈帆关于 PPP 项目股东治理的一般性描述,对其表示衷心感谢①。

根据对相关研究的梳理,本书认为,PPP 项目治理的核心问题可以分为以下六大类:一是电网企业与社会资本的经济权益平衡;二是基于公共利益保护的社会效益实现问题;三是国有股权与社会股权间股权平等实现问题;四是股东之间的股权制衡问题;五是社会资本小股东的利益保护问题;六是股东与管理层间委托代理问题。如表 7-1 所示。

(1) 特许经营。根据现行 PPP 模式的内容,特许经营模式无论是租赁还是购买(拥有)基础设施,均可视为国有股比例为零,因此,其股东治理类型和核心问题如表 7-1 所示,共分为四种。

表 7-1　　　　　特许经营 PPP 股东治理的类型和核心问题

第一大股东持股比例			高		低	
Z 指数			高	低	高	低
类型			I	II	III	IV
是否核心问题	1. 电网企业与社会资本的经济权益平衡		中	大	中	中
	2. 基于公共利益保护的社会效益实现问题		大	中	大	小
	3. 国有股权与社会股权间股权平等实现问题		小	小	小	小
	4. 股东之间的股权制衡问题		中	大	中	中
	5. 社会资本小股东的利益保护问题		小	中	小	小
	6. 股东与管理层间委托代理问题		中	中	中	大

类型 I:第一大股东持股比例和 Z 指数均高企,属于高度集中型,电网 PPP 项目由单一社会资本绝对控股,国家难以通过项目内部制衡第一大股东的行为,其他股东往往也处于闲置状态(只根据股权比例享有收益权而无控制权),但部分股东若采取联盟态势则可能对第一大股东产生一定的制衡。第一大股东或者自己进行项目管理,或者委托管理层进行项目管理,由于项目投入占据其绝大部分资产,因此第一大股东往往会对管理层采取监督策略,因此管理层的寻租空间不大。但是,一方面是第一大股东极为明确的

---

① 陈帆. 基于契约关系的 PPP 项目治理机制研究 [D]. 中南大学, 2010.

利益最大化倾向，另外一方面国家只能通过外部监管确保项目合约条款得以履行，手段单一且监督成本较高，信息传导不仅滞后也可能相当片面（由于电网项目的复杂性、系统性和外部性的特点，例行抽查极容易流于形式，往往只有出现严重问题后才会进行彻查），因此项目治理的核心问题是基于公共利益保护下的国家宏观监管和风险防范。

类型 II：第一大股东持股比例高企，但 Z 指数较低，属于高度集中型，由单一社会资本绝对控股，但此时剩余社会资本股东数量极少且形成联盟，为了自身经济效益的实现，采取积极措施对第一大股东进行制衡。可想而知，此时项目公司内部最尖锐的问题便在于股东之间的利益争夺；而由于股东均属于社会资本范畴，其目标函数仅局限于经济效益，因此国有电网企业代表的社会效益与社会资本之间的利益冲突最为激烈，甚至超过了公共利益的保护问题。因此，项目治理的核心问题首先表现为股东之间的股权制衡问题，其次便是国家与社会资本之间的利益平衡问题。

类型 III：第一大股东持股比例较低，Z 指数较高，属于适度集中型，电网项目中尽管没有形成绝对控股，但由于其他社会资本的股权配置极为分散，因此相对控股的控股股东只有一个并掌握了控制权。此时，尽管股权结构与类型 I 不同，但项目治理的核心问题是一致的。

类型 IV：第一大股东持股比例较低，Z 指数较低，但由于 PPP 项目股东总数偏低，因此属于适度集中型。此结构下，项目股权分散，第一大股东的社会资本不能形成对公司的完全控制，且由于目标的不一致和信息的不完全因素，其任何行为都可能受到其他股东的天然钳制。此时，公司管理层作为人力资本的掌握者，拥有了公司的实际控制权；管理层与股东的委托代理关系成为合约关系的重心。因此，此类型项目治理的核心问题是股东与管理层的委托代理问题。

但是在特许经营模式中，我们必须强调的是，对基础设施及项目的完全所有权仅发生在特许经营期内，一旦经营期完毕，该项目公司会将使用权和所有权全部移交给国家电网企业，此时又回到股东结构单一的局面，核心问题便回到大型国家独资企业的项目治理上。另外，租赁和购买两种特许经营模式下的国家股权看似均为 0，但是租赁合约和购买合约的法律效力是不同的，而且在我国法律体系尚未健全的此时，政府的公权力是凌驾于市场交易这种私权利之上的，因此，一旦国家以公权力的形式涉入项目，可能整个项目的股东治理结构都会分崩离析，此即第五章讨论的"政府信用风险"最严重的表现形式，也是电网 PPP 项目治理结构中需要考虑到的风险因素。

(2) 私有化。根据第四章对现行 PPP 模式的阐述，私有化模式分为完全私有化和部分私有化两种形式。但显然处于能源领域的电网行业不可能进行完全私有化形式，且部分私有化模式中，国有股要求占大部分，其股东治理类型和核心问题如表 7-2 所示，只分为两种。

表 7-2　　　　部分私有化股东治理的类型和核心问题

	第一大股东持股比例	高	
	Z 指数	高	低
	类型	V	VI
是否核心问题	1. 电网企业与社会资本的经济权益平衡	中	大
	2. 基于公共利益保护的社会效益实现问题	小	中
	3. 国有股权与社会股权间股权平等实现问题	大	小
	4. 股东之间的股权制衡问题	中	大
	5. 社会资本小股东的利益保护问题	大	中
	6. 股东与管理层间委托代理问题	中	中

类型 V：第一大股东持股比例和 Z 指数均高企，属于高度集中型，项目公司可以视为国有电网企业绝对控股的子公司，即便国家行政权力不涉入，社会资本也难以对国有电网企业形成制衡并发挥作用。在此项目结构中，国家电网公司没有引入其他公司管理经验的意愿，社会资本的进入仅仅是为了解决电网企业自身资金不足的问题，因此其治理模式接近于国有电网企业的传统项目，但是唯一例外的是，项目的部分收益需要根据股权比例分配给社会资本，因此项目治理核心问题是股权的平等实现问题和小股东的利益保护问题。但是必须说明的是，此时股东与管理层间的委托代理关系更类似于政府部门内部的纵向行政的委托代理关系，表现得更隐晦且复杂。

类型 VI：第一大股东持股比例高企，但 Z 指数较低，属于高度集中型，由国有电网企业绝对控股，但此时社会资本的股权集中度也较高，因此可以通过在股东会议及董事会的席位来向国有电网企业施加一定的影响。考虑到电网 PPP 项目缔结的初衷，本书认为此结构下国家电网企业的策略是聘请社会资本所有者来负责公司的具体运营，因此，社会资本会具有相当的运营控制权，且由于电网企业占据绝对股权，使得监督和惩罚成本都较低，因此委托代理问题并不严重。由于双方项目目标函数存在较大差别，因此项目治理的核心问题是围绕在国家和社会资本之间的股权制衡和利益平衡问题。

综上所述，即使在 PPP 项目内部乃至特许经营和私有化模式中，股权结构都有着极大的差异，而其中关于实现的一个核心问题便在于未来能源领域的开放度，使电网 PPP 项目与当前已经开始实践的公共领域有很大的不同。也正如第四章、第五章关于电网社会效益和经济效益关系的讨论，与区域发展牢牢捆绑在一起的电网项目风险较低，收益较稳定，实际上对社会资本是具有相当吸引力的；那么，当开放度确定后，关于利润差额的索取权（收益权）和经营的控制权的配置便成为股权结构设置及其对项目治理影响的一个重要因素。

7.2.2 探索构建电网 PPP 项目公司股东治理机制

根据以上对特许经营及私有化模式下不同股权结构的分析可以得出，前者的核心治理问题表现为股东与管理层的委托代理问题、国家与社会资本之间的利益平衡问题、基于公共利益保护下的国家宏观监管和风险防范；后者表现为国家和社会资本之间的股权制衡和利益平衡问题、股权的平等实现问题和小股东的利益保护问题。

本书认为，由于当前私有化模式国有企业股份比例过重，不仅会给社会资本带来较大的风险，也难以解决当前电网建设特别是投融资的一些突出问题。因此，特许经营模式可能更适用于未来我国电网领域的 PPP 改革。结合本书第五章对电网 PPP 项目合作博弈分析的结果，同时考虑到国家股中非国有电网企业股份额较大时所带来的行政权过度干涉因素，因此电网 PPP 项目的股东治理机制首先需要从社会资本基本利益保障的角度出发，提供其参与项目合作的前提条件，进一步平衡国有电网企业、社会资本、地方政府三者间的关系，最终完善电网 PPP 项目的股东治理机制。

7.2.2.1 提供社会资本参与 PPP 项目合作的条件

几乎所有研究都强调，专注经济效益最大化的社会资本有其进入公共领域的前提，即投资利益要得到保证，且由于资金额度较大，其风险倾向是规避型的，在前文多有阐述。因此，从理论分析角度，电网 PPP 要想推广，其关键是如何维护社会资本的权益。因此，研究电网 PPP 项目股东治理机制首要探讨社会资本参与意愿的主要因素。

（1）社会资本参与电网 PPP 项目的预期净收益为正值，国有电网企业应通过让渡合适的特许经营期限，在一定程度上给予 PPP 项目公司通过市场定价的权利,例如通过招投标选择参与者等方式,确保社会资本能够获取预期的投资收益率;若电网项目建设确实入不敷出,而社会正效益及预期收益又得到论证时,国有电网企业乃至政府应采取多种补贴的形式来保证项目的净收益。

(2) 社会资本应获得相应的投资收益权。社会资本与国有电网企业合作的实质是电网企业与社会资本通过项目合作各取所需。尽管电网项目相比较其他项目经营风险较低,但终归存在不确定性,因此,承担了风险的社会资本必然要求拥有相应的投资收益权和剩余索取权。正如第五章的分析中指出的,从合作博弈的角度,若国有电网企业完全代表人民的利益,其最优选择是特许经营,即将全部的经营权、收益权以及风险转移给社会资本,仅获取电网建设所产生的社会正效益以及转让专用、专有性资产的收益。即使出于项目治理核心问题的考量,国有电网企业以重要股东的身份拥有项目公司相当的控制权及决策权,也必须赋予社会资本与投资及风险相对等的权利;对于利润差额的分配比例问题,则可以通过事前合约或再谈判的方式展开进一步讨价还价,而不能通过行政权力将社会资本的收益权予以不同程度的剥夺。

(3) 社会资本应拥有退出权。由于无须专门知识,退出权是投资者控制风险最简单的手段。电网PPP项目应赋予社会资本通过股份转让来间接退出合作项目的途径;并通过事前合约避免社会资本直接抽回投资的风险。

(4) 社会资本应拥有部分控制权。在资本退出机制不健全的情况下,社会资本处于防范风险的目的,要求拥有对项目管理层的直接控制权,其直接表现为股东监督与约束机制,无论是股东大会、董事会、代理权竞争等直接机制还是通过资本市场操作的间接施压,现代市场体制要求股东被赋予监督、约束项目管理者的权力,进而改善少数股东与管理层之间的委托代理问题。

7.2.2.2 平衡国有电网企业和社会资本之间的利益

如表7-1、表7-2所示,无论是特许经营还是私有化模式,最为突出的项目治理问题都是国有电网企业与社会资本的股权制衡和利益平衡问题。两者的主要冲突表现在目标利益的不一致及权力的越位上。首先,国有电网企业作为国有独资企业,代表中国政权对电力输配送领域进行垄断以保证公共利益高于个人利益,天然与追求高额个人利益最大化的社会资本有利益冲突;其次,在当前中国电网领域的实践中,市场还尚未发挥资源配置的基础作用，计划色彩依然浓厚，国有电网企业尽管作为国有企业法人，在股权行使中能否不运用国家公权力尚在两可之间，这就容易导致国有电网企业利用政府行政权力对电网 PPP 项目建设的不正当干涉。全球公共基础设施 PPP 项目实践已经表明，政府的信用问题目前已经成为 PPP 项目能否持续开展的最大风险。因此，国有股权能否与社会股权处于平等地位也是前提之一。另外，在 II 和 VI 类型形成的股东内部制衡结构构成了一个自适应机制，是一个相当有利的因素，可以大幅度削减外部监督成本，应当成为现阶段我国电网建设领域 PPP 项目股权结构改革的一个发展方向，因此，需要对其核心解决的国家和社会资本权利均衡问题进行重点研究。

7.3 探索构建电网 PPP 项目管理层治理及激励约束机制

在电网 PPP 项目组织结构中，项目公司管理层处于一个核心地位，对项目利润差额的创造起到了关键性的协调作用。相关研究表明，管理层合约自我执行边界变化的三个主要变量分别是报酬激励、控制权激励和约束激励；然而，电网 PPP 项目公司由于股权结构的不同，其管理层与股东之间的关系也有本质的差异。因此，对电网 PPP 项目公司管理层，需要从一般性和特殊性两个层面来讨论，进而构建一种有效的约束激励机制，对管理层的行为进行治理。

7.3.1 合约视角下管理层治理机制一般分析

人力资源管理学认为，人力资本的道德风险有三个存在条件：差异化的利益主体、不对称的信息、不确定的价值取向。在理想条件下，完全合约的缔结可以消除这三个因素，进而抹平管理层的道德风险问题。但在实践中，管理层与项目公司的合约关系存在着极为复杂的约束和激励关系，管理层治理机制的存在极为必要。

从风险防控的角度，三个条件中的前两者是可控或部分可控的，因此要减少管理层的道德风险行为，就必须从管理者与所有者的共同利益构建及信息交互机制的改善入手，其分别要求构建有效的管理者激励合约与所有者监督机制。由于人力资本需求函数的逐层递增，完全激励和完全监督的成本过于庞大，因此所有者往往会采取一个激励和监督并行的混合策略。

同样构建一个公司与管理层的委托代理博弈矩阵,如表7-3。设 U_0 为管理层以公司利益为导向创造的当期总收益;U'_0 为管理层违约下为公司创造的当期总收益,$U'_0 < U_0$;根据现在对管理层激励的研究,一个适当的管理层报酬合约 W_1 应包含四个组成部分:固定工资、股权的当期分红、股权的预期收益以及期权预期收益。其中与股权和期权相关的收益与公司当期总收益和公司的未来价值有关,因此可表达为 $W_1 = i + R(U) + f(v)$,i 为固定工资,$R(U)$ 为当期分红,$f(v)$ 为股权和期权的贴现。此外,企业家不仅有物质上的报酬,还享有与公司控制权正相关的职位福利和企业家声望(不难理解,对公司控制权的掌握有助于企业家声望的增长),表达为 $W_2(c)$。α 为公司对管理者的监督成本,假设公司只要实施监督就一定能发现管理层的违约行为,且采用一个极端的处罚即开除并取消一切待遇(即违约成本与企业家收入相当)。此外,管理层违约会带来直接经济收益 P_0,通常有 $P_0 < U_0 - U'_0$。静态博弈的时间区间为管理者与公司的整个合约期。

表7-3 公司与管理层静态博弈模型

管理者 \ 公司	φ 监督	$1-\varphi$ 不监督
η 履约	$W_1 + W_2(c)$, $U_0 - W_1 - W_2(c) - \alpha$	$W_1 + W_2(c)$, $U_0 - W_1 - W_2(c)$
$1-\eta$ 违约	P_0, $U'_0 - \alpha$	$W_1 + W_2(c) + P_0$, $U'_0 - W_1 - W_2(c)$

我们可以看到,在该博弈中,公司有一个绝对劣势的纳什均衡条件,即 $W_1 + W_2(c) < P_0$ 且 $\alpha > W_1 + W_2(c)$,即无论公司是否选择监督,对管理者而言,其最优策略均是违约,且此时公司还不如选择不监督更能节约成本,即[不监督,违约]的策略集。为了避免陷入这种绝对劣势,公司必须一方面制定激励约束机制使管理者的违约收益小于履约收益,另一方面从公司治理结构及机制入手,减少内部监督成本,使得博弈摆脱绝对劣势困境,并进入到一个可以采取混合策略达到纳什均衡的条件;即当 $W_1 + W_2(c) > P_0$ 且 $\alpha < W_1 + W_2(c)$ 时,一个混合策略的纳什均衡。其临界概率(过程略)为:

$$\varphi^* = \frac{P_0}{W_1 + W_2(c)}, \quad \eta^* = \frac{W_1 + W_2(c) - \alpha}{W_1 + W_2(c)}$$

据以上分析,扩大管理层合约的自我执行范围,是降低合约风险、维持合约关系稳定的重要途径。由 W_1 和 $W_2(c)$ 的影响因素可以看出,管理层对未来收益的预期、在项目组织中的地位、项目的未来价值是管理层合约执行收益的主要变量；惩罚强度和监督成本约束决定了违约的成本；双方共同构成了影响管理层合约行为的重要因素。

因此，管理层激励约束机制构建应从报酬激励、控制权激励和约束合约设计等三个方面入手，如图7-4。对此的一般性讨论在人力资源管理相关研究中已有多数讨论，因此本书只简单分析电网PPP项目的特殊之处。

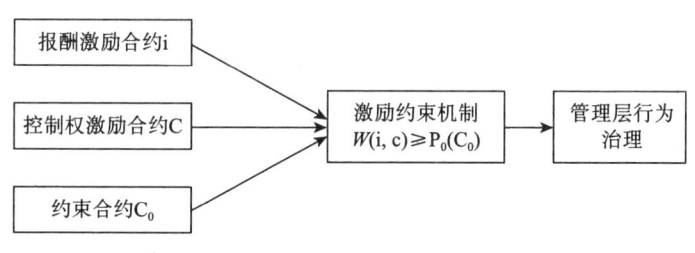

图7-4 管理层的激励约束机制

7.3.2 探索构建电网PPP项目管理层激励约束机制

电网PPP项目管理层约束合约的意义在于对项目管理层违背电网项目合约的行为动机进行抑制，促使其为了全体项目所有者的利益目标而努力工作。从理性原则上看，电网项目管理层的违约动机在于为了获得更多的收入。假若公司对违约的惩罚制度和合约安排能够使管理层人员违约成本大于违约收益，便可以有效地抑制管理层的违约动机，从而起到稳定电网项目合约的作用。我们可以尝试从以下几点来探索电网PPP项目管理层的激励约束机制。

（1）利益趋同性。委托代理关系存在的前提条件之一是利益主体的差异化。对于电网PPP项目公司而言，如果国家电网企业作为控制股东，其管理者势必由电网企业委派，由此存在行政体制上的纵向委托代理关系；而如果社会资本作为控制股东，那么由于PPP资金占自身资金总量的大部分，社会资本所有者会亲自或者委派与自己有紧密联系的管理者，利益趋同性远远高于国家电网企业控股的情况。

（2）风险偏好。风险偏好因素也影响了道德风险；国家电网企业及其委派者属于风险中性，而社会资本属于风险规避，因此从这一层面上也有利于约束管理层的行为。在此之上，公司应根据项目管理层的风险偏好态度相应的调整对违约行为的惩罚强度。

（3）信息完全程度。真实完全的项目信息披露和科学准确的工作业绩评价能够替代对项目管理层的惩罚机制，起到约束的作用。因此，建立健全科学的项目管理层绩效评价体系和信息披露系统，能有效地约束项目管理层的行为，维护项目利益。

（4）企业家声望。在一个信息机制较为完善的市场环境中，任何合约主体都愿意选择信誉较好的交易对象，而不愿选择信誉较差的交易对象。因此，从声望角度营造合适的社会氛围（如果不能扩展到社会，则通过国家电网企业及相关的利益主体尽可能扩大管理者声誉受损对其未来的负面影响），通过强化管理层的道德认知和公平认知来约束其行为。

由于投资主体的多元化和分散化，使管理层约束问题不可避免地成为 PPP 项目治理的一个核心内容，电网项目也是如此。但是，相比较传统国有企业垄断电网项目建设的全国人民—中央政府—职能部门—官员—国家电网企业这极长的非闭合纵向委托代理关系，PPP 项目中明确产权的所有者约束应该更为有效，因此 PPP 项目本身的引入便是对管理层激励约束机制的一种实质性的改善。

7.4　本章小结

由于我国目前电网领域还没有开始实施 PPP，所以，本章对于电网 PPP 项目的治理、激励和约束做了一种探索性的尝试，并设立了三节来探索构建电网 PPP 项目的治理和激励约束机制。首先分析了电网 PPP 项目的治理目标与治理结构，接着对电网 PPP 项目公司的股东治理机制进行了分析，最后探索构建电网 PPP 项目管理层治理以及激励约束机制。

8 结论与展望

本书以国务院 2014 年 11 月 26 日颁布的《关于创新重点领域投融资机制鼓励社会投资的指导意见》（国发〔2014〕60 号）提出的"建立健全政府和社会资本合作（PPP）机制"为选题背景，选择了我国电网公私合作（PPP）机制作为题目进行研究，其目的在于从经济学理论上分析 PPP 模式介入电网投资和运营领域的必要性和可行性，并解释 PPP 进入电网领域的各种问题，通过应用博弈、合约、效用、组织关系等理论及分析范式，得到研究结论如下。

8.1 研究结论

第一，从研究背景来看，电网是国家基础设施的重要组成部分，是国民经济发展的基础。自 2002 年我国实施市场化的电力体制以来，电力以及电网体制机制经过十多年的探索和实践，特别是电网在网架结构、供电能力、供电可靠性等方面得到了很大程度的提升。但是，随着人民生活水平的不断提高、城市开发进程的加快和不断深入，以及新技术的发展和能源互联网概念的提出，必然对包括输电、配电网络在内的电力基础设施建设提出了更高的要求。而原先的输配售、调度交易一体化，电网的垄断经营模式越来越不适应社会发展的需要。伴随着新一轮电力体制改革，刚好又赶上 PPP 模式快速流行的当头。把 PPP 模式与电网的体制机制改革结合起来，既保证了电网有充足的输配电能力，为经济发展和人民生活水平的提高，提供优质可靠的电力供应，又能够推动电力体制的改革。但由于还未正式开始电网领域的 PPP 实践，且 PPP 模式在其他公共服务领域都出现了或多或少的问题，因此对其必要性和可行性进行理论分析是有必要的。

第二，从理论层面来看，电网PPP项目实施必须考虑到的前提包括：输/配/售电领域属于完全自然垄断行业；电网产业具有网络效应和外部性，不能将经济效益单独分离出来讨论。在此基础上，作为混合公共产品的一种以及国民经济发展的能源基础，电网PPP项目必须处理好效率和公平、市场和政府之间的关系。同时还必须认识到，电网项目是一项复杂的系统工程，对其当前困境和问题的分析不能脱离整个电力行业的发展历史。在结合以上三个层次内容的基础上，本书提出电网PPP项目的必要性和可行性必须考察中观层面（区域）的综合效益、微观主体的目标函数以及主体间的博弈策略三个方面的内容。

第三，从PPP项目实施的必要性来看，与传统项目组织相比，电网PPP项目需要实现效率和公平两个层面的"帕累托最优"，即便做不到经济效率和公平的共同提高，也不能以某一方的重大损失来换取总量的提升。为此，本书首先通过电力体制改革的国际经验借鉴和中国电力体制改革的历史教训，确定一些分析的前提条件：如评价效率和公平的核心指标、资金约束、内部治理成本、社会资本进入前提、投资规模选择等等。由于国有电网企业和私营企业的目标函数不一致，各自的策略选择不同。本研究通过模型分析认为，由于资金约束的存在，PPP模式的经济效益和社会效益均大于传统组织形式，因此从中观层面来看是必要的。

第四，从电网PPP项目的可行性分析来看，即便PPP项目从效率上来讲是必要的，如果某一参与者无法从项目中获取其目标收益，这一项目也不具备缔约性。由于电网的收益完全来源于售电，其信息是完全的，因此资金合约是可以完全缔约的。然而，电网企业和社会资本之间属于委托—代理关系，在长项目周期过程中，机会主义行为的可能是存在的，因此监督合约的存在是必要的。在履约的前提下，资金约束、项目收益率以及市场化改革的制度成本成为电网企业引入社会资本的重要因素，且不同PPP模式适用于不同的合约条件。

第五，从PPP模式下电网投融资渠道和电力监管的体制机制改革来看，本研究根据电网PPP的特点提出了探索构建电网PPP项目融资和政府主导的电网产业投资基金，并进一步分析了资产证券化方式融资以及银行理财借道等融资渠道。在创新和完善电力监管体制机制的分析中，提出了必须建立长期的协调和监管机制来降低机会主义行为，改善委托代理困境，并提出了创新和完善电力行业政府监管的体制机制。

最后，由于我国目前电网领域还没有开始 PPP 实践，本研究对项目的治理和激励约束机制进行了探索，分析了电网 PPP 项目的治理目标与治理结构，接着对电网 PPP 项目公司的股东治理机制进行了分析，最后探索构建电网 PPP 项目管理层治理以及激励约束机制。

8.2 展望

特别说明的是，尽管笔者在电网领域有多年的工作经验，且通过对相关学科的坚持学习，并以此为基础，根据国家相关指导意见开展了电网 PPP 模式的相关探索性研究，但由于未来是不能完全预期的，约束条件是变化的，是连续的、不断自我完善的过程，因此本书在电网 PPP 诸多方面的创新研究仅起到抛砖引玉的作用，研究内容和结论需要在相关专家和各位老师的指导下进一步深化完善，特别是需要接受实践的检验，这是判断本研究能否适用于当前中国电网体制机制转轨改革需要的时间条件。以后的研究方向和重点如下：

第一，将电网经济效益和社会效益的理论模型分析向建立在世纪统计基础上的电网行业数据处理分析演变，通过对电网行业全局和个体的准确统计数据搜集，进一步推演和完善电网社会效益的数学模型。在此基础上，借助电网市场化改革下行业统计数据的精确化，通过以大样本数据为基础的计量分析，深化电网社会效益的评估体系，构建可行的电网综合效率评估体系，为未来电网市场化改革、电网企业绩效评估提供理论和现实的依据。

第二，由电网 PPP 资金合约理论模型分析向实证分析深化，建立电网资金合约的详细模型。该方向需要及时跟进电网企业的任何 PPP 尝试，在第一时间进行跟踪及实证分析的深化，对本书提出的电网资金合约理论模型进行相应修正。

第三，进一步深化整个电网领域的委托代理关系。该领域由于属于完全自然垄断领域，目前依然由政府计划主导，因此电网 PPP 项目的运转涉及我国经济转轨的几乎所有细节，是一项相当复杂的系统工程，也是电力行业市场化改革中不可忽略的重要部分，所以将是未来研究的重要方向。

参考文献

[1] 阿瑟·奥肯. 平等与效率——重大的权衡 [M]. 王忠民, 黄清译. 四川人民出版社, 1988.

[2] 白仕雄. 国有电网企业系统地市供电企业电力体制改革研究 [D]. 西南财经大学, 2007.

[3] 贝尔. 后工业社会的来临 [M]. 高话, 王宏周等译. 新华出版社, 1997.

[4] 蔡明媛. 我国电力行业输配电环节激励规制研究 [D]. 山东大学, 2009.

[5] 曹晏宁. 阿拉善电网调控一体化系统设计与应用研究 [D]. 华北电力大学, 2012.

[6] 常冬玲, 涂进, 程晓慕. 美国加州电力市场的教训及对中国电力市场改革的启示 [J]. 电力技术经济, 2006, (08): 25-28.

[7] 陈凡. 基于契约关系的PPP项目治理机制研究 [D]. 中南大学, 2011.

[8] 陈红, 黄晓玮, 郭丹. 政府与社会资本合作 (PPP): 寻租博弈及监管对策 [J]. 财政研究, 2014, (10): 21-24.

[9] 陈杰, 周步祥. 电力需求侧管理的发展趋势综述 [J]. 北京电力高等专科学校学报 (社会科学版), 2012, (09).

[10] 陈磊. 电力产业管制改革的国际比较研究 [D]. 福建师范大学, 2012.

[11] 陈小丽. 自然垄断、管制与电力体制改革 [D]. 山东大学, 2007.

[12] 程连于. PPP模式与我国民间投资问题研究 [J]. 河南社会科学, 2009, 17 (03): 117-119.

[13] 楚建波. 密度经济与自然垄断 [J]. 湖南科技大学学报 (社会科学版), 2006, (06): 61-66.

[14] 邓小鹏,李启明,熊伟,等.城市基础设施建设PPP项目的关键风险研究[J].现代管理科学,2009,(12):55-56.

[15] 邓小鹏,申立银,李启明.PPP模式在香港基础设施建设中的应用研究及其启示[J].建筑经济,2006,(09):14-18.

[16] 董军,栾凤奎,韩英豪,等.中国电力市场标准方案研究[J].华东电力,2007,35(01):17-20.

[17] 董伟英.刍议如何做好电网运行中的电力调度工作[J].中国新技术新产品,2012,(14):247-247.

[18] 冯飞,刘世锦.对电力工业政府管制、电价和投资体制改革的建议[J].经济工作者学习资料,2001,(18):37-41.

[19] 冯剑梅.PPP模式下的政府投资项目融资模式[J].合作经济与科技,2009,(01):64-66.

[20] 冯永晟,马源,张昕竹.配电网的规模经济:一个理论与实证分析框架[J].数量经济技术经济研究,2008,(11):115-126.

[21] 冯永晟,马源.论输配电网的自然垄断属性[J].电力技术经济,2008,(02):21-26.

[22] 冯永晟,张昕竹.输配电网管理体制改革与接入监管[J].电力技术经济,2008,20(5):15-20.

[23] 冯永晟.电力产业的纵向经济与电力体制改革[J].财贸经济,2010,(06):127-133.

[24] 冯志昆,连轶松.电网公司需求侧管理激励机制研究[J].中国电力教育,2009,(17):258-259.

[25] 付璇.杭州地区电网运行管理模式的研究[D].浙江工业大学,2011.

[26] 贡向清.我国电网企业融资渠道与运用实践分析[D].华北电力大学(北京),2009.

[27] 郭金顺.电力需求侧管理经济分析[J].山西能源与节能,2010,(05):40-42.

[28] 国家发展和改革委员会,工业和信息化部,财政部,国务院国有资产监督管理委员会,国家电力监管委员会,国家能源局.电力需求侧管理办法[J].电力需求侧管理,2010,12(06):1-2.

[29] 哈耶克.自由秩序原理(上)[M].邓正来译.生活·读书·新知

三联书店，1997.

[30] 韩绪望. 中国电力产业规制与竞争 [D]. 吉林大学，2009.

[31] 何涛，赵国杰. 基于随机合作博弈模型的 PPP 项目风险分担 [J]. 系统工程，2011，(04)：88－92.

[32] 洪迪. 基于 PPP 模式的城市基础设施政府监管机制研究 [D]. 重庆交通大学，2013.

[33] 洪科. 中国电力产业融资机制研究 [D]. 湖南大学，2010.

[34] 胡红伟. 中国电力市场化改革研究 [D]. 武汉大学，2005.

[35] 黄超英. 电力需求侧管理综述 [J]. 江西电力，1999，(03)：30－32.

[36] 贾康，孙洁. 公私伙伴关系 (PPP) 的概念、起源、特征与功能 [J]. 财政研究，2009，(10)：2－10.

[37] 贾新华. PPP 模式在电力领域的应用 [J]. 国际工程与劳务，2014，(06)：27－29.

[38] 姜绍俊，陈小良，孙寿广，等. 奥地利、西班牙、意大利、巴西的电网改革 [J]. 中国电力，2001，34 (05)：68－72.

[39] 蒋斌. 城镇基础设施 PPP 模式适用性研究 [D]. 武汉理工大学，2008.

[40] 金卫华. 电力需求侧管理经济分析 [J]. 投资与合作，2012，(07).

[41] 靳乐山，孔德帅. 基于公私合作模式 (PPP) 的西部区域可持续发展研究——以贵州省赤水河流域为例 [J]. 西南民族大学学报 (人文社会科学版)，2016，(03)：140－144.

[42] 井志忠，刘月君. 日、美、欧电力市场化改革分析 [J]. 东北亚论坛，2004，(01)：64－67.

[43] 井志忠. 电力市场化改革：国际比较与中国的推进 [D]. 吉林大学，2005.

[44] 孔伟艳. 制度、体制、机制辨析 [J]. 重庆社会科学，2010，(02)：96－98.

[45] 赖丹馨. 基于合约理论的公司合作制 (PPP) 研究 [D]. 上海交通大学，2011.

[46] 李蓓. 浅谈区域电网调控一体化管理实践 [J]. 通讯世界，2015：77－79.

[47] 李斌,张锦华,赵晓雷.上海城乡基础设施一体化融资政策研究[J].科学发展,2015,(12):85-93.

[48] 李福成.新型国有企业定位与效率问题研究[D].东北财经大学.2011.

[49] 李虹.电力市场设计:理论与中国的改革[J].经济研究,2004,(11):119-128.

[50] 李林,刘志华,章昆昌.参与方地位非对称条件下项目风险分配的博弈模型[J].系统工程理论与实践,2013,(08):1941-1948.

[51] 李琼.阿根廷电力市场与监管实践[J].中国电力企业管理,2005,(04):21-23.

[52] 李琼.国外电网投资多元化及其启示[J].电力技术经济,2003,(01):69-72.

[53] 李松龄.公平、效率与分配:比较研究与产权分析[M].湖南人民出版社,2005.

[54] 李晓娣.基于博弈分析的企业集团公司治理模式研究[D].哈尔滨工程大学,2006.

[55] 李妍.不完全信息动态博弈视角下的PPP项目风险分担研究:基于参与方不同的出价顺序[J].财政研究,2015,(10):50-57.

[56] 李扬,孙宇军,王蓓蓓.智能电网下需求响应实施模式和激励机制研究[J].供用电,2014,(03):28-31.

[57] 廖进球,陈富良.政府规制俘虏理论与对规制者的规制[J].江西财经大学学报,2001,(05):10-12.

[58] 林武星.智能电网建设项目融资模式研究[D].山东大学,2012.

[59] 刘宝华,王冬容,舒安杰.对加州电力危机的再认识[J].电力系统自动化,2007,(04):15.

[60] 刘斌,冯敏儒.浅谈电力体制改革对电网企业的影响[J].中国电业(技术版),2014,(11):160-163.

[61] 刘辉.市场失灵理论及其发展[J].当代经济研究,1999,(08):39-43.

[62] 刘建平.中国电力产业政策与产业发展[M].中国电力出版社,2006.

[63] 刘阳平,叶元熙.论电力市场的有效竞争[J].管理世界,1999,(02):122-133.

[64] 龙涛.中国电力市场化改革模式探析 [D]. 广西大学, 2012.

[65] 吕洪波.电网调控一体化运行管理模式研究 [D]. 华北电力大学 (北京), 2011.

[66] 马其燕, 秦立军.智能电网发展状况及其实现建议 [J]. 电力需求侧管理, 2010, 12 (03): 34-37.

[67] 米尔顿·弗里德曼, 罗斯·弗里德曼.自由选择 [M]. 胡骑等译.商务印书馆, 1982.

[68] 牛国栋.规范电网业务外包工作的探讨 [J]. 云南电业, 2010, (10): 41-42.

[69] 戚峰.我国电网建设融资模式的多元化 [D]. 山东大学, 2008.

[70] 戚聿东, 朱成章.中国电力工业的竞争问题研究 [J]. 首都经济贸易大学学报, 2003, (06): 5-18.

[71] 亓霞, 柯永建, 王守清.基于案例的中国PPP项目的主要风险因素分析 [J]. 中国软科学, 2009, (05): 107-113.

[72] 齐向阳.日本电力产业概述 [J]. 吉林电力, 2002, (02): 7.

[73] 秦焕兵.激励规制理论在我国电网企业中的应用研究 [D]. 长沙理工大学, 2009.

[74] 屈哲.基础设施领域公私合作制问题研究 [D]. 东北财经大学, 2012.

[75] 任鹏宇.构建和完善我国电力监管体系 [D]. 中央民族大学, 2005.

[76] 沙骥.PPP模式在我国基础设施建设中的应用研究 [D]. 东南大学, 2004.

[77] 沈际勇, 王守清, 强茂山.中国BOT/PPP项目的政治风险和主权风险:案例分析 [J]. 华商·投资与融资, 2005, (01): 1-7.

[78] 盛雪艳.基于PPP模式的城市轨道交通项目风险管理研究 [D]. 青岛理工大学, 2010.

[79] 石莎莎, 常志兵.城市基础设施项目治理机制的进化博弈和策略研究 [J]. 建筑经济, 2013, (01): 67-71.

[80] 宋永华.电力企业的运营模式 (二): 买电型和批发竞争型模式 [J]. 中国电力, 1997, (10): 56-60.

[81] 苏振华.PPP模式: 电力项目融资的有效途径 [J]. 科技创新导报, 2009, (02): 159.

[82] 苏振华. PPP 模式：融资的有效途径 [J]. 中国电力企业管理, 2008, (11): 48-49.

[83] 孙冬. 电网融资模式创新：一个公私合伙制（PPP）视角 [J]. 经济师, 2007, (12): 74-75.

[84] 孙珂, 夏清. 信息披露有效性与电力市场交易模式的选择 [J]. 电力系统自动化, 2008, 32 (6): 60-65.

[85] 孙艳丽, 岳树杰, 刘承宪, 等. 环保PPP模式下的雾霾治理及投融资博弈分析 [J]. 沈阳建筑大学学报（自然科学版）, 2015, (04): 760-768.

[86] 孙元章, 李蕊, 吴云亮. 智能电网安全经济与清洁运行机制 [J]. 电力建设, 2009, (06): 11-14.

[87] 王宝生, 宋彩凤. PPP项目中的风险分配 [J]. 水利科技与经济, 2007, (06): 401-404.

[88] 王蓓蓓, 李扬, 高赐威. 智能电网框架下的需求侧管理展望与思考 [J]. 电力系统自动化, 2009, 33 (22): 17-22.

[89] 王灏. PPP的定义和分类研究 [J]. 都市快轨交通, 2004, (05): 23-27.

[90] 王佳玲, 苏曲哈. PPP模式在灾后基础设施重建中的应用 [J]. 合作经济与科技, 2011, (8): 55-56.

[91] 王家伟. 英国电力产业管制改革之路 [J]. 现代电力, 2004, (03): 12.

[92] 王建, 孟剑春, 沈江. 从美国投资银行的发展看我国投资银行业务的创新基础 [J]. 财经科学, 2001, (S2): 131-132.

[93] 王娟. 试论企业的激励与约束机制——基于人力资源特点或需要的管理方式和管理方法探讨 [J]. 考试周刊, 2011, (50): 239-240.

[94] 王俊豪. 中国自然垄断产业政府管制体制改革 [J]. 经济与管理研究, 2001, (06): 15-18.

[95] 王全新. PPP模式在我国基础设施建设中的应用研究 [D]. 武汉理工大学, 2005.

[96] 王雪青, 喻刚, 邴兴国. PPP项目融资模式风险分担研究 [J]. 软科学, 2007, 21 (06): 39-42.

[97] 王岩, 叶子菀. PPP模式下项目参与方的合作关系 [J]. 中国电

力教育,2008,(S2):53-55.

[98] 王盈盈,柯永建,王守清.中国PPP项目中政治风险的变化和趋势[J].建筑经济,2008,(12):58-61.

[99] 王颖林,刘继才,赖芨宇.基于风险偏好的PPP项目风险分担博弈模型[J].建筑经济,2013,(12):44-47.

[100] 王玉.我国民间资本进入电信行业的法律保障制度研究[D].西南政法大学,2013.

[101] 王治,谭欢,王靖.基于期权博弈的PPP项目特许权期决策模型[J].财经理论与实践,2015,(06):58-63.

[102] 魏玢,马莉.欧盟电力市场化改革最新进展及启示[J].电力技术经济,2007,19(02):14-18.

[103] 文福拴,A.K.David.加州电力市场失败的教训[J].电力系统自动化,2001,(03):7.

[104] 吴爱玲.浅谈电网安全运行应急机制的建立[J].中国高新技术企业,2013,(29):128-129.

[105] 吴孝灵,周晶,彭以忱,等.基于公私博弈的PPP项目政府补偿机制研究[J].中国管理科学,2013,(S1):198-204.

[106] 吴张娴.我国电网投融资分析[D].厦门大学,2009.

[107] 武立阳.浅谈激励与约束机制在电力企业经营中的应用[J].黑龙江科技信息,2011,(31):99.

[108] 夏清,白杨,钟海旺,等.中国推广大用户直购电交易的制度设计与建议[J].电力系统自动化,2013,(20):1-7.

[109] 谢传胜,田禾欣.把项目融资BOT引入电网建设[J].中国电力,2006,39(12):83-85.

[110] 谢青洋,应黎明,祝勇刚.基于经济机制设计理论的电力市场竞争机制设计[J].中国电机工程学报,2014,34(10):1709-1716.

[111] 辛花.电力体制改革提速——解读我国开展输配电价改革试点释放的信号[J].广西电业,2014,(11):68-69.

[112] 辛萍.关于PPP模式在我国公共基础设施中应用的探讨[J].金卡工程,2009,13(06):187.

[113] 徐霞,郑志林,周松.PPP模式下的政府监管体制研究[J].建筑经济,2009,(07):105-108.

[114] 薛松, 丰景春, 钟云. 水利工程 PPP 项目治理能力提升动力实证研究 [J]. 水利经济, 2015, (03): 41-47, 77.

[115] 亚当·斯密. 国民财富的性质和原因的研究（下卷）[M]. 郭大力等译. 商务印书馆, 1974.

[116] 闫登丰. 深化中国电力体制改革研究 [D]. 西南财经大学, 2012.

[117] 闫海, 宋欣. 公用事业特许经营的政府监管研究 [J]. 理论与现代化, 2011, (03): 41-46.

[118] 杨国旺. 电力科学技术发展历史的研究 [J]. 河北大学成人教育学院学报, 2004, (02): 10-12.

[119] 杨宁. 关于深化中国电力体制改革的几点思考 [J]. 企业改革与管理, 2015, (12): 194-196.

[120] 杨崎. 电网企业融资问题浅析 [J]. 当代经济, 2013, (22): 11-13.

[121] 杨亚楠. 基于多属性决策的 PPP 模式选择研究 [D]. 大连工业大学, 2013.

[122] 姚道香. 我国智能电网建设中的政府作用研究 [D]. 广西大学, 2012.

[123] 姚兰, 吴宗鑫. 挪威电力市场改革及其启示 [J]. 电力需求侧管理, 2006, (04): 62-64.

[124] 姚维明. 中国电力行业市场化改革的探索与研究 [D]. 苏州大学, 2015

[125] 叶晓甦, 徐春梅. 我国公共项目公私合作（PPP）模式研究述评 [J]. 软科学, 2013, 27 (06): 6-9.

[126] 叶泽, 张新华. 电力经济学对微观经济学的若干拓展 [J]. 经济学动态, 2008, (04): 89-94.

[127] 余炳雕, 井志忠. 透视日本电力市场化改革 [J]. 现代日本经济, 2004, (09): 17.

[128] 虞苍璧. 我国智能电网建设的投融资机制研究 [D]. 中国社科院研究生院, 2012.

[129] 袁博. 我国保障性住房基金运行及模式研究 [D]. 对外经济贸易大学, 2014.

[130] 袁永博, 叶公伟, 张明媛. 基础设施 PPP 模式融资结构优化研

究 [J]. 技术经济与管理研究, 2011, (03): 91-95.

[131] 约翰·罗尔斯. 正义论 [M]. 何怀宏等译. 中国社会科学出版社, 1988.

[132] 曾鸣, 周健, 于滢, 等. 国外电力改革对我国电力零售市场建设的启示 [J]. 改革与战略, 2009, (04): 179-182.

[133] 张驰. 中外电力改革理论和实践的比较分析 [J]. 浙江节能, 2005, 17 (04): 15-22.

[134] 张春静. 中国基础设施领域公私伙伴关系的实施与发展（PPP模式）[D]. 对外经济贸易大学, 2005.

[135] 张金霞. 从英国电力私有化看我国的电力改革 [J]. 青海大学学报（自然科学版）, 2002, (04): 72-73.

[136] 张娜. 智能电网建设: 勿忘用户侧 [J]. 中国能源, 2011, (09): 68-69.

[137] 张年松. 电网企业融资现状分析与创新措施 [J]. 中国市场, 2014, (44): 49-51.

[138] 张万宽, 杨永恒, 王有强. 公私伙伴关系绩效的关键影响因素——基于若干转型国家的经验研究 [J]. 公共管理学报, 2010, (03): 103-112.

[139] 张文泉, 高玉君. 电力改革三十年回眸与展望 [J]. 华北电力大学学报（社会科学版）, 2009, (01): 1-6.

[140] 张欣玉. 电力行业项目融资模式应用研究 [D]. 华北电力大学, 2011.

[141] 张嫣竹. 论制度、体制、机制的区别与联系 [J]. 致富时代月刊, 2010, (07): 71-71.

[142] 张志伟. 论公有制企业的性质、权利体系、目的及其实现形式 [D]. 中央民族大学, 2006.

[143] 赵永良. 电力需求侧管理综述 [J]. 中国科技信息, 2006, (24): 25-27.

[144] 郑志强, 陶长琪, 冷毅. 大型体育设施供给PPP模式的合作博弈分析 [J]. 体育科学, 2011, (05): 27-32.

[145] 职菲. 农村电网运行效率评价体系研究 [D]. 华北电力大学, 2013.

[146] 中国社会科学院语言研究所词典编辑室. 现代汉语词典（第五版）[M]. 商务印书馆，2005.

[147] 仲福森，刘云涛. 欧盟电力改革最新进展：聚焦产权拆分 [J]. 电力技术经济，2008，20（06）：23-28.

[148] 周抒颖. 我国电网投资主体多元化的必要性及其实现方式的探讨 [D]. 西南财经大学，2005.

[149] 周孝信，陈树勇，鲁宗相. 电网和电网技术发展的回顾与展望：试论三代电网 [J]. 中国电机工程学报，2013，(22)：2-11.

[150] 朱成章. 电力需求侧管理和电力体制改革 [J]. 农电管理，2003，(05)：7-8.

[151] 朱成章. 美国加州电力危机和美加大停电对世界电力的影响 [J]. 中国电力，2003，(11)：1-7.

[152] 朱珊珊. 基于PPP模式的政府保障房建设融资问题研究 [D]. 山东财经大学，2013.

[153] 朱向东，肖翔，征娜. 基于三方博弈模型的轨道交通项目风险分担研究 [J]. 河北工业大学学报，2013，(02)：97-101.

[154] A. Midttum and S. Thomas. Throretical Ambiguity and the Weight of Historical Heritage：a Comparative Study Of the British and Norwegian Electricity Liberaliazation [J]. Energy Policy, 1998, 26（3）：179-197.

[155] A. Verbruggen. A Normative Structure for the European Electricity Market [J]. Energy Policy, 1997, 25（3）：281-292.

[156] Abednego M P, Ogunlana S O. Good project governance for proper risk allocation in public – private partnerships in Indonesia [J]. International Journal of Project Management, 2006, 24（7）：622-634.

[157] Akintoye A, Beck M, Hardcastle C. Chapter 9. Devclopments in UK Public Sector Risk Management：The Implications for PPP/PFI Projects [M] // Public – Private Partnerships：Managing Risks and Opportunities. Blackwell Science Ltd, 2008：205-221.

[158] Albert P. C. Chan, Daniel W. M. Chan, Kathy S. K. Ho. An empirical study of the benefits of construction partnering in Hong Kong [J]. Construction Management & Economics, 2003, 21（5）：523-533.

[159] Arentsen M J, Künneke R W. Economic organization and liberaliza-

tion of the electricity industry: In search of conceptualization [J]. Energy Policy, 1996, 24 (6): 541 – 552.

[160] Bakatjan S, Arikan M, Tiong R L K. Closure of "Optimal Capital Structure Model for BOT Power Projects in Turkey" [J]. Journal of Construction Engineering & Management, 2006.

[161] Bentz A, Grout P, Halonen M. What Should Governments Buy from the Private Sector—Assets or Services? [J]. University of Bristol, mimeo, 2005.

[162] Bin SHAO. China's electric power industry reform: An empirical investigation, 2010.

[163] Bing Li, A. Akintoye, C. Hardcastle. Critical success factors for PPP/PFI projects in the UK construction industry [J]. Construction Management & Economics, 2005, 23 (5): 459 – 471.

[164] Blumenberg, Daniel Hulis, Alan Rennison. Public—Private Partnerships in Scotland Evaluation of Performance [J]. Public Performance & Management Review, 2005, 35 (4): 727 – 752.

[165] C. D. Walker and W. T. Lough. A Critical Review of Deregulated Foreign Electric Utility Markets [J]. Energy Policy. 1997, 25: 877 – 886.

[166] Chen B R, Chiu Y S. Public – private partnerships: task interdependence and contractibility [J]. International Journal of Industrial Organization, 2010, 28 (6): 591 – 603.

[167] China's Power Sector Restructuring and Electricity Price Reforms. 18 January 2012.

[168] Consoli G G S. Conflict and managing consortia in private prison projects in Australia——Private prison operator responses [J]. International Journal of Project Management, 2006, 24 (1): 75 – 82.

[169] Debande O. ICTs and the development of elearning in Europe: the role of the public and private sectors [J]. European Journal of Education, 2004, 39 (2): 191 – 208.

[170] Engel E M R A, Fischer R D, Galetovic A. The economics of infrastructure finance: Public – private partnerships versus public provision [J]. EIB papers, 2010, 15 (1): 40 – 69.

[171] HANG GAO. Effects of Deregulation and Vertical Unbundling on the

Performance [J]. The Journal of Industrial Economics. 0022 - 1821, Volume LXII, March 2014.

[172] Hennessy P, Hart J. Mayor Puts Byers on Spot over Cost of PPP Tube Deal [J]. Evening Standard, 2002: 165.

[173] Hilbig C, Kochendörfer B, Drygalski M V, et al. Ten years of PPP in Germany: experiences and perspectives [J]. Management Procurement & Law, 2014, 167 (4): 180 -188.

[174] Hoppe E I, Schmitz P W. Public - private partnerships versus traditional procurement: Innovation incentives and information gathering [J]. The RAND Journal of Economics, 2013, 44 (1): 56 - 74.

[175] Ismail S, Harris F A. Challenges in Implementing Public Private Partnership (PPP) in Malaysia [J]. Built Environment Project & Asset Management, 2014, 164 (3): 5 - 10.

[176] John Hood, Darinka Asenova, Stephen Bailey, et al. The UK's Prudential borrowing framework: a retrograde step in managing risk? [J]. Journal of Risk Research, 2007, 10 (1): 49 - 66.

[177] Joskow P L, Rose N L. Chapter 25 The effects of economic regulation [J]. Handbook of Industrial Organization, 1989, 2 (89): 1449 - 1506.

[178] Joskow, P. L. Deregulation and regulatory reform in the US electric Power sector. In Sam Peltzman and Clifford Winston (eds.), Deregulation of Network Industries: Whats next? Brookings Institution Press, Washington, DC. 2000.

[179] Joskow, P. L. Eleetrieity sector restructuring and ompetition: lessons learned. Cuadernosde Economia (Latin American Journal of Eeonomics), 2003, 40, 548 - 558.

[180] Joskow, P. L. Markets for Power in the US: an interim assessment [J]. The energy Journal, 2006, 27 (1), 1 - 36.

[181] Midttun A, Thomas S. Theoretical Ambiguity and the Weight of Historical Heritage: A Comparative Study of British and Norwegian Electricity Liberalisation [J]. Energy Policy, 1998, 26 (3): 179 - 197.

[182] Pouyet J, Martimort D. "Build It or Not": Normative and Positive Theories of Public - Private Partnerships [J]. Cepr Discussion Papers, 2006:

2006.

[183] Reside R E. Global Determinants of Stress and Risk in Public – Private Partnerships (PPP) in Infrastructure [J]. General Information, 2008, 8 (SI.2).

[184] Savas E S. Privatization and Public – Private Partnership [J]. Chatham House, 2000, 87 (1): 21 – 23.

[185] Shen L Y, Platten A, Deng X P. Role of public private partnerships to manage risks in public sector projects in Hong Kong [J]. International Journal of Project Management, 2006, 24 (7): 587 – 594.

[186] Spackman M, Spackman M. Public – private partnerships: lessons from the British approach [J]. Economic Systems, 2002, 26 (3): 283 – 301.

[187] Walker C D, Lough W T. A critical review of deregulated foreign electric utility markets [J]. Energy Policy, 1997, 25 (10): 877 – 886.

[188] Wibowo A, Kochendoerfer B. Selecting BOT/PPP Infrastructure Projects for Government Guarantee Portfolio under Conditions of Budget and Risk in the Indonesian Context [J]. American Society of Civil Engineers, 2014, 137 (7): 512 – 522.

[189] William W. Hogan. Electricity market reform: market design and the green agenda. Harvard University, 2011.